KB030303

KAS

광고지성총서

09

빅데이터의 분석방법과 활용

정원준 · 김대욱 · 윤호영 · 이형민 · 박진우
김동성 · 손영곤 · 전홍식 · 천용석 · 정유미 · 박종구 공저

BIG DATA
RESEARCH
METHODS
AND APPLICATIONS

학지사

발간사

광고지성의 향연

지난 1989년 10월 14일, 한국광고학회 창립총회를 개최한 이후 2019년에 접어들어 학회 창립 30주년을 맞이했습니다. 사람으로 치면 서른 살입니다. 그동안 한국광고학회는 한국 사회에서 광고의 중요성을 환기하는 데 크게 기여했습니다. 지나온 날들의 성과는 분명 눈부셨지만, 미디어 환경이 급변함에 따라 광고와 광고학은 잠시 멈칫거리고 있습니다. 창의성, 인공지능, 블록체인이 인류의 미래를 결정한다는 전환기에 서서, 이제 우리는 광고의 새로운 방향을 모색해야 합니다. 이런 상황에서 한국광고학회 30주년을 기념하는 『광고지성총서』는 광고학계와 광고업계에 새로운 방향성을 제시할 것으로 기대됩니다.

이 총서는 '체인지(Change, 체력, 인화, 지성)'의 가치를 지향하는 제24대 한국광고학회에서 야심 차게 준비한 기획물입니다. 이 총서를 통해 한국광고학회의 체력(體力)을 증진하고, 회원들 사이의 인화(人和)를 촉진하며, 광고지성(知性)이 나아갈 새로운 좌표를 찾기를 기대합니다. 일찍이 플라톤은 『향연(饗宴)』에서 좋은 것(아름다운 것)을 소유하려는 욕망을 에로스라고 정의하고, 정신적인 출산을 추구하는 것도 에로스의 뜻이자 아름다움의 이상향에 도달하는 길이라고 설명했습니다. 정신의 자식을 분만하는 과정에서 105명의 필자가 자주 산통(産痛)을 느끼며 광고의 오늘과 내일을 고민했다는 점에서, 이 총서는 모름지기 집단지성의 플랫폼이자 광고지성의 향연이라 할 수 있습니다.

제1권『한국 광고학연구 30년과 전망』(편집책임 한상필)에서는 한국광고학회의 창립 30주년을 맞이해 지난 30년 동안의 학회 활동을 분석하고 광고학 연구의 발자취를 돌아보았습니다. 제2권『한국의 광고산업과 광고제도』(편집책임 김봉철)에서는 광고산업을 구성하는 단위들이 어떻게 발달해 왔고 어떤 기능을 해 왔는지 체계적으로 분석하고 정리했습니다. 제3권『광고와 사회 그리고 광고비평』(편집책임 이희복)에서는 급변하는 환경에서도 결코 변하지 않는 광고와 사회에 대한 본질을 비평적 관점에서 탐구했습니다. 제4권『소비자심리와 광고 PR 마케팅』(편집책임 이병관)에서는 소비자심리학의 여러 개념을 알기 쉽게 설명하고 광고와 PR 및 마케팅 현장에 적용하는 방안을 제시했습니다. 제5권『광고와 마케팅의 새로운 세계』(편집책임 나준희)에서는 마케팅에서 광고가 어떻게 작동해야 하는지에 대한 이론적 기반을 제시함으로써 광고 활용의 새로운 세계를 모색했습니다.

제6권『디지털 시대의 광고 크리에이티브』(편집책임 윤일기)에서는 디지털 융합 시대에 적합한 광고 크리에이티브의 새로운 차원을 살펴보고 실무적으로 유용한 지침을 제안했습니다. 제7권『광고 미디어의 현재와 미래』(편집책임 박현수)에서는 급변하는 미디어 환경을 살펴보고 광고와 미디어가 나아갈 미래의 방향과 시각을 전망했습니다. 제8권『스마트 광고 기술을 넘어서』(편집책임 김현정)에서는 우리 시대의 스마트 광고 기술에 대해 살펴보고 기술이 광고의 미래를 어떻게 바꿀 것인지를 여러 각도에서 조망했습니다. 제9권『빅데이터의 분석방법과 활용』(편집책임 정원준)에서는 학술적 · 실무적인 사례를 바탕으로 광고와 PR 영역에서 두루 활용할 수 있는 다양한 빅데이터 분석방법에 대해 설명했습니다. 제10권『광고 지성과 철학의 지평선』(편집책임 강승구)에서는 광고의 개념과 본질을 철학적으로 분석함으로써 광고지성의 가치를 환기하는 동시에 광고철학의 가능성을 탐색했습니다.

상당한 비용이 들어가는 10권의 총서가 출판되기까지 정신적으로 그리고 재정적으로 여러분의 도움을 받았습니다. 한국언론진흥재단의 민병욱 이사장님, 제일기획의 유정근 대표님, 이노션의 안건희 대표님, HS애드의 정성수 대표님, 대홍기획의 홍성현 대표님, TBWA의 이수원 대표님, 나스미디어의 정기호 대표님, 메조미디어의 이성학 대표님께 감사드립니다. 이분들의 후원이 없었다면 『광고지성총서』는 결코 세상에 나오지 못했을 것입니다. 이 지면을 빌려 다시 한 번 감사드립니다. 한국광고학회 회원들은 이 총서가 출판되기까지 도와주신 분들에 대한 고마움을 앞으로도 오래오래 기억할 것입니다.

광고지성을 모색하느라 수고하신 105명의 필자는 우리에게 새로운 비전과 깊은 통찰력을 제시하셨습니다. 갈수록 어려워지는 출판 여건에도 불구하고 10권의 책을 기꺼이 출판해 주신 학지사의 김진환 사장님과 최임배 부사장님께 감사드립니다. 편집부 관계자들께서는 난삽한 원고를 손보고 책의 구성을 갖추어 정말 빛나는 총서로 만들어 주셨습니다. 총서를 기획하던 첫 순간부터 끝마무리까지 수고하신 연구이사 김현정 교수님과 편집책임을 맡은 10명의 교수님께도 고마운 마음을 전합니다. 아인슈타인은 "지성의 참된 모습은 지식이 아닌 상상력에서 드러난다."라고 했습니다. 독자 여러분께서는 이 책을 통해 지식만을 얻지 마시고 상상력을 확장하시기를 바랍니다. 우리가 진정으로 추구해야 할 것은 지식보다 상상력이기 때문입니다. 바로 이 점이 『광고지성총서』를 기획하던 순간에 떠올랐던 저의 처음 생각이었습니다.

2019년 12월 5일

한국광고학회 제24대 회장 김병희 삼가 적음

머리말

인공지능(AI), 머신러닝, 빅데이터, 초연결성과 네트워크 등은 4차 산업혁명을 대변하는 핵심적인 키워드이다. 이들은 컴퓨터 기반의 데이터 분석과 함께 광고 PR의 학문적 · 실무적 영역에서도 통용되고 있다. 학문적으로 빅데이터를 분석 기반으로 하는 다양한 연구가 양적으로 늘어나고 있으며, 실무적으로도 실무자들은 빅데이터를 활용하여 실시간 광고이용자 분석과 이를 통한 커뮤니케이션 전략을 수립하고 집행한다.

특히 설문지, FGI, 실험연구 등을 통한 변인 간 관계 및 영향력 등을 단순하게 규명하는 전통적인 연구방법을 넘어서, 과거에는 분석하기 어려웠던 비정형 데이터를 포함한 방대한 양의 데이터와 다양한 속성을 포함한 데이터를 분석해야 하는 필연성이 날로 강조되고 있다. 나아가 그 데이터 안에 숨겨져 있는 이용자들 간의 네트워크 구조와 이를 통해 이용자의 행동을 측정하고 분석하여, 궁극적으로는 정확도 높은 실질적인 인간의 심리나 행동을 예측할 수 있는 방법론적인 지평이 날로 확장되고 있다.

광고 PR 영역은 이론과 방법론 그리고 실무적 측면에서 새로운 도전에 직면하고 있으며, 연결과 융합의 차원에서 더욱 진화할 것을 요구받고 있는 시점이다. 이에 이 책을 통하여 실질적인 연구 및 실무 사례를 바탕으로 광고 PR 영역의 다양한 빅데이터 분석과 활용에 대한 기본적인 어젠다를 제공하고자 한다.

빅데이터란 아날로그 환경에서의 데이터에 비해 생성되는 주기가 짧은 수치 데이터와 텍스트 및 이미지 등을 포함하는 방대한 규모의 데이터를 의미한다. 우리는 전통적인 샘플링 방식이 아닌 전수조사의 가능성과 이점을 부각하던 빅데이터 1.0 시대를 넘어, 빅데이터로 실질적 가치를 창출하는 빅데이터 2.0 시대에 살고 있다. 데이터 분석을 통한 수익화를 위해 다양한 비즈니스가 등장하고, 산업의 전 분야에 걸쳐 빅데이터에 대한 수요가 급증하는 가운데, 사물인터넷(IoT)과 클라우드 컴퓨팅의 발전으로 빅데이터 분석 기법의 성장이 더욱 가속화되고 있는 실정이다.

전통적으로 데이터는 정형(structured), 반정형(semi-structured), 비정형(unstructured) 데이터로 분류되어 왔다. 정형 데이터는 일정한 형식을 갖춘 고정된 필드에 저장되는 데이터 그리고 구조화되어 있는 틀(예: 설문지, 인터뷰 등) 내에서 수집된 정량적 · 정성적 데이터를 의미한다. 또한 각종 통계청 자료, 과학적 데이터 등을 포함하며, 그 자체로 의미 해석과 활용이 바로 가능한 정보를 포함하는 데이터를 말한다. 이러한 정형 데이터는 기존의 통계 분석 기법 및 솔루션을 이용하여 비교적 쉽게 데이터를 보관하고 처리하며 분석할 수 있었다.

메타 데이터나 스키마 등을 포함하는 반정형 데이터 그리고 스마트폰, 태블릿PC, 내비게이션 등의 네트워크 연결 기기들이 기하급수적으로 증가하면서 자연스럽게 발생한 데이터, 예를 들면 메신저로 나눈 대화, 텍스트, 동영상, 사진, 스마트폰에 기록되는 위치, 이미지, 음성 메시지 및 통화 내용 등을 포함하는 비정형 데이터는 빠른 시간 동안 상당한 양의 데이터가 증가하기 때문에 이미 기존의 데이터 처리방식이나 분석방식으로는 다루기 힘든 상황에 이르렀다. 나아가 위치 정보와 같이 실시간으로 데이터들이 생성됨에 따라 이러한 정보들을 활용하기 위해서 실시간에 가까운 처리속도가 요구되며, 이를 처리하기 위한 기법들의 복잡성도 심화되고 있다.

종합적으로, 현시대의 빅데이터는 생성되고 축척되는 방대한 용량을 포함한 데이터 자체뿐만 아니라 이를 관리하고 분석하기 위해 필요한 인력과 조직, 기술을 포괄하고 있다. 이런 의미에서 빅데이터란 기존 데이터베이스 관리 도구로 데이터를 수집, 저장, 관리, 분석할 수 있는 역량을 넘어서는 대량의 정형 또는 비정형 데이터 집합과 이러한 데이터로부터 가치를 추출하고 결과를 분석하는 기술을 총칭한다. 이러한 빅데이터를 효과적으로 분석하는 것이 무엇보다 중요해졌다.

『빅데이터의 분석방법과 활용』은 광고 PR 영역의 빅데이터의 분석 및 활용 그리고 윤리적 이슈까지를 주제로 총 10개 장으로 구성하였으며, 각 장마다 최근 빅데이터 분석법을 학문/연구적 혹은 실무적 사례를 바탕으로 소개하였다.

제1장 '광고 PR 분야에서 빅데이터의 의의와 활용방안'(김대욱)은 광고 PR 분야의 빅데이터란 무엇인지에 대한 이론적 고찰을 필두로 학문과 실무적 측면에서의 빅데이터 분석의 당위성과 다양한 분석의 의의와 활용방안에 대한 서론적인 장으로, 최근의 디지털과 빅데이터 이론의 정리와 기존 광고 PR 영역의 주류를 이루었던 연구방법론과 빅데이터 분석방법과의 차이 및 비교를 통한 새로운 시각을 제시하였다.

제2장 '비정형 텍스트 데이터 분석'(윤호영)에서는 자연어 처리기술을 이용하여 비정형 · 반정형 텍스트의 데이터로부터 유용한 정보를 추출하거나 가공하는 텍스트마이닝 방법 중 잠재 디리클레 할당 모형(LDA) 기법에 대한 이해를 돕고자 하였다.

제3장 '의미연결망 분석'(이형민, 박진우)은 텍스트의 의미적 네트워크 분석 중 하나인 의미망 분석에 관한 내용으로, 텍스트 내 단어망 분석(네트워크와 감성적 분석)을 통하여 주요 키워드 간의 연관관계를 비주얼화하여 함의 도출의 편의성을 제공하는 기법을 사례를 통하여 소개하였다.

제4장 '소셜 네트워크 분석'(김동성)에서는 소셜 네트워크 혹은 사회연결망 분석이란 무엇이며, 광고 PR 영역에서 수용자(소비자 또는 공중)의 커뮤니케이션 형성과 행동과정을 분석하는 등 소셜 네트워크 분석(SNA)이 광고 PR 영역에서 어떠한 학문적 · 실무적 기여가 가능한지에 대한 기본적인 내용을 담고자 하였다.

제5장 '소셜미디어 분석'(정원준)에서는 소셜 네트워크 서비스(SNS)로 대변하는 소셜공간 내 다양한 이용자 간 제품이나 공공정책에 대한 의견과 교류의 연결망이 갖는 역동성(예: 정보공유–확산 등 인플루언서의 활동성 측정)을 분석하고, 소셜미디어 내 하나의 광고 PR 전략으로서 활동공중/인플루언서의 활용법에 대한 논의를 담고자 하였다.

제6장 '메타분석의 이해와 활용'(손영곤)에서는 국내 커뮤니케이션 연구 분야에서

큰 주목을 받지 못한 빅데이터 기반의 메타분석을 'R'을 이용하여 실무적 사례를 통해 살펴보고자 하였다.

제7장 '컨조인트 분석'(전홍식)에서는 빅데이터 시대에 맞는 의사결정 모델 구축과 규명에 활용되고 있는 컨조인트 분석법을 광고 PR 그리고 마케팅 영역에 활용해 보는 논의를 하고자 하였다. 이를 통하여 메시지(예: 광고 콘셉트) 추출과 활용에 대하여 좀 더 과학적이고 소비자 중심적으로 접근하여 광고 PR 그리고 메시지 선정 과정을 마케팅 실무자들에게 실무 차원에서 제시하고자 하였다.

제8장 '옥외광고 효과 측정 기법'(천용석)에서는 전통적인 OOH 효과 측정 방식과 틀에서 탈피하여, 디지털 사이니지(digital signage) 시대의 빅데이터와 머신러닝 분석 기법을 활용해 OOH 광고의 신뢰도와 정확도가 확보된 옥외광고 효과 측정 기법과 응용 사례를 소개하며, 실무 적용 가능성에 대하여 제시하였다.

제9장 '빅데이터 활용에서 개인정보 침해와 보안 및 윤리'(정유미)에서는 광고 PR과 마케팅 분야의 빅데이터 분석과 활용은 장밋빛만 있는 것은 아니고 선결하거나 반드시 고려해야 할 부분도 포함하고 있음을 제시하고 있다. 즉, 빅데이터 수집과 분석에 있어 하나의 유닛(unit) 혹은 노드(node)에 해당하는 개인(혹은 소비자, 온라인 유저 등)정보 침해와 보안 그리고 기본적으로 그들의 생각과 활동 패턴을 연구에 사용함에 있어 발생할 수 있는 개인정보 침해 및 보안과 관련된 윤리적 측면의 도전적인 과제를 논의하였다.

제10장 '광고와 데이터 사이언스'(박종구)에서는 이 책을 갈무리하는 측면에서 데이터 혁명 시대에 광고산업의 빅데이터 활용을 조망하고 다가올 신(新) 빅데이터의 전략과 사례들을 제시하였다.

이 책에서 언급한 빅데이터 분석 열 가지 기법 및 이슈 이외에도 지면의 한계상 미처 다루지 못한 인공신경망 기법, 머신러닝, 다중지능성 기법 등 다양한 빅데이터 분석 기법이 존재하며, 이러한 기법들은 기존의 빅데이터 처리 및 분석 기법에 새로운 접근을 더하여 광고 PR 영역의 새로운 패러다임을 제시할 것이기에 빅데이터 분석에 대한 지속적인 관심과 실무적 적용이 필요한 시점이다.

이 책을 통하여 미래 광고 PR 영역의 역군이 될 독자들이 데이터 기반(data-driven) 시대에 데이터가 제시하는 통찰력과 대응력을 제공받고, 스마트하고 융복합적인 광고 PR 산업에서 경쟁력과 창의력을 갖추고 중요한 역할을 하는 데 다소나마 도움이 되기를 바란다.

2019년 12월

필자들을 대표하여 정원준 적음

차례

제1장

광고 PR 분야에서 빅데이터의 의의와 활용방안

김대욱(인천가톨릭대학교 문화예술콘텐츠학과 교수)

1. 광고와 PR 분야에서 왜 빅데이터가 중요한가
2. 광고와 PR 분야에서 빅데이터가 가져올 변화들
3. 광고와 PR 분야에서 빅데이터의 활용방안
4. 마치며

◈◇◈

이 장에서는 빅데이터가 무엇인지 개념적 특성 차원에서 간략하게 살펴보고, 그러한 개념적 특성이 광고와 PR 분야에 있어서 어떤 변화를 불러일으키고 있는지 고민해 보고자 한다. 또한 이러한 변화에 대응하기 위해서 실제적으로 빅데이터를 어떻게 활용하고 있는지 예시를 살펴보면서 개념적 특성들이 분석과 이해의 과정에서 반영되고 있는지 알아보고, 어떤 이익을 가져다주고 있는지에 대해서 논의해 보고자 한다.

1. 광고와 PR 분야에서 왜 빅데이터가 중요한가

"4차 산업혁명 시대를 맞아 데이터가 주목받고 있다. 데이터는 인공지능(AI)과 사물인터넷(IoT) 등 미래 성장 산업을 위한 자양분으로 꼽힌다. 데이터 없이는 기술의 진화도 힘들다는 게 전문가들의 공통된 얘기이다.

15일 정보통신정책연구원(KISDI) 등에 따르면 세계 주요 국가에서는 데이터를 기반으로 한 '데이터 경제(data economy)'가 빠르게 성장하고 있다. 데이터 경제는 각종 기기, 소셜미디어, 웹사이트 등이 생산한 데이터를 디지털 기술을 이용해 가공하고 활용하는 경제 생태계를 의미한다. 유럽연합의 데이터 경제 규모는 2014년 2,570억 유로(한화 333조 원)에서 2020년 6,430억 유로(831조 원)로 갑절 이상 증가할 것으로 예상된다.

데이터 경제의 자양분은 폭발적으로 늘어나는 데이터이다. 유튜브에는 1분마다 400시간 분량의 동영상이 올라오고, 페이스북에는 매일 수억 장의 이미지가 새로 등록된다. 시장조사업체 IDC에 따르면 전세계 데이터 양은 매년 30%씩 증가해 2025년에는 163ZB(제타바이트)에 이를 전망이다. 1ZB는 1조 1,000억GB로 고화질 영화(2GB) 약 5,000억 편에 해당하는 양이다. 지난해 생성된 데이터 양은 16ZB로 하루에 482억GB, 초당 56만GB의 데이터가 만들어졌다. 영화 파일의 데이터 크기로 환산하면 1초에 28만 편이 탄생한 셈이다."

출처: 연합뉴스(2017. 7. 15.) 기사에서 발췌

빅데이터라는 단어를 빼고 지금이 어떤 시대인지를 설명하기가 곤란한 상황이 오고 있다. 빅데이터라는 개념에 대한 정의가 학계에서 2001년에 레이니(Laney)에 의해서 제안되었는데, 거의 20여 년 만에 이 개념은 일반적인 일상어 중의 하나가 되어 버렸다. 지금은 일상어가 되어 버린 '디지털'이라는 개념이 등장한 것이 엊그제 같은데 이미 빅데이터는 디지털과 공용어 또는 연관어로서 우리의 일상생활에서 자주 언급되고 사용되고 있다.

이렇게 일상어가 되어 버린 빅데이터는 무엇일까? 단순히 많은 양의 데이터를 빅데이터라고 부르는 것일까? 빅데이터가 되기 위한 요소 또는 특성은 무엇일까? 이러한 물음에 대한 대답을 찾아보고자 한다.

레이니(Laney, 2001)는 **빅데이터**를 개념적으로 정리하고 정의하면서 빅데이터는 3가지 요소들을 포함해야 한다고 주장하였다. 일반적으로 이러한 3가지 요소의 머리글자를 따서 3Vs라고 통칭하기도 한다(Kwon, Lee, & Shin, 2014). 첫째, **데이터의 볼륨**(volume)이다. 이것은 빅데이터라는 문자가 나타내는 의미 그대로 많은 양의 데이터를 의미한다. 일반적으로 양적인 측면에서 1테라바이트(terabyte) 이상을 지니고 있는 것을 빅데이터라고 할 수 있으며, 1테라바이트는 1,500개의 CD 또는 220개의 DVD에 저장할 수 있는 용량을 의미한다(Gandomi & Haider, 2015). 둘째, **속도**(velocity)이다. 데이터를 생성하고 처리하는 데 있어서 빠른 속도가 필수라는 의미이다. 앞서 언급한 신문기사에서 나타나듯이, 현재 데이터는 1초당 56만 기가바이트가 생산되고 있으며, 이러한 생산속도는 앞으로 더 빨리 더 많이 데이터를 생산하게 될 것이다. 마지막으로, **다양성**(variety)이며 다양한 형태의 데이터를 포함해야 한다

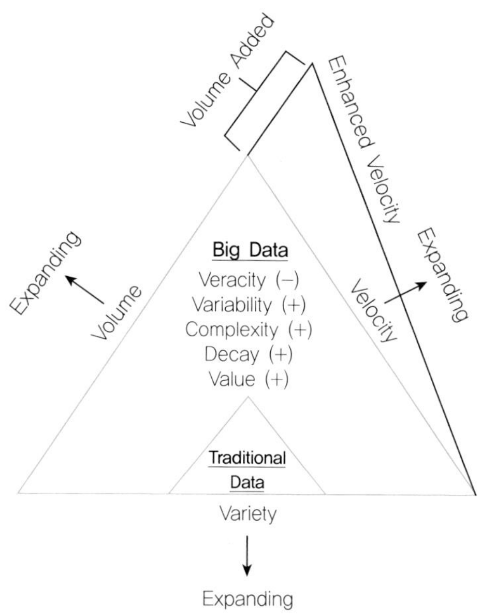

[그림 1-1] 빅데이터에 대한 통합적인 시각

출처: Lee (2017).

는 것이다. 일반적으로 빅데이터는 사진, 텍스트, 소리, 영상 등을 구분 짓는 비정형 데이터를 의미하는 것이 다양성의 측면을 충족시키기 때문이다.

이러한 요소들뿐만 아니라 최근에는 보다 확장된 개념의 빅데이터를 제안하고 있다. 리(Lee, 2017)는 3Vs에 정확성(varecity), 가변성(variability), 복잡성(complexity), 가치(value) 그리고 쇠퇴(decay)를 추가해서 제안하고 있다.

추가적인 가치들 중에서 **정확성**은 데이터는 본질적으로 비정형적이고 불완전한 것이기 때문에 분석하는 사람은 언제든지 정확성을 높이기 위해 노력해야 한다는 것을 의미하는 것이다(Lee, 2017). **가변성**은 데이터는 언제든지 그 흐름에 있어서 다양성을 내포하고 있다는 의미이며, **복잡성**은 데이터를 수집하고 정제하는 과정의 복잡성을 의미하고, **가치**는 데이터가 분석할 만한 가치가 있어야 하며, 마지막으로 **쇠퇴**는 이러한 가치는 언제든지 쇠퇴할 수 있다는 것을 나타낸다.

이렇듯 빅데이터의 의미가 확장되는 과정은 커뮤니케이션 기술의 발달을 빼고 이야기할 수 없을 것이다. 빅데이터라는 개념이 등장하게 된 것에도 커뮤니케이션 기술의 발달로 등장하게 된 다양한 미디어가 있었기에 가능한 것이기 때문이다. 커뮤니케이션 기술의 발달과 빅데이터의 등장으로 새로운 메시지로서의 광고 자체가 지니는 특성이 많이 다양해졌고, 그에 따라서 광고 메시지가 소비자의 행동 변화에 미치는 영향도 다양해지게 되었다(Dahlen & Rosengren, 2016).

예를 들면, 케밍턴과 험보그(Kemminton & Humborg, 2010)가 주장하는 브랜드 민주화이다. 이러한 개념은 소비자들이 브랜드와 관련된 논의를 소셜미디어를 통해서 생성, 공유하게 되면서 브랜드가 지니는 이미지 또는 의미 등이 기업 등과 같은 조직들에 의해서 생성되고 제시되는 것이 아니라 소비자들에 의해서 형성되는 것으로 보는 것이다. 또한 조하르(Johar, 2016)는 **광고 대화**(advertising conversation)라는 개념을 제시하였는데, 앞서 언급한 브랜드 민주화와 유사하게 소비자들은 광고 메시지 제작자와 양방향적인 의미 생산 과정을 형성하고 있는 것뿐만 아니라 다양한 미디어를 통해서 소비자들 간의 의견 교류 과정을 거치기도 하기 때문에 소비자들은 광고 수용이라는 것보다는 광고에 대한 다양한 생각과 의견을 대화하는 과정을 거치게 된다는 것이다. 따라서 개인적인 성향도 중요하지만 이러한 대화의 과정을 거치면서 광고에 대한 생각과 의견들이 사회적 분위기 또는 성향에 의해서 변화될 가능성이 높기 때문에 사회적 수용 또는 교환에 의한 광고 수용에 대한 관심이 높아질 수밖에 없다.

마찬가지로, 이러한 효과를 측정하는 방법들도 진화를 하면서 보다 다양한 측면에서 메시지의 효과를 측정하고 있으나 보다 분명한 원인과 효과를 규명하는 데 있어서 한계가 있다(Belk, 2017). 따라서 이러한 부분에 대한 답을 찾기 위해서 커뮤니케이션 기술의 발달과 함께 등장한 또는 결과물이라고 할 수 있는 빅데이터에 관심이 쏠릴 수밖에 없다. 소비자들을 이해하기 위해서는 소비자 개개인의 정보처리 과정을 파악하는 것도 중요하지만 그 정보의 의미를 어떤 과정을 통해 생성하고, 다른 사람들과 어떻게 정보의 의미 교환과 공유를 하는지가 중요하게 되었고, 이러한 것을 살피기 위해서는 다양한 채널, 맥락 등에서 생성되는 빅데이터의 분석이 필요한 것이다.

2. 광고와 PR 분야에서 빅데이터가 가져올 변화들

"GS리테일이 GS25, GS수퍼마켓, GS fresh(프레시), 랄라블라 등 사업장에서 발생하는 하루 약 700만 건의 판매 데이터를 분석해 활용한다. GS리테일은 GS25 점포를 12가지 상권으로 분류하고, 분석용 상품 분류 체계를 마련하는 등 판매 빅데이터를 활용한다고 11일 밝혔다.

GS리테일은 오프라인 사업장인 전국 GS25 점포를 12가지 상권으로 분류하고, GS fresh 등의 온라인 사업 효율 제고를 위해 어도비와 손잡아 어도비 어낼리틱스 솔루션을 도입했다. 또 각기 다른 사업인 GS25, GS수퍼마켓, 랄라블라의 상품을 하나의 관점에서 분석이 가능하도록 분석용 상품 분류 체계를 마련했다. 12가지 상권으로 분류는 가맹점 컨설팅에 활용된다. 12가지 분류 기준은 시간대별 판매 상품 및 성별, 연령대별 구매 정보 등이다. GS리테일은 GS25의 상권 유형별 데이터를 매년 두 차례 업데이트해 전국의 가맹점 컨설팅업 직원들에게 배포한다. 이를 통해 가맹점 경주는 같은 유형에 속한 타 점포들과 비교한 본인 점포의 경영 지표를 제공받는다. 새롭게 오픈한 GS25의 신규 경영주들의 경우 상권 유형별 컨설팅 자료에 대한 의존도가 높고 이를 통해 조기에 영업 전략을 수립하는 데에 도움을 받을 수 있다."

출처: 중앙일보(2018. 10. 11.) 기사에서 발췌

빅데이터가 가져다주는 **소비자 분석에 대한 효용성**은 이미 많은 사례에서 검증되었다. 빅데이터의 효용성을 이야기할 때, 가장 많이 언급되는 사례가 월마트의 사례일 것이다. 월마트에서 빅데이터 분석을 통해서 상품 진열을 교체하고 매출에 상승을 보였다는 사례에서 등장하는 제품은 맥주와 기저귀이다. 기저귀를 구입하는 소비자층과 맥주를 소비하는 소비자층을 분석해서 두 소비자층의 상관관계를 파악함으로써 두 제품을 가까운 곳에 배치하였더니 동반 상승 효과를 보았다는 것이다. 즉, 수요일 오후 젊은 아빠들이 퇴근길에서 아이의 기저귀를 사기 위해 월마트를 들렀다가

바로 옆에 비치되어 있는 맥주도 함께 소비하게 되었다는 이야기는 빅데이터의 효용성을 설명하는 데 있어서 전설같이 인용되는 사례이다.

이러한 전설적인 사례가 들려주는 일반적인 이야기뿐만 아니라 광고와 PR 영역에서 실제적으로 빅데이터가 가져올 변화는 무엇일까?

펠릭스, 라우쉬나벨, 그리고 힌쉬(Felix, Rauschnabel, Hinsch, 2017)는 소셜미디어에서 전략 커뮤니케이션이 어떻게 변화할 것인지에 대해서 [그림 1-2]와 같은 도식을 제안하였다. 그림에서 볼 수 있듯이, 빅데이터를 기반으로 하는 소셜미디어 환경에서 기업과 이해관계자들 간의 관계가 어떻게 변화될 것인지에 대해서 4가지 차원에서 제안하고 있지만, 여기서는 이 장의 논의와 관계있는 3가지 차원에 대해서 논의하고자 한다.

먼저, **커뮤니케이션 범위**(scope)**의 차원**에서 변화는 탐험가(explorer)와 수호자(defender)의 차원으로 구분될 것이다. 탐험가적인 접근은 기업이 새로운 기술을 활용해서 보다 능동적이고 통합적인 커뮤니케이션 전략을 수립하는 것을 의미하고, 수호자적인 접근은 과거의 커뮤니케이션 환경을 그대로 따르며 정보를 일방향적으로 전달하는 커뮤니케이션 전략을 기획, 시행하는 것을 의미한다(Felix, Rauschnabel, & Hinsch, 2017). 탐험가적인 접근은 기존에 PR에서 강조되었던 양방향 커뮤니케이션을 확대한 것으로 보다 개방성을 높이고자 하는 것이며, 공중의 피드백을 기다리기보다는 더욱 적극적 · 능동적으로 커뮤니케이션 하는 것을 의미한다.

문화적인 차원에서는 전통적인 것을 강조하는 보수주의(conservatism)와 새로운 변화를 수용하는 모더니즘(modernism)으로 구분해서 바라보고 있다(Felix, Rauschnabel, & Hinsch, 2017). 보수주의적 접근은 커뮤니케이션 전략을 조직 내부에 집중하고 있으며, 개방적인 커뮤니케이션보다는 폐쇄적인 커뮤니케이션을 지향한 것이다. 모더니즘적 접근은 보수주의적인 접근과는 달리, 개방적인, 외부적인 그리고 위험을 감수하는 조직의 문화를 대변하는 것을 의미한다.

마지막으로, **조직의 구조적인 차원**에서는 상하 체계적인 접근을 하는 계층제(hierarchy)와 관계적인 접근을 강조하는 네트워크(network)로 구분한다(Felix,

Rauschnabel, & Hinsch, 2017). 계층적인 접근은 엄격한 통제 구조 속에서 개개인의 자율성이 제한되는 군대와 같은 조직의 구조를 보이는 것이고, 네트워크적인 접근은 모든 구성원들 간의 원활한 커뮤니케이션이 강조되면서 직책이나 부서의 제한을 넘어 일종의 공동의 책임을 추구하는 조직의 구조적 모습을 의미한다.

이러한 구분은 빅데이터가 가져올 변화에 대해서 구체적으로 제안하고 있지 않다는 단점을 생각해 볼 수 있지만, 조직의 상황이나 특성에 맞게 다가올 변화에 대해서 예상해 볼 수 있다는 장점을 지니고 있다. 일률적인 변화의 시나리오를 제시하는 것이 아니라 다소 이상적 혹은 추상적일지라도 조직의 상황과 환경 등을 고려해서 다양한 시나리오를 예상해 볼 수 있으며, 각 차원은 복합적인 구성 또는 조합을 이룰 수 있기 때문에 어떤 측면에서는 변화의 유연성을 보장해 줄 수 있는 장점이 있다.

위델과 캐넌(Wedel & Kannan, 2016)은 빅데이터가 지니는 장점으로, 다양한 분석

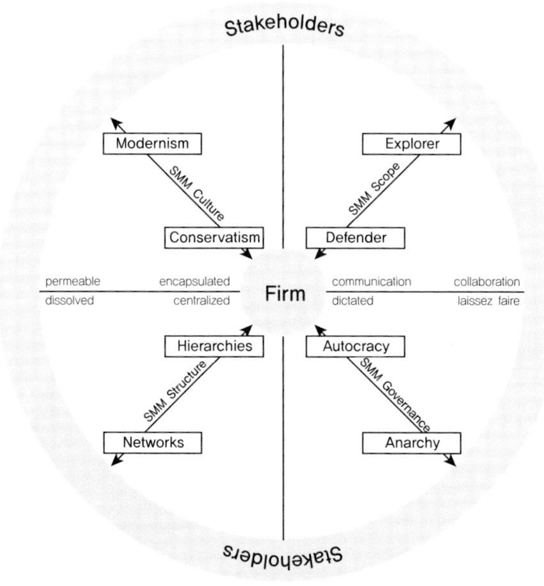

[그림 1-2] 소셜미디어 환경에서 기업과 이해관계자 간의 전략 커뮤니케이션
출처: Felix, Rauschnabel, & Hinsch (2017).

방법을 시행할 수 있기 때문에 보다 다양한 커뮤니케이션 계획을 수립하는 데 도움을 줄 뿐만 아니라 이러한 계획들이 잘 진행되고 있는지를 진단, 분석하고 예측하는 데 있어서 빅데이터가 탁월하다고 주장한다. 빅데이터가 포함하는 여러 분석방법은 다양하고 세부적인 차원에서 목표 공중의 의견과 욕구 등을 진단할 수 있기 때문에 그 효용성이 높다. [그림 1-3]에서 제시된 것처럼 빅데이터 분석은 그림 오른쪽에서 왼쪽으로 진행되면서, 조직의 내부에서 외부적인 차원으로, 정형적인 데이터에서 비정형적인 데이터로 그 영역이 확장되면서 보다 다양한 측면에서 소비자의 욕구를 파악하고 충족시켜 줄 수 있는 방안을 마련할 수 있는 것이다.

성민정과 조정식(2017)은 빅데이터가 가져올 변화에 대해서 〈표 1-1〉과 같이 정리하고 있다. 표에서 나타나는 것처럼 빅데이터가 가져올 변화는 커뮤니케이션 메시지를 기획, 시행하는 차원과 업계 전반적인 차원의 변화로 2가지 차원에서 언급하고 있다. 이러한 2가지 차원에서 발생하고 있는 변화를 살펴보면 크게 분업과 통합이라

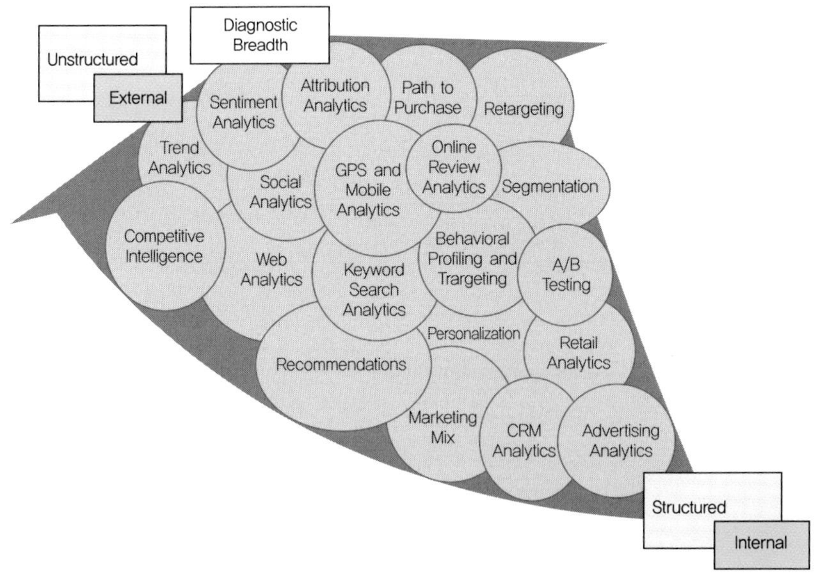

[그림 1-3] 빅데이터 분석을 이용한 커뮤니케이션 계획 진단 과정과 범위

출처: Wedel & Kannan (2016).

는 상반되는 2가지 키워드로 정리해 볼 수 있을 것이다. 커뮤니케이션 메시지를 기획하고 시행하거나 업계 전반적인 상황에 대한 변화를 이끄는 것은 빅데이터일 것이다. 이러한 빅데이터를 활용해서 기업과 같은 조직들은 보다 많은 사람들의 욕구를 충족시키기를 원한다. 하지만 이것은 현실적으로 불가능한 것일지도 모른다. 따라서 현실적으로 커뮤니케이션 메시지를 기획하고 시행하는 데 있어서 다수의 만족이라

표 1-1 빅데이터가 불러올 변화

구분	세부 변화 항목	세부 변화 내용
커뮤니케이션 기획과 전략 수립, 실행에 미치는 영향	변하지 않는 것들	• 브랜드 아이디와 성과물의 우수함에 대한 추구 • 기획과 제작 중심에 위치하는 소비자의 가치
	커뮤니케이션 플래닝	• 플래닝 과정상 새로운 기능과 단계의 등장 • 브리프 작성 방식의 변화 • 전반적인 업무 형태의 변화
	브리프에 대한 인식과 역할	• 다양한 이해관계자들을 대상으로 하는 브리프의 작성 • 브리프 작성 방식과 이용 형태의 변화
	통합 커뮤니케이션	• 커뮤니케이션 업계의 구조적, 기술적 통합 가능
커뮤니케이션 업계 구조 및 업무 방식	마케팅 강화	• 소비자에 대한 깊이 있는 이해를 바탕으로 관계 강화 추구
	CRM의 발전	• 데이터 기술의 발달로 CRM(Customer Relationship Management)이 추구하는 원칙과 가치의 확대
	새로운 형태의 대행사	• 데이터 분석을 이용한 다양한 영역의 대행사들 등장
	협업	• 아이디어를 중심으로 캠페인을 기획하고 집행하는 통합과 협업 강조
	인적 구성	• 통합적인 팀에서 영역의 구분 없이 함께 잘 어울리며 부드럽게 업무를 처리하는 유동성(fluidity), 급변하는 미디어 환경 내에서 필요한 일을 빠르게 수행하는 민첩성(agile)과 유연성(flexibility)의 중요성 강조
	평가와 보상	• 장기적 관점의 평가 중요성 강조 • 비즈니스 성과를 가져온 원인에 대한 심도 있는 고찰 강조
	제작	• 짧은 시간에 저비용으로 제작된 영상물에 대한 수요 증가

출처: 성민정, 조정식(2017)의 연구에서 논의된 내용을 저자가 표로 구성함.

는 큰 그림을 그리고 있지만, 실제적으로 그 그림은 작은 욕구들이 연관 또는 연결되어 있는 그림이다. 즉, 빅데이터를 이루고 있는 많은 다양성을 충족시키기 위해서 다양한 커뮤니케이션 기업들이 등장하기도 하고, 때로는 1인 기업에 의해서 그러한 것들이 충족되기도 한다. 하지만 이러한 단일성은 고립되어 있거나 독립되어 있는 것이 아니라 거대한 다양성이라는 측면에서 연결되어 있기 때문에 언제든지 통합적으로 연계되어 업무를 진행할 수 있는 것이다. 결국, 많은 개별 데이터의 연결로 인해 빅데이터를 이루고 있지만, 실제적 또는 이상적 차원에서 데이터는 고립되지 않은 채로 다른 데이터들과 다른 차별성을 지니고 있기 때문에 언제든지 거대한 통합성의 차원에서 다룰 수 있는 것이다. 그렇기 때문에 모순이지만 빅데이터는 분업과 통합이 가능한 것이고, 그러한 특성이 미시적으로는 커뮤니케이션 전략의 기획과 시행에서부터 거시적으로 커뮤니케이션 조직과 업계의 차원에서 변화의 바람을 불러일으킬 수 있는 것이다.

차영란(2018)은 이러한 변화가 광고, 미디어 분야에서 빅데이터를 기반으로 하는 인공지능의 역할에 대해서 PEST-SWOT 분석을 시행하였다. 빅데이터를 보다 발전시킨 인공지능이라는 측면에서 바라보고 있어서 색다른 접근을 시도하였다.

여러 가지의 단점에도 불구하고 빅데이터에 기반하는 인공지능이 광고, 미디어 산업계에 가져다주는 강점을 살펴보면, 정치적으로는 정부의 인공지능 육성에 대한 의지가 높을 뿐만 아니라 신성장 동력으로서 인공지능을 바라보고 있기 때문에 성장 잠재력이 높게 평가할 수 있다. 경제적으로는 다양한 측면에서 비용 절감이라는 경제적 이익을 가져다줄 것이다. 사회적으로는 다양한 계층의 욕구를 살펴볼 뿐만 아니라 그 욕구를 충족시켜 줄 수 있는 방법을 마련할 수 있다는 강점을 지니고 있다. 마지막으로, 기술적으로는 궁극적으로 빅데이터가 지니고 있는 막대한 양의 데이터를 다양한 방식으로 분석함으로써 타당성 높은 결과를 도출할 수 있고, 이러한 결과는 사회적 측면에서 언급했던 다양한 계층의 욕구 충족을 위해 활용할 수 있을 것이다. 이러한 점들을 정리하면, 적은 비용으로 다양한 소비자의 욕구를 충족시킬 수 있는 여건을 마련할 수 있다는 것이다. 메시지 효과 자체를 측정하는 것뿐만 아니라

표 1-2 빅데이터를 기반으로 하는 인공지능에 대한 PEST-SWOT 분석

구분		SWOT 요인			
		강점(S)	약점(W)	기회(O)	위협(T)
PEST 요인	정치적(P)	• 정부의 인공지능 육성 의지 • 신성장 동력으로서 정책과 제도의 중요성 증대	• 검증되지 않은 신뢰성 • 사이버 테러 위협	• 정부의 인공지능에 대한 관심 증대 • 정보 전달과 설득 과정에서 독점적 영향	• 일자리 문제와 인공지능 기술 간의 상관관계 논쟁
	경제적(E)	• 인공지능 기술이 인간보다 노동 생산성이 높음 • 비용 절감, 시간 절감으로 주 52시간 제약이 없음	• 초기의 인공지능 개발 비용이 많이 필요함	• 인간을 대체할 수 있는 자원 • 소자본으로 창업 가능	• 저임금 노동자 유입 가능성
	사회적(S)	• 융합 기술을 통해 다양한 인간의 욕구를 충족시킴	• 인공지능에 대한 거부감 • 인공지능 개발 인력의 부족	• 소수의 창작자들만이 인공지능 기술을 이해	• 프라이버시, 인간 대 기계라는 대결 구조 • 인간의 정서적 불안정성으로 사회적 문제 유발
	기술적(T)	• 축적된 수많은 데이터를 활용함 • 다양한 알고리즘 개발로 객관성을 구현함	• 데이터와 알고리즘 적용으로 창의성이 사라짐	• 기존에 없었던 새로운 기술이 등장	• 급격한 기술 개발로 인공지능 기술에 대한 거부감 증대

출처: 차영란(2018)에서 발췌함.

산업적인 측면에서 경제성을 지니고 있다는 면에서도 빅데이터가 가지는 효용성이 높다.

비엔시에르츠와 뢰처(Wiencierz & Röttger, 2019)는 PR에서 커뮤니케이션 전략을 기획, 시행, 평가하는 단계에서 빅데이터가 어떻게 활용될 수 있는지에 대한 개념적인 모델을 제안하였다. 전통적으로 인용되고 있는 PR 기획 요소들인 상황분석, 전략

수립, 시행, 평가 등과 같은 요소들과 더불어 각 요소들에 빅데이터가 어떻게 적용될 수 있는지에 대해서 설명하고 있다. 빅데이어 분석은 목표 선정, 데이터 수집, 데이터 정리, 데이터 변환, 데이터 분석, 데이터 해석/평가, 보고 등과 같은 순서로 진행되는데, 앞서 언급한 PR 기획의 측면과 연관지어 보면 전체적으로 모든 PR 기획 과정에서 데이터 분석의 과정들이 적용되어 동시적 · 복합적으로 적용, 운영된다고 볼 수 있다.

이러한 복합적인 과정들을 통해서 PR 실무자는 보다 구체적인 상황분석 또는 목표 공중 분석을 시행할 수 있으며, 이를 통해 조직이 추구하는 목표를 실현하는 데 있어서 많은 도움을 얻을 수 있다(Wiencierz & Röttger, 2019). 또한 목표가 정확하게 실현되었는지에 대해서 구체적인 또는 명확한 평가를 할 수 있기 때문에 PR 활동의 효과 측정이 보다 정교화될 수 있는 것이다. 이러한 장점들을 바탕으로 명성 관리, 이슈 관리, 위기 관리 등과 같이 즉시적으로 변화가 다양하게 발생하는 PR 활동에서 보다 적극적인 그리고 효과적인 커뮤니케이션 전략을 수립할 수 있게 PR 실무자들을 도와줄 것으로 기대하고 있다(Wiencierz & Röttger, 2019).

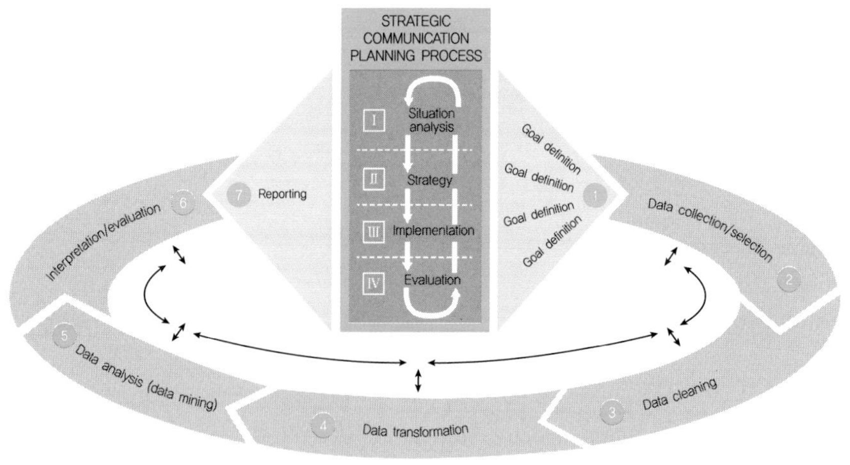

[그림 1-4] 빅데이터를 이용한 전략 커뮤니케이션 기획, 시행, 평가 과정

출처: Wiencierz & Röttger (2019).

3. 광고와 PR 분야에서 빅데이터의 활용방안

빅데이터가 광고와 PR 영역에 가져올 변화에 대한 단상들이 실제적으로 어떻게 응용되는지, 어떤 도움을 가져다줄 수 있는지에 대해서 살펴보고자 한다.

배기웅과 김혜진(2019)은 초기 드라마 에피소드에 대한 시청자 의견이 드라마의 평균 시청률에 어떠한 영향을 미치는지를 토픽모델링을 이용해 분석하였다. 연구 결과에서 드라마의 시청률에 영향을 미치는 5가지 시청자 의견 유형들을 발견하였는데, 첫째, 비속어와 자극적인 댓글이 많을수록 드라마의 평균 시청률은 감소하는 것으로 나타났다. 이러한 유형은 드라마가 자체적으로 많은 비속어를 포함하게 되면 시청자들로 하여금 드라마 콘텐츠를 소비하면서 불편한 감정이 동반하게 된다는 것을 유추하게 하는 결과이다. 둘째, 시청자 댓글에 드라마와 관련해서 대사, 연기, 사람, 현실 등과 같이 드라마 외적인 부분에 대한 평가가 많을수록 시청률이 감소하는 것으로 나타났다. 이러한 결과는 시청자들이 드라마 콘텐츠 자체에 몰입하지 못하고 겉도는 소비를 하는 경우에 드라마에 대한 관심이 감소하기 때문으로 볼 수 있을 것이다. 셋째, 외모에 대한 긍정적인 평가가 많아질수록 시청률도 상승하는 것으로 나타났다. 드라마 주인공의 외모, 표정, 눈빛 등에 대한 단순 칭찬의 수준을 넘어서서 애정 또는 찬사의 수준으로 확산되는 경우에 시청률이 높게 상승하는 것이다. 넷째, 연기에 대해서 어색하다, 솔직하다, 예쁘다, 이상하다, 자연스럽다 등과 같은 약한 칭찬이 포함되는 경우에도 시청률이 감소하는 것으로 나타났다. 마지막으로, 드라마 내용에 대해서 비판하는 경우에 시청률은 상승하는 것으로 나타났다. 드라마에 대한 비판이 증가한다는 것은 앞서 언급한 연기에 대한 평가 등과 같이 단순한 언급이 아니라 내용이나 전개 등과 같은 좀 더 심층적인 논거를 동반하는 경우를 의미한다. 이러한 심층적인 논거를 제시할 정도라면 드라마 콘텐츠 자체에 대해서 일정 수준 이상의 몰입이 동반되어야 할 것이다. 따라서 드라마 콘텐츠에 대한 비판은 낮은 충성도를 지닌 소비자의 단순 불평으로 생각할 것이 아니라 높은 충성도를 지닌 소비자의 심도 있는 분석으로 받아들일 필요가 있다.

이러한 결과를 통해서 광고와 PR 영역에서 빅데이터의 역할을 추론해 볼 수 있을 것이다. 즉, 앞서 언급한 연구의 결과는 직접적으로 광고나 PR과 연관된 연구 결과들은 아니지만 이것을 바탕으로 해서 광고나 PR 활동을 위한 준비 단계에서 활용해 볼 수 있는 가치가 높다고 생각한다. 요즘은 광고의 회피를 줄이기 위해서 드라마, 영화 등과 같은 문화 콘텐츠의 내러티브에서 제품이나 브랜드가 자연스럽게 드러나게 하고 있다. 그런 맥락에서 어떤 특성을 지니고 있는 콘텐츠가 광고나 브랜드와 연관된 메시지를 드러내는 것이 좋은 것인지 또는 그러한 경우에 성공할 수 있을지에 대해서 예측해 볼 수 있다. 단순히 콘텐츠에 유명한 스타가 등장한다고 해서 성공을 예측하는 수준의 분석은 이미 오랜 과거의 이야기이다. 많이 보는 것도 중요하지만 왜 많이 보는지에 대한 분석은 향후 광고 또는 PR 기획을 수립하는 데 있어서 상황분석 자료로 활용할 수 있는 중요한 예측 자료가 될 수 있다.

유사한 맥락에서 생각해 볼 수 있는 연구가 있다. 명왕성, 원영신, 이민규(2016)는 프로축구 K리그 중계를 시청하는 이유를 살펴보기 위해서 빅데이터 분석을 실시하였다. 선행연구들은 주로 시청 결정요인과 관련된 연구들은 설문지법을 기반으로 AHP나 회귀분석을 통해서 시청 결정에 주요하게 영향을 미치는 원인들을 파악하였다. 하지만 이러한 선행연구들과는 달리, 텍스트마이닝의 의사결정나무 분석을 이용해서 판별, 회귀, 신경망 분석 등과 같은 다양한 분석들을 종합적으로 시행함으로써 다양한 시각에서 원인을 찾아보고 있다.

연구 결과에서, K리그 시청에 있어서 중요한 요인은 어떤 팀들이 참여하는 경기인지이다. 단순히 경기를 잘하는 팀 또는 소위 인기 있는 팀이 참여하는 경기인지도 중요하겠지만, 여기서 의미하는 것은 스토리가 있는 팀들 간의 경기이다. 예를 들면, 서울과 수원의 '슈퍼매치'나 울산과 포항의 '동해안 더비' 등과 같이 경기의 매치업에 있어서 관심을 끌 만한 스토리가 있는 경기들이 시청자들의 관심을 끌게 된다는 것이다. 비단, 프로축구뿐만 아니라 축구 국가대표 경기도 한국과 중국의 경기보다는 한국과 일본의 경기가 사람들의 관심을 더 끄는 것도 비슷한 맥락일 것이다.

결국, 사람들의 관심을 끌기 위해서는 사람들에게 관심을 끌 수 있는 이야기(스토리)가 축구 경기에 포함되어 있어야 한다는 것이다.

광고나 PR의 스폰서십 영역에서 이러한 결과를 생각해 보면, 스포츠 경기에서 사람들의 관심을 끌기 위해서는 사람들이 관심을 끌 만한 이야깃거리가 있어야 하거나 그러한 이야깃거리를 만들어 주어야 한다는 것이다. 정리하면, 성공적인 스포츠 스폰서십 활동을 하기 위해서는 그러한 스토리가 있는지를 판단해야 할 필요가 있는 것이다. 그러한 것을 스폰서십의 활동을 기획하는 단계에서 고려한다면, 보다 성공적인 스폰서십 활동을 시행할 수 있을 것이다. 단순히 유명한 팀인지의 여부나 순위가 높은 팀인지도 중요한 요인이지만 스포츠 콘텐츠 소비자들의 더 많은 반응을 얻기 위해서는 어떤 스토리를 제공할 수 있는지가 중요한 요인이 될 수 있다.

또한 다양한 국가의 자료를 수집해서 분석할 수 있기 때문에 빅데이터는 문화 간의 비교를 할 수 있고, 또한 비교를 통해서 특정 국가의 트렌드 예측을 할 수 있는 기회를 제공한다. 곽채현과 홍지숙(2018)은 젊은이들 사이에서 트렌드로 자리 잡고 있는 '욜로' 현상이 외국과 한국이 어떻게 다르게 소비되고 있는지를 파악하기 위해서 빅데이터 분석을 시행하였다. 연구 결과에서 외국에서 욜로 현상은 자신의 삶에 대한 태도 또는 신념 등을 반영하는 모습을 보였지만, 한국에서 욜로는 여행하는 것 또는 소비하는 것을 의미하는 것으로 나타났다. 이렇게 전세계적으로 공통적인 문화 현상이 한국에서는 변질된 것은 미디어의 영향이 큰 것으로 볼 수 있다. 욜로 현상과 관련해서 미디어는 여행이라는 콘셉트와 연관지어 재현(representation)하고 있기 때문에 한국에서 욜로 현상을 수용하고 소비하는 소비자들은 여행이라는 콘셉트와 연관하여 파악할 수밖에 없는 것이다.

이러한 상황 속에서 광고나 PR 메시지에서 욜로를 활용해서 메시지를 만든다면, 전 세계적으로 공통적인 욜로 현상을 바라봐야 할 것인가, 아니면 여행이라는 콘셉트와 연관지어 메시지의 콘셉트를 형성해야 할 것인가? 그 답은 간단할 것이다. 전 세계적으로 동일한 광고 콘셉트가 우리나라에서 많은 관심을 받지 못하는 사례들을 많이 경험했기 때문에 문화적 특수성을 고려해서 메시지를 분석해야 할 것이다. 이렇게 특정한 사회 현상 또는 트렌드에 대한 분석을 시행하는 데 있어서 그 본질적인 의미가 달라지고 새로운 의미로 수용, 통용될 수 있기 때문에 상황분석이 중요하다. 그러한 상황분석에서 드러나지 않는 잠재적으로 소비되는 의미를 파악하게 하고, 그러한 의미가 어떻게 형성될 수 있었는지에 대한 원인 또는 이유를 파악할 수 있기 때문에 명확한 상황분석을 기반으로 하는 효과적인 광고 또는 PR 메시지를 제작하는 데 있어 빅데이터 분석이 기여하는 바가 크다.

광고효과를 평가하는 측면에서 김은이와 송민호(2017)는 TV 광고에 대한 수용자들의 인식 및 감정의 변화를 살펴보기 위해서 소셜미디어의 빅데이터를 시계열로 분석하였다. 연구 결과를 살펴보면, 초기에 광고가 미디어를 통해서 소비자들에게 전달될 때는 광고의 내용에 대한 긍정적인 반응들이 많았으나, 그 이후로는 전반적으로 부정적인 반응들이 대부분을 이루는 것으로 나타났다. 이렇듯 긍정적인 반응들이 부정적인 반응들로 변화되는 원인으로 광고 콘셉트의 변화를 생각해 볼 수 있다. 초기의 광고 콘셉트는 약 자체의 특성에 초점을 두고 전개되어 긍정적인 반응들이 많이 생산되는 결과를 얻을 수 있었다. 하지만 이후 광고의 콘셉트에서 피임약의 선택 여부가 여성에게 달렸다는 식의 주장이 들어갔고 이에 피임이 여성만의 문제인지에 대한 갑론을박이 이루어지면서 부정적인 반응들이 많이 나타나게 된 것이다.

이러한 반응들에 대한 분석은 단순히 광고물에 대한 선호나 기억 또는 회상 등을 평가하는 차원이 아니라 전반적인 반응의 원인을 규명하는 차원에서 생각해 볼 수 있다. 또한 광고에 대해서 '좋다' 혹은 '싫다'와 같이 이분법적인 차원에서 평가하는 것이 아니라 좋게 생각하는 원인 또는 이유와 나쁘게 생각하는 원인 또는 이유를 살펴볼 수 있다는 점에서 광고효과를 분석하는 데 있어서 빅데이터 분석의 의의를 찾아볼 수 있다.

빅데이터의 의미는 정교한 분석에만 국한되는 것이 아니라 분석을 바탕으로 새로운 광고물에 대한 제안을 할 수 있다는 점에서도 중요하다. 예를 들어, 앞서 언급한 경구 피임약 광고에 대한 소비자들의 반응들을 분석해서 향후 경구 피임약에 관한 광고물을 제작하는 데 있어서 참고할 만한 점들을 제안해 볼 수 있을 것이다. 이러한 차원에서 김은이와 송민호는 두 가지 점들을 제안하였는데, 첫째, 경구 피임약 광고에서 제품에 대한 부작용을 좀 더 자세하게 드러낼 필요가 있음을 제안하였다. 광고 내용에 대한 빅데이터 분석 결과를 살펴보면, 제품의 부작용이나 오남용에 대한 언급이 광고에 드러나 있지만 실제적으로 소비자들에게 있어서 논의되고 있지 않다는 점을 지적하며 이러한 점을 제안하고 있다. 둘째, 경구 피임약 광고에 있어서 양성 평등의 콘셉트가 필요하다는 점을 제안하고 있다. 앞서 언급한 연구 결과에서 나타나듯이 소비자들이 광고를 부정적으로 수용하는 원인으로는 '피임=여성의 책임' 등과 같은 공식이 광고 내용에 포함되어 있기 때문이다. 유사한 측면에서 콘돔 광고를 살펴보았을 때, 남성과 여성의 동등한 책임을 강조하고 있음을 고려하면 경구 피임약 광고의 내러티브 구성에서 '피임=남성과 여성의 동등한 책임'의 개념이 강조될 필요가 있다는 점을 강조하고 있다.

이렇듯 빅데이터를 활용한 연구방법은 기존의 설문조사나 대면조사가 장기간에 걸쳐 인식 변화를 추적하는 데 어려움을 가졌던 종래의 연구 한계를 보완해 주기 때문에 다양한 분야에서 활발하게 활용되고 있다(김은이, 송민호, 2017). 또한 빅데이터를 이용한 분석은 광고효과를 측정하는 데 있어서 단순하게 좋은 혹은 나쁜 수용이라는 이분법적 구분에 갇혀서 판단하는 것이 아니라 어떤 생각을 하는지, 그러한 생각이 어떠한 원인에 의해서 구성되고 있는지, 그리고 이러한 생각들이 어떻게 소비자들 사이에서 교환, 공유되고 있는지에 대한 분석을 통해 보다 종합적인 시각에서 광고효과를 파악하는 데 도움이 되고 있다.

광고뿐만 아니라 PR 영역에서도 PR 활동의 효과를 평가하거나 상황분석을 하는 데 있어서 빅데이터의 역할이 두드러질 것이다. 이태준(2016)은 공공 이슈에 대한 언론의 보도와 소셜미디어의 반응들을 비교해서 공공 이슈가 어떻게 생성하고 소멸하는지를 빅데이터 분석을 통해 살펴보았다. 언론 보도 자료는 전국종합일간신문, 지역종합신문, 경제일간신문, 인터넷 신문, TV 방송 등을 통해서 수집하고, 소셜미디어 자료는 뉴스 사이트, 블로그, 게시판, 트위터 등을 통해서 수집하였다. 이러한 자료 수집은 다양한 채널의 빅데이터를 복합적으로 분석했다는 점에서 빅데이터의 분석기준을 충족했다고 볼 수 있다. 공공 이슈의 생존 주기를 살펴보면, 공공 이슈는 언론과 소셜미디어에서 공통적으로 유사한 생존 주기를 보이고 있었다(이태준, 2016). 온라인이나 오프라인이나 특정한 공공 이슈가 등장해서 소멸하는 과정이 유사하게 나타난다.

또한 이러한 공공 이슈가 관심을 받는 단계로 발전하는 데 있어서 중요한 것은 사람들의 관심을 받을 수 있는 돌발 상황과 같은 이벤트가 있어야 한다는 것이다(이태준, 2016). 이는 지속적으로 공공 이슈에 대해서 관심을 가지고 논의를 하는 등의 과정을 통해서 이슈가 발전하는 것이 아니라 특정한 시기에 갑자기 등장해서 '태풍'처럼 사람들의 관심을 쏠리게 하는 역할을 수행하는 이벤트가 있어야 한다는 것이다. 공중들에 의해서 능동적으로 이슈의 논의가 진행되는 것이 아니라 일시적인 또는 단발적인 외부 이벤트에 의해서 이슈가 급 발전하게 되는 것이다. 이러한 과정에서 언론의 보도와 소셜미디어의 논의들이 상호 발전의 단계를 거치게 되면서 앞서 이야기한 대로 이슈의 생존 주기가 유사해지는 것으로 볼 수 있다.

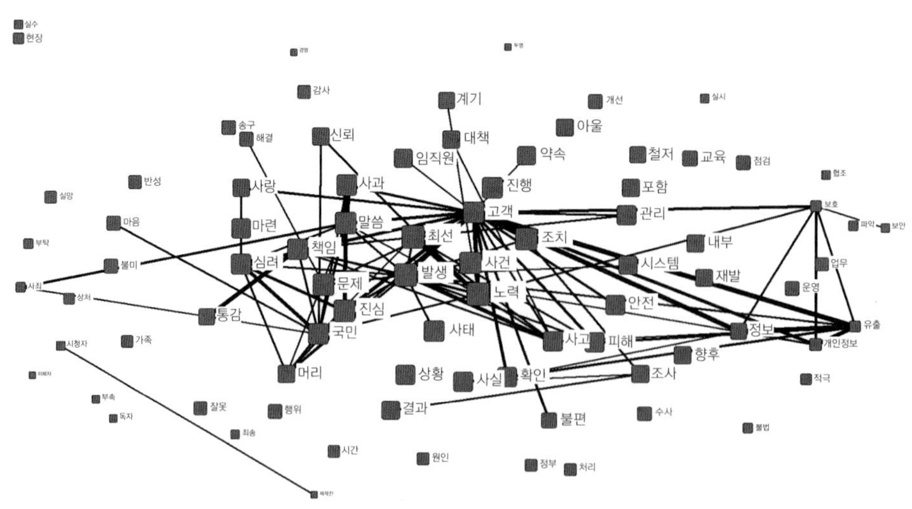

[그림 1-5] 사과문에서 사용된 키워드들의 전체 연결 구조망

출처: 김대욱(2019).

이태준의 연구에서 흥미로운 점은 이슈가 지역적인 관심을 받고 있는 단계에서의 논의의 질이 전국적인 관심을 받고 있는 단계에서의 논의의 질보다 훨씬 더 좋았다는 점이다. 비록 관심의 양은 적더라도 논의에 대한 관심이 높은 사람들이 참여를 해서 풍성한 논의가 이루어질 수 있었지만, 전국적인 관심을 끌면서 양적으로는 많은 반응을 얻을 수 있지만 실제적으로 공공 이슈에 대한 지식이나 관심도가 낮은 사람들도 논의에 참여하다 보니 논의의 질이 낮아진 것으로 볼 수 있다.

김대욱(2019)은 한국 기업들이 위기 상황에서 제시하는 사과문에 대한 수사학적 분석을 통해서 한국 기업들이 사과문에서 주로 사용하는 수사적인 특징은 무엇인지 파악하였다. 또한 위기 유형이나 책임에 따라서 이러한 사과문의 수사적 특징이 어떻게 변화되는지 비교해서 결과를 제시하였다. 연구 결과에서 한국 기업들은 고객, 말씀, 진심, 발생, 노력, 최선, 책임 등과 같은 키워드를 중심으로 사과문을 작성하고 있다는 것을 알 수 있었다.

이러한 결과는 PR의 이슈 관리나 위기 관리 차원에서 어떻게 대응하는 것이 중요

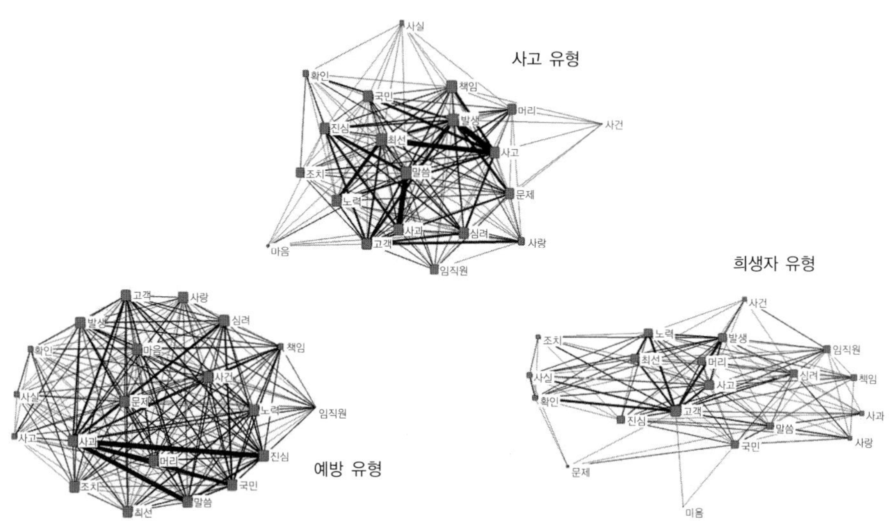

[그림 1-6] 위기 유형별 사과문의 키워드 네트워크

출처: 김대욱(2019).

한지를 다시금 강조하는 것이며, 또한 그러한 과정에서 빅데이터의 역할을 보여 주는 사례가 될 것이다. 앞서 비엔시에르츠와 뢰처(2019)의 연구에서 언급한 대로 빅데이터를 분석하는 것은 PR 영역의 이슈 관리, 위기 관리 등과 같은 차원에서 매우 중요한 역할을 수행할 것이다. 특히 사람들이 기업이나 정부와 같은 조직들이 보내는 메시지를 어떻게 소비하고 있는지, 그러한 메시지를 소비하는 과정에서 무엇에 비중을 두고 있는지, 그리고 그러한 반응을 조직에 호의적인 방향으로 변환하기 위해서는 어떻게 해야 하는지 등 다양한 차원에서 활용할 수 있기 때문이다.

4. 마치며

이 장에서는 빅데이터가 광고와 PR의 영역에서 활용될 수 있는 가능성에 대해서 주로 언급하였다. 그러한 과정에서는 빅데이터가 지니고 있는 단점 혹은 폐해에 대해서 충분히 논의하지 못하였다. 균등한 시각에서 정보를 전달하기 위해서는 정보의 장단점을 모두 전달하여야 하지만 이번 장의 특성은 긍정적인 면을 보여 주는 것이라고 생각하기에 다루지 못하였다. 하지만 빅데이터의 밝은 면뿐만 아니라 아직 더 발전해야 할 부분들이 많이 남아 있다. 데이터는 본질적으로 객관성을 강조하지만 연구자 또는 분석자의 주관이 개입되지 않는 천연의 데이터(raw data)가 존재할 수 없다는 사실을 감안하면 데이터의 객관성을 높이는 것이 빅데이터가 가야 할 부분이라고 볼 수 있다. 이러한 데이터의 객관성이 보장되지 않고서는 연구 결과의 타당성이 보장되지 않을 것이기 때문이다.

또한 방법론 또는 분석론적인 측면에서 샘플링의 문제, 분석방법의 타당성 문제 등과 같이 더 고민해 봐야 할 문제가 많이 남아 있다. 하지만 데이터는 거짓말을 하지 않고 그것을 바라보고 이해하는 사람에 의해서 다르게 보이는 것이기 때문에 빅데이터와 관련해서 제기되는 문제들은 충분히 극복 가능할 것이라고 생각한다. 그리고 유사한 맥락에서 이 장에서 언급한 대로 빅데이터를 다루는 것이 보다 효과적인 광고와 PR활동을 하는 데 있어서 도움이 되는 것이 사실이지만, 그것을 다루는 사람이 어떤 생각을 가지고 접근하는가에 따라서 빅데이터가 지니는 효용성은 천지 차이라고 생각한다.

빅데이터가 모든 것을 해결해 주지는 않는다. 광고 또는 PR 영역에서 발생하는 상황 또는 이슈에 대한 연구자 또는 실무자의 궁금증과 호기심이 기반되지 않으면 빅데이터는 아무런 소용이 없을 것이다. 기술 결정론적인 시각에 집착할 필요 없다. 데이터는 내가 가고자 하는 곳을 보다 편안하고 안락하게 나를 데려다줄 것이지만, 내가 갈 곳이 없다면 데이터는 나를 그곳으로 데려다주지 않는다. 구글 스칼라(scholar)의 프론트 화면에 등장하는 문구가 있다. 'standing on the shoulders of giants'. 광고와 PR 분야에 종사하는 사람에게는 거인의 어깨에 올라가는 것이 중요한 것이 아니라 거인의 어깨에 올라가서 무엇을 보고 싶어 하는가가 중요한 것이다. 그러한 동기가 없이 거인의 어깨에 올라가는 것이 무슨 의미가 있을 것인가? ■

제2장

비정형 텍스트 데이터 분석

윤호영(서울시립대학교 융합전공학부 객원교수)

1. 통계적 의미론의 개요
2. LDA 토픽모델링
3. 토픽모델링의 발전과 추론 모델로의 발전

◈◇◈

클라우스 크리펜도르프(Klaus Krippendorff) 교수의 책 『내용 분석(Content Analysis: An Introduction to Its Methodlogy)』 제2판이 출간된 2003년 당시, 캘리포니아 대학교의 데이비드 블라이(David Blei), 마이클 조던(Michael Jordan) 그리고 인공지능 분야로 유명한 대중 공개 온라인 학습사이트(MOOC) 코세라(Cousera)를 만든 스탠퍼드 대학교의 앤드류 응(Andrew Ng) 세 사람은 학술지 『기계학습 연구(Journal of Machine Learning Research)』에 '**잠재 디리클레 할당 모형**(Latent Dirichlet Allocation: LDA)'이라는 논문을 출판한다. 텍스트 말뭉치(corpora)들의 묶음이 잠재적인 토픽을 구성하고 있는 '조건부' 확률을 계산한 모델링 기법의 제안이다. 그동안 문서 분류, 요약, 추출, 유사성 및 관련성을 판단하는 기본적인 통계적 방법인 TF-IDF(단어빈도-역문서빈도)가 활용되어 왔으나 해당 방법은 문서 내, 문서 간 통계적 분포 구조에 대해 알려 주는 바가 없었다. 통계적 분포를 활용한 확률적 잠재적인 의미 색인(Probablistic Latent Semantic Indexing: PLSI) 방법이 활용되기도 하였지만, 해당 방법은 새로운 문서의 추가가 추정해야 할 통계 파라미터의 증가로 이어지는 등의 한계가 있었고, 이러한 한계를 개량한 LDA 방법을 내놓은 것이다.

자동화된 자연어 처리 기법이 이 시기 급격히 발전한 것은 관련 분야 학문들이 따로 또 같이 연구하면서 쌓은 성과가 나타나기 시작한 것으로 볼 수 있다. 예를 들어, 내용 분석은 라즈웰(Laswell) 같은 학자가 세계대전 전후 급격히 증가한 선전(propaganda)의 내용을 분석하면서 본격적으로 발전하였다. 이후 설득 기제에 대한 분석으로 심리학자가 활용하고, 또한 전통적 신화, 구전 민화, 역사 문서 등의 내용 분석을 위해 인류학자 및 역사학자 등이 활용하는 등 내용 분석이 일반화되면서,

대용량의 문서를 컴퓨터와 같은 연산기기를 통해 분석하고자 하는 흐름이 나타났다. 사실, 컴퓨터 프로그램을 활용한 내용 분석은 이미 1960년대부터 활발히 연구되고 있었다. 단어 기반의 사전을 중심으로 한 방법으로, 컴퓨터가 대용량의 데이터를 전처리하여 분석에 도움이 되도록 정리하면, 사람이 의미 있는 범주로 구분하고 해석하는 식의 질적 연구방법에 대한 보조적 차원으로 활용되었다. NVivo와 같은 소프트웨어가 이런 방식의 대표적인 예이다(Krippendoff, 2003). 또한 언어학의 측면에서 보면 쓰이는 단어들을 목록화한 말뭉치 기반 사전인 『콜린스의 코빌드 사전(Collins COBUILD Dictionary)』이 1980년대 나올 정도로 말뭉치 기법에 대한 대중화가 이루어졌고, 1990년대 대용량의 데이터가 본격적으로 전산화되어 축적되기 시작한 기반 위에, 2000년대 들어서면서 기계학습(또는 머신러닝)이 활성화되자, 말뭉치 언어학(corpus linguistics)의 흐름이 전산화된 자연어 처리 기법과 조우하면서 급격한 발전이 이루어졌다. 즉, 컴퓨터를 활용한 비정형 자연어 처리 데이터 분석방법은 정보학, 언어학, 통계학, 컴퓨터과학, 커뮤니케이션학 모두가 한자리에서 만나는 분석 기법의 발전이라 볼 수 있다.

이 장에서는 이러한 성과들이 표준화된 분석방법으로 나타나고 있는 하나의 예로서, **토픽모델링**(topic modeling) 방법을 소개하도록 한다. 먼저, 통계적 의미론에 대한 개요를 통해 토픽모델링이 걸어온 길을 이해할 수 있는 기반을 먼저 쌓는다. 그 다음, 해당 기반 위에 토픽모델링의 방법을 직관적으로 이해하고, 실제 활용할 때 해당 방법이 갖는 의미와 한계를 배우도록 한다. 이 장의 목적상 수학적 내용은 거의 완전히 배제하고, 예시를 중심으로 다루기로 한다.

1. 통계적 의미론의 개요

1) 벡터 공간 모형

언어학의 전통적인 의미론은 단어로 구성된 작문의 의미를 이해하는 것으로, 언어학적인 형식과 의미 간의 정의된 관계를 탐구하는 것이다(Kroeger, 2018). 형식에 맞추어진 작문의 구조 속에서 의미를 찾아내는 것이기에, 문법과 같은 규칙에 기반한 방법이 주로 사용되어 왔다. 의미를 이해하는 방식은 단어, 문장, 문맥의 3가지 층위로 이해된다. 의미론(semantics)의 측면에서는 언어로 표현된 단어의 의미를 이해하는 것과 문장의 의미를 이해하는 것이 있고, 문맥에 따라 달라지는 뜻을 이해하고자 하는 화용론(pragmatics)이 여기에 추가된다. 좁은 의미에서 의미론은 문법과 같은 규칙 내에서 단어의 뜻과 문장의 뜻을 이해하고자 하는 방식을 뜻한다. 과거 의미론은 온톨로지(ontology)와 같은 지식기반 데이터베이스를 갖추고 해당 데이터베이스 내에서 정해진 규칙에 따라 의미를 파악하는—흡사 계산주의 인공지능 모델과 유사한—방식으로 발전해 왔다. 예를 들어, 영어 문장의 형식을 주어 + 동사 + 보어의 2형식 또는 주어 + 동사 + 직접 목적어 + 간접 목적어의 4형식으로 파악하고 해당 형식에 들어가는 단어를 구분하여 의미를 파악하는 식이다.

반면, 현재 발전하고 있는 통계기반 의미론은 문법과 같이 정해진 규칙보다는 주어진 데이터 내에서 단어들의 사용 패턴과 같은 실제 사용된 구조를 발견하고, 이를 조합하여 의미를 유추하는 방식이다. 그중에서 빠르게 발전하고 있는 것으로 **벡터 공간 모형**(vector space model)을 들 수 있다. 터니와 팬텔(Turney & Pantel, 2010)이 정리한 바에 따르면, 벡터 공간에 단어를 배치하여 텍스트를 분석하는 통계적 의미론은 크게 3가지 가설에 기반해 있다. 첫 번째 가설은 **단어 묶음 가방**(a bag of words) 가설이다. 여기서 가방(bag)은 집합에서 원소의 한 세트와 동일한 개념으로, 단어들이 하나의 묶음으로 같이 묶여 있는 것을 의미한다. 묶음이 중요한 이유는 문서 내용이 동일하거나 유사한 내용을 담고 있는 문서라면 해당 문서에 쓰인 단어들의 집합이 비슷할 것이고, 그렇다면 **단어-문서 행렬**(Term-Document Matrix)을 이용해 단어를 통한 문서의 유사성을 판단할 수 있기 때문이다. 단어 묶음 가방을 활용한 알고리즘은 문서 검색, 문서의 군집과 유사성 분석, 문서 분류, 분할, 질의응답 등에 활용될 수 있다.

직관적인 이해를 위해, 다음에 제시된 3개의 예시 구문을 살펴보자. 전체 글의 말뭉치는 13개의 단어만 존재한다고 가정하자. 제시된 구문은 말뭉치에 있는 단어 중 사용된 단어들에 따라 각각 [구문 1] = {선생님, 안녕, 오늘, 신청, 대출, 300만원, 가능}, [구문 2] = {선생님, 안녕, 오늘, 제출, 마감, 내일, 연장}, [구문 3] = {선생님, 안녕, 제출, 마감, 내일, 꼭, 지키다}의 단어 묶음 집합 세트로 표현할 수 있다. 스팸 메일로 볼 수 있는 [구문 1]은 해당 구문에 쓰인 7개의 말뭉치 중 [구문 2]와는 3개, [구문 3]과는 2개의 말뭉치만이 겹친다. 반면에 [구문 2]와 [구문 3]의 교집합을 구해 보면 5개의 말뭉치 단어들이 해당되는 것을 알 수 있는데, 이는 [구문 2]와 [구문 3] 각각의 7개 말뭉치의 거의 대부분을 차지하는 수치이다. 직관적으로도 [구문 1]보다 [구문 2]와 [구문 3]이 서로 유사한 내용으로 구성되어 있음을 알 수 있다.

그러나 직관적인 판단은 구문과 말뭉치의 숫자가 매우 적을 때에나 가능하기 때문

구문 1. 선생님, 안녕하세요. 오늘까지 신청하시면 대출 300만원 가능합니다.
구문 2. 선생님, 안녕하세요. 오늘까지 제출 마감이 내일까지로 연장되었습니다.
구문 3. 선생님, 안녕하세요. 내일이 제출 마감이니 꼭 지켜 주시기 바랍니다.

	선생님	안녕	오늘	신청	제출	마감	내일	대출	300만원	연장	가능	꼭	지키다
구문 1	1	1	1	1	0	0	0	1	1	0	1	0	0
구문 2	1	1	1	0	1	1	1	0	0	1	0	0	0
구문 3	1	1	0	0	1	1	1	0	0	0	0	1	1

[그림 2-1] 예시 구문: 문서-단어 행렬

에, 다음에 제시된 **코사인 유사도**의 공식에 따라 문서 간 유사도를 측정하는 것이 일반적이다.

$$similarity = \cos(\theta) = \frac{A \cdot B}{|A|\ |B|} = \frac{\sum_{i=1}^{n} A_i \times B_i}{\sqrt{\sum_{i=1}^{n} (A_i)^2} \times \sqrt{\sum_{i=1}^{n} (B_i)^2}}$$

[그림 2-1]의 문서-단어 행렬을 기반으로 문서 유사도를 구하면, [구문 2]와 [구문 3]의 코사인 유사도는 0.71이고, [구문 1]과 [구문 2]의 코사인 유사도는 0.42, [구문 1]과 [구문 3]의 유사도는 0.28로 나타나 [구문 2]와 [구문 3]이 가장 유사하다. 참고로, 현재 예시 구문을 공식에 적용하는 A와 B 구문 행렬은 각각의 각자 1×13 행렬이다.

두 번째 가설은 **분포 가설**(distributional hypothesis)로서 비슷한 맥락(context)—즉, 동일한 문장 내의 위치—에 등장하는 단어들은 비슷한 의미를 갖는다고 보는 것이다(Harris, 1954). 주변 단어에 의해 단어의 의미가 만들어진다는 가설로, 이와 같은 방식의 의미론을 벡터 의미론(Vector Semantics)이라고도 부른다. 이때의 행렬은 **단어-맥락 행렬**(Word-Context Matrix)로서, 단어 간 유사성, 단어 군집 및 분류, 맥락기반 단어 철자 교정, 확장 검색어 추천, 문자화된 광고 문구, 정보 추출 및 표절 검사에서도 활용된다. 예를 들어, '스마트폰의 화면 터치가 부드럽다'는 진술과 '스마트폰의 스크린 터치가 부드럽다'는 진술이 있다면 동일한 맥락에 등장한 '화면'이라는 단어와 '스크린'이라는 단어는 유사한 의미를 가진 단어라고 볼 수 있다. 앞서 제시한 예시 구문을 예로 들면, 모든 경우에 등장하는 일반적 인사 단어 '선생님' '안녕'을 제외하고, {오늘, 제출, 마감, 내일}이 문맥상 같이 어울리는 단어들이라는 것을 알 수 있다. 즉, 단어가 동시에 출현하는 행렬을 통해 단어들의 맥락을 알 수 있다. 실제 행렬로 만들어 보면 명확한데, 앞서 예시 구문에 나타난 각각의 단어들이 동시에 출현할 때 관계가 생긴다고 보고 동시 출현 행렬을 만든 것이 〈표 2-1〉이다. 표를 보면 {선생님, 안녕}이 동일한 맥락에서 가장 많이 나타났고, 그다음 맥락적으로 유사한 단어들은 두 번 같이 출현한 단어들로, 앞서 언급한 대로 {오늘, 제출, 마감, 내일}이라는 것이 나타난다. 직관적으로 이해하면, 단어들의 묶음을 조건부 확률로서 세트로 묶어 내면 결과적으로 토픽모델링의 알고리즘에 대한 이해로 이어질 수 있다.

이러한 분포 가설은 세 번째 가설인 확장된 분포 가설(extended distributional hypothesis)로 연결된다. 단어의 짝–패턴 행렬(Pair–Pattern Matrix)인데, 짝을 이루어 동시에 출현하는 단어들은 그 관계가 서로 유사하고, 의미론적으로 비슷한 의미라는 잠재 관계 가설(Latent Relation Hypothesis)로 불리기도 한다. 만약 예를 든 두 번째 문장이 '휴대폰의 스크린 터치가 부드럽다'는 문장이었다면, 분석을 통해 '스마

표 2–1 예시 구문의 동시 출현 단어 말뭉치 행렬

구분	선생님	안녕	오늘	신청	제출	마감	내일	대출	300만원	연장	가능	꼭	지키다
선생님	0	3	2	1	2	2	2	1	1	1	1	1	1
안녕	3	0	2	1	2	2	2	1	1	1	1	1	1
오늘	2	2	0	1	1	1	1	1	1	1	1	0	0
신청	1	1	1	0	0	0	0	1	1	0	1	0	0
제출	2	2	1	0	0	2	2	0	0	1	0	1	1
마감	2	2	1	0	2	0	2	0	0	1	0	1	1
내일	2	2	1	0	2	2	0	0	0	1	0	1	1
대출	1	1	1	1	0	0	0	0	1	0	1	0	0
300만원	1	1	1	1	0	0	0	1	0	0	1	0	0
연장	1	1	1	0	1	1	1	0	0	0	0	0	0
가능	1	1	1	1	0	0	0	1	1	0	0	0	0
꼭	1	1	0	0	1	1	1	0	0	0	0	0	1
지키다	1	1	0	0	1	1	1	0	0	0	0	1	0

트폰 : 화면 = 휴대폰 : 스크린'의 대응되는 관계를 알아낼 수 있다는 것이다.

두 번째 가설과 세 번째 가설은 사실상 **단어 자리매김**(word embedding) 방법과 같은 텍스트 분석 기법으로 발전하게 되는데, 단어 간 관계 유사성, 패턴 유사성, 관계의 군집 및 분류, 검색, 유추 관계를 파악하는 기법으로 쓰인다. 예를 들어, 스킵그램(skip-gram)이라 불리는 중심 단어로부터 주변 단어의 뜻을 유추하는 알고리즘을 통해 단어 간의 거리를 측정하고, 이를 단어 간 유추관계로 연결 짓는 것이 가능해진다.

[그림 2-2]는 슬라이딩 윈도우라 불리는 5개 단어 윈도우를 기준으로 하여 같이 출현하는 단어를 **스킵그램**(Skip-Gram)이라는 방법으로 학습하는 방식을 표현하고 있다. 첫 두 줄은 시작이라 3~4개 단어만 묶인다. 앞의 예시에서 '제출'이라는 중심 단어를 통해 주변 단어를 예측하고자 할 경우를 생각해 보면. '제출'과 같이 묶이는 단어는 '안녕' '오늘' '마감' '내일'이 각각 2회씩인 것을 알 수 있다. 현재 앞의 구문은 제시된 예시 구문 [구문 2]인데 [구문 3]의 '선생님, 안녕, 내일, 제출, 마감, 꼭, 지키다'를 가지고 동일한 방식으로 단어 묶음을 정리하여 학습하면, 이 경우는 '마감' '내일'이 각각 2회, '선생님' '안녕'이 각각 1회가 된다. [구문 1]에서 '제출'이라는 단어가 등장한 적이 없으므로, 전체 예시 구문 문서를 종합하면, '제출' 근처에서 가장 많이

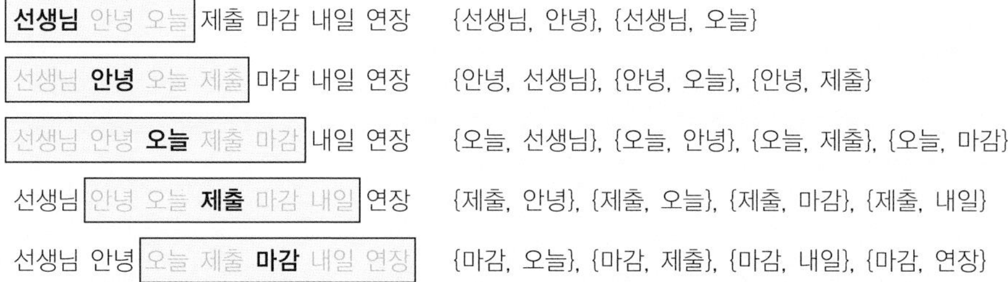

[그림 2-2] 스킵그램(Skip-Gram) 방법의 예시

참조: McCormick (2016).

출현한 단어는 '마감'과 '내일'이 4회가 되어, '제출'은 '마감' 및 '내일'과 함께 어울리는 문맥 단어라는 결론에 이르게 된다. 이 결과는 단어-맥락 행렬과는 다른데, 〈표 2-1〉에서 '제출'은 '선생님' '안녕' '마감' '내일'과 모두 2회 동시 출현하였다. 반면에 스킵그램으로 할 경우, 살펴보는 단어의 폭 내에서만 보기 때문에 '제출-마감-내일'만이 의미론적으로 같이 움직이는 단어라는 뜻이 된다. 이를 행렬로 표현하는 것도 가능한데, 이 경우의 행렬은 〈표 2-1〉의 단순 동시 출현 행렬과는 상이하게, 중심 단어를 기반으로 한 주변 단어와의 관계라는 점에 주의해야 한다.

이제 이렇게 정리가 되면, 확장 검색어로 나와야 할 단어가 어떤 단어인지도 파악이 가능하다. 분석해야 할 문서가 예시 구문 3개로만 이루어져 있다면, '제출'이라는 검색어가 나타나면 자동완성 검색어는 뒤에 '마감' 또는 '내일'이라는 단어를 붙이게 된다. 이는 현재 실제로 적용되고 있는 사례이다(Kakao, 2019). '선물한 이모티콘을 환불하고 싶어요'라는 문의가 있을 때, 해당 문장과 정확히 일치하는 표현을 찾는다. 만약 정확히 일치하지 않는다면, 답변이 존재하는 가장 유사한 문장을 찾는데, 이 경우 가장 유사한 질문인 '구매한 이모티콘을 환불하고 싶어요'라는 질문에 대한 기존 답변을 찾게 된다. 그다음, '구매한 이모티콘' 환불에 대한 답변을 인공지능 채팅 로봇이 자동화된 답변으로 제시하는 방식이 가능하다.[1] 이 과정은 문장 진술에 대한 답변을 위해 단어 묶음 세트를 찾아보고, 질문과 가장 유사한 문장을 코사인 유사도로 찾아내, 해당 문장에 대한 답변으로 보여 주는 방식의 예이다.

표 2-2 슬라이딩 윈도우 기반 단어 동시 출현의 예

구분	선생님	안녕	오늘	신청	제출	마감	내일	대출	300만원	연장	가능	꼭	지키다
제출	1	3	3	0	0	4	4	0	0	0	0	0	0

1 카카오는 이와 같은 내용을 벡터 공간 모형으로 처리하는 과정을 영상으로 올렸다. 다음의 URL에서 확인할 수 있다. http://bit.ly/kakaobow

2) 단어 처리: 단어 토큰화

텍스트 내 문장을 단어로 구분하여 처리하기 위해서는 문장이 어떤 단어로 구성되어 있는지, 단어로 문장을 구분할 수 있어야 한다. **단어 토큰화**(Word Tokenization)는 단어를 토큰(tokens) 단위로 하여, 분석을 위한 기본 단위로 활용하는 것을 의미한다. 그런데 이러한 토큰화는 언어에 따라 그 작업이 쉽게 이루어질 수도, 어렵게 작업해야 하는 것일 수도 있다. 예를 들어, 영어는 하이픈이나 아포스트로피(apostrophe)와 같은 경우를 제외하고, 띄어쓰기를 통해 단어 분할이 쉽게 이루어질 수 있다. 또한 언어의 형식 구조상 문장 내 단어의 순서, 즉 위치로 단어가 의미하는 바를 쉽게 유추할 수 있다. 그러나 띄어쓰기가 전혀 없는 중국어나 여러 단어들을 붙여서 복합어로 만드는 독일어와 같은 경우는 이러한 방식으로 온전한 단어 구분이 힘들다. 예를 들어, 영어로 'life insurance company employee(생명보험회사 피고용인)'는 4개의 단어로 쓰여 띄어쓰기로 간단히 쉽게 구분되는 단어이지만, 독일어로는 Lebensversicherungsgesellschaftsangestellter가 되기 때문에, 한 단어가 몇 개의 단어로 이루어진 복합어인지, 문자의 어느 부분에서 단어를 분할해야 하는지 등의 문제가 생긴다(Manning, Raghavan, & Schütze, 2008, p. 23). 앞의 단어를 한글로 생각하여 보아도, '생명보험회사'를 하나의 단어로 볼 것인지, 아니면 '생명보험 회사'로 구분할 것인지 등 선택의 여지가 있다. 이와 더불어, 어미 변화가 빈번한 한국어 같은 경우는 띄어쓰기만으로 토큰화하는 것이 불가능하며, 단어의 원형과 어미를 구분하는 형태소 분석을 통한 토큰화가 이루어져야 한다.

토큰화의 과정도 단어 사전을 이용한 규칙기반의 품사 활용 방식과 완전히 통계적인 방식으로 특정한 글자 뒤에 다른 문자가 올 확률을 구하여 토큰화하는 방식 등 두 가지 방식이 존재한다. 전통적인 코퍼스 언어학은 사전을 통한 색인을 만들고, 단어 사용의 용례를 통해 말뭉치를 토큰화하여 왔다. 이는 사전과 색인기반의 방식으로 이미 만들어진 말뭉치 데이터베이스와 정해진 규칙을 활용하기 때문에 단어 사전이 풍부할 경우 매우 유용한 방식이다. 그러나 사전에 단어가 없는 신조어의 경우나, 정해진 규칙을 벗어난 단어 사용에 대해서는 토큰화가 잘 이루어지지 않는 단점이 있다. 예를 들어, 걸그룹에 대한 신문 기사 제목 "아이오아이는 성공할까?"라는 문장이 있고, 수집된 데이터 내 '아이오아이'가 한 단위의 단어로 나타난 경우가 많다면, 통계적 방법은 데이터에 기반하여 이를 한 단어로 인식하여 '아이오아이'로 분류해 낼 가능성이 높지만, 사전기반 방식에서는 아이오아이라는 단어가 사전에 존재하지 않을 경우, 기사 내 단어의 빈도와 상관없이 대체로 '아이' '오' '아이'라고 하는 3개의 단어로 구분할 가능성이 높다. 따라서 단어기반 텍스트 분석에 있어서, 토큰화를 통한 사전 전처리(parsing) 과정이 중요하고, 현대의 코퍼스 언어학은 용례를 통계적 방법을 통해 확장하는 방식으로 발전하고 있다. 다만, 실질적인 분석에서는 때에 따라 한글이어도 띄어쓰기만으로 토큰화를 진행하고 분석하는 것이 더 적합한 경우도 있다. 물론, 사전 전처리를 통상 프로그램 패키지 라이브러리에서 제공한 형태소 분석기 또는 통계적 토큰화 패키지로 수행할 수 있지만, 데이터에 맞는 방법을 잘 고안해 낼 수 있는가 아닌가의 여부는 분석가의 분석 경험과 역량에 따라 좌우된다는 점에 주의해야 한다. 지금까지 단어 토큰화를 서술했으나 토큰화의 단위를 문장으로 설정하면, 문장 토큰화가 이루어지게 된다.

3) 단어 벡터화: 원-핫 인코딩과 분포 가설

단어 토큰화 이후, 단어들의 관계를 계산에 기반하여 설정할 수 있기 위해서는 단어들을 벡터 차원에 배치하여야 한다. 주로 쓰이는 방법으로 **원-핫 인코딩**(One-Hot encoding) 벡터화 방법과 단어 자리매김(Word Embedding) 방법이 있다. 예를 들어, 앞서의 예시 구문 "선생님, 안녕하세요. 오늘까지 제출 마감이 내일까지로 연장되었습니다."라는 문장을 단어 토큰화하여 '선생님, 안녕, 오늘, 제출, 마감, 내일, 연장'이라는 7개의 단어 집합으로 만들었다고 가정하자. 우리가 흔히 (x, y)라는 평면에 점을 찍으면 해당 점은 2차원의 평면 좌표에 위치하는 것처럼, 이제 앞의 예시 구문은 각 단어로 이루어진 7개의 벡터 차원을 가지고 있다. 그리고 각 차원마다 단어가 있고 없음에 따라 0과 1로 표현하면, '오늘'이라는 단어는 세 번째 차원 벡터만 1이 되어, [오늘] = {0,0,1,0,0,0,0}의 원-핫 인코딩 벡터를 가지게 된다. 이와 같은 방식으로 '선생님'부터 '연장'까지 표기할 수 있다. 이렇게 원-핫 벡터로 단어를 표현하면 각 단어를 목록화(Indexing)하는 것인데, 이진화된 숫자로 컴퓨터가 단어를 인식하도록 만들게 된다. 그러나 분석할 문서가 많아지면 토큰화할 단어가 많아지고, 이렇게 되면 확보해야 할 벡터 차원이 무한정으로 늘어나게 된다. 즉, 컴퓨터 연산을 위해서는 매우 비효율적인 방식이다. 또한 인덱스이기 때문에 벡터가 단순히 해당 단어가 주어진 벡터값을 가진다는 의미 외에 벡터값이 가진 의미가 없다. 다만, 이렇게 만들어진 원-핫 벡터를 앞서 설명한 스킵그램(Skip-Gram)이나 CBOW(Continous Bag Of Words)라고 하는 가중치 행렬과 함께 신경망을 이용하여 학습하면 Word2Vec과 같은 방식으로 단어 간 유사도를 측정할 수 있다.

다른 인코딩 방법으로는 앞서 설명한 분포 가설 기반의 인코딩 방법이 있다. 그중의 하나의 예를 들면, 카운트기반 차원 축소 방법으로 〈표 2-1〉과 같은 동시 출현 행렬을 차원이 축소된 단어 벡터로 만드는 것이다. 예를 들어, **특이값 분해**(Singular Vector Decomposition: SVD)라는 방법을 사용하여 각각 13개의 차원으로 표시된 각 단어의 1×13 행렬 값의 분산을 90%가량 설명할 수 있는 4개 차원의 1×4의 단어 벡터로 계산하여 표시하면, 〈표 2-3〉과 같다. 표에서 볼 수 있듯이, [구문 1]부터 [구문 3]까지 출현관계가 완전히 똑같은 '선생님'과 '안녕'의 경우, 해당 단어들의 벡터 차원 역시 완전히 똑같은 것을 볼 수 있으며, 같은 의미에서 '제출' '마감' '내일'도 동일한 것을 알 수 있다. '오늘'의 경우, 비록 '선생님' '안녕'과 함께 출현한 빈도는 이들 3개 단어와 똑같지만, 다른 단어들과의 출현관계가 다르기 때문에 이들 3개 단어와 벡터가 다르다. 마찬가지로 '대출-300만원'은 상호 벡터가 동일하며 이는 '꼭-지키다'도 마찬가지인 것을 알 수 있다. 직관적 이해를 위한 설명을 위해 처음부터 제시한 예시를 사용하다 보니 이 글에서는 단순히 단어빈도(Term-Frequency: TF) 분포를 통해 SVD를 시행했으나, 본래는 단어가 전체 문서에서 나타난 빈도에 대한 역수 가중치 점수인 TF-IDF(Term-Frequenfy Inversed-Document-Frequency)를 통해 벡터 차원을 축소시킨다(Deerwester, Dumais, Furnas, Landauer, & Harshman, 1990). 분석에서는 4개의 벡터 차원을 통해 단어들을 구분했는데, 잠재적으로 4개의 상이한 차원의 의미벡터 또는 주제가 있다고 여길 수 있게 되며, 이러한 방법을 '잠재 의미 분석(Latent Semantic Analysis: LSA)'이라 부른다. LSA가 텍스트에서 단어들이 사용되는 맥락적인 용법의 관계를 추출하고 유추하는 방법이라 불리는 이유이기도 하다(Landauer, Foltz, & Laham, 1998).

이렇게 계산된 벡터를 통해, 유클리디언 거리를 계산하면 '내일'과 '연장'의 거리는 0.66이고, '오늘'과 '연장'은 0.92로, '연장'은 '오늘'보다 '내일'이라는 단어에 더 가깝다. 이를 직관적으로 설명하면, '연장'이라는 단어가 나오면 '내일'이라는 단어가 '오늘'이라는 단어보다 '연장'이라는 단어 근처에 위치할 가능성이 더 높다고 볼 수 있다.

표 2-3 SVD 차원 축소: 예시 구문의 단어-문서 빈도행렬

구분	[1]	[2]	[3]	[4]
선생님	-0.437	-0.067	-0.707	-0.541
안녕	-0.437	-0.067	0.707	-0.541
오늘	-0.303	-0.254	0.000	0.369
신청	-0.137	-0.399	0.000	0.131
제출	-0.342	0.254	0.000	0.252
마감	-0.342	0.254	0.000	0.252
내일	-0.342	0.254	0.000	0.252
대출	-0.137	-0.399	0.000	0.131
300만원	-0.137	-0.399	0.000	0.131
연장	-0.190	0.094	0.000	-0.017
가능	-0.137	-0.399	0.000	0.131
꼭	-0.179	0.211	0.000	0.095
지키다	-0.179	0.211	0.000	0.095

지금까지의 내용은 텍스트 데이터를 컴퓨터를 통해 처리하는 방식에 대한 기초적인 설명이다. 핵심은 단어를 벡터 공간에 위치시켜서 계산이 가능하도록 만드는 과정에 있다. 글은 문단으로 이루어져 있고, 문단은 문장으로, 문장은 다시 단어로 이루어져 있는데, 단어 수준의 자료 처리가 어떻게 문장 단위와 글 단위의 해석과 처리로 이어질 수 있는지 설명하기 위한 기초적인 개념들을 설명하였다. 전반적인 단어 처리의 가설들을 설명하고, 이러한 처리의 기본 단위인 토큰화의 의미, 그리고 토큰화된 단어를 실제 단어-벡터화하는 방법에 대해 설명한 것으로, 이와 같은 기초 위에 다음에 설명하는 토픽모델링에 대해 관심을 기울이면, 토픽모델링의 개념이 어렵지 않다는 점을 느낄 수 있을 것이다.

2. LDA 토픽모델링

토픽모델링의 강점을 설명하면서, 디마지오와 동료들(DiMaggio, Nag, & Blei, 2013)은 기존의 텍스트 분석방법을 3가지로 요약한다. 첫째, 연구자가 텍스트를 직접 읽는 것이다. 이는 연구자가 가진 뛰어난 전문적 해석에 기반한 혜안을 제공하지만, 문제는 다른 이들이 똑같은 방식으로 분석을 재현하는 것이 불가능하다. 둘째, 전통적인 내용 분석의 방식으로 미리 연구 질문과 이론적 배경을 세우고, 그에 따라 몇 가지 주제의 유목을 정한 다음, 내용 분석을 하는 것이다. 하지만 데이터가 매우 많아지면 이 방법은 불가능하다. 더불어 이 부분이 중요한데, 복잡한 내용을 정확히 짚어 내기 위한 문제 설정을 매우 정교하게 하면 할수록, 코더들 간 신뢰성을 확보하기가 힘들어진다. 그리고 연구자가 텍스트를 분석하기 전에 어떤 내용이 분석할 가치가 있는지 사전에 알아야 한다는 한계가 있다. 셋째, 컴퓨터 프로그램을 활용하는 방법인데 이 방법의 장점은 연구자가 사전에 가정해야 할 내용이 없고 대용량의 데이터를 다룰 수 있다는 장점이 있다. 또한 글의 의미가 심연에 내재되어 있는 것이 아니라 단어들 간의 관계에 의해 표상된다는 가정을 하고 있기 때문에 컴퓨터로 데이터를 처리할 수 있다. 바로 이 점이 토픽모델링이 도입된 이유라 할 수 있다. 토픽모델링은 '토픽'이라 불리는 실질적인 의미를 가진 범주의 세트들로, 대용량의 텍스트를 자동화하여 코딩시켜 줄 수 있다(Mohr & Bogdanov, 2013).

최근에 많이 쓰이고 있는 LDA 토픽모델링 기법을 설명하기 전에, 앞서 단어 벡터화를 통해 잠재적인 주제를 만들어 낸 LSA에서 발전한 확률적 잠재 의미 분석(Probabilistic Latent Semanic Analysis: PLSA)의 내용을 먼저 살펴보자. 그다음 잠재 디리클레 할당(Latent Dirichlet Allocation: LDA) 방법을 이해하고, LDA 방법을 적용할 때 핵심적인 사안인 토픽의 개수를 정하는 방법과 토픽 간 군집 방법의 실질적인 예를 설명하도록 한다.

1) PLSA에서 LDA으로

잠재 의미 분석(LSA)의 원리는 문서로부터 단어의 출현 빈도 행렬을 구한 다음, 해당 행렬의 차원을 축소시킴으로써 문서에 존재하는 단어들을 잠재적으로 존재하는 의미 군집으로 구분해 내는 것이었다. 반면에 PLSA는 잠재적으로 존재하는 토픽 주제에 대한 확률 모형을 찾아, 단어-문서 행렬에 나타난 분포를 재현하는 것이다.

이해를 위해 예를 들어 보자. 어떤 전체 텍스트 데이터가 있는데, 해당 데이터에는 잠재적인 주제가 없고, 문서와 단어의 분포가 각각 독립적이라 생각해 보자. 해당 데이터의 특정한 문서에서 특정한 단어들의 묶음을 찾을 확률은 단순히 전체 문서 데이터에서 해당 문서를 찾을 확률과 전체 단어의 분포에서 해당 단어 묶음을 찾을 확률을 곱하면 된다. 왜냐하면 문서와 단어 간 아무런 관련이 없기 때문이다. 그런데 문서와 단어의 출현이 서로 독립적이지 않고, 우리가 아직은 알지 못하는 어떤 주제, 즉 토픽들에 의해 조건 지워져 있다고 생각해 보자. 이 경우 특정한 단어 묶음이 특정한 주제에 속할 확률은 해당 단어 묶음이 해당 주제에 속할 확률이 어떻게 되는가이다. 예를 들어, 해당 단어 묶음을 보니 경제라는 주제에 속할 확률이 0.7이고 정치라는 주제에 속할 확률이 0.3이라면, 해당 단어들의 묶음은 경제라는 주제에 속하는데, 그 이유는 단어들의 분포가 경제라는 주제로 분류될 확률이 높기 때문이다. 마찬가지로, 어떤 문서가 특정한 주제로 분류되는 것은 해당 문서에 특정한 주제를 담고 있는 확률이 높기 때문이다. 해당 문서에서 경제라는 주제의 분포가 0.8인 반면, 정치라는 주제가 0.2로 나타났다면 해당 문서는 경제로 분류되는데, 이때 경제로 분류되는 이유는 주제들의 분포를 보니, 경제라는 주제의 확률이 더 높기 때문이다. 이렇게 되면 특정한 문서에서 특정한 단어들의 묶음을 찾을 확률은 이제 전체 글에서 문서가 해당 주제가 될 확률에다가 단어 묶음이 해당 주제로 분류될 확률 그리고 전체 글에서 해당 주제가 나타날 확률을 모두 곱하는 조건부 확률이 된다. 이를 표현한 것이 [그림 2-3]이다.

[그림 2-3]에서 d는 문서이고 w는 단어 그리고 z는 잠재 주제를 의미한다. 따라서 P(z|d)는 문서에서 주제가 나타날 조건부 확률이다. (a)의 경우는 문서에 주제의 분포 확률과 단어들의 분포가 특정한 주제가 될 확률이 다른 경우이고, (b)는 이 확률이 동일한 대칭화된 모형이다. (a)와 (b)를 일반화시키면 (c)와 같이 그래픽 모형을 그릴 수 있다. 여기서 음영을 처리된 부분은 우리가 관찰한 변수이다. 전체 문서의 수 d와 특정 문서의 n번째 단어 Wdn은 우리가 이미 알고 있다. (a), (b) 그림을

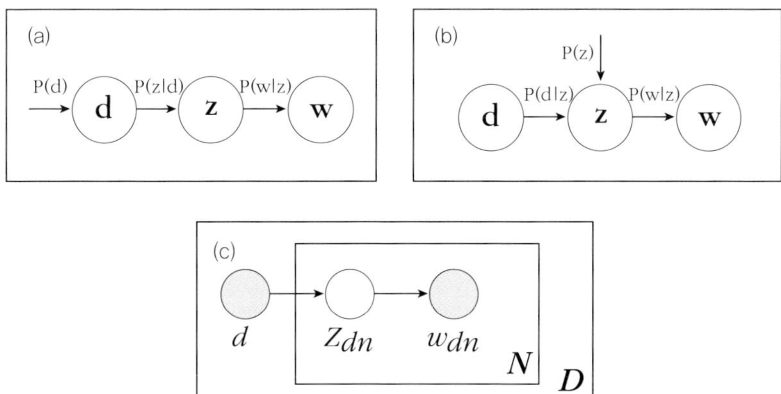

[그림 2-3] PLSA의 그래픽 모형

출처: Blei (2013); Hofmann (1999).

보면 필요한 파라미터가 문서와 주제 그리고 주제와 단어 양쪽으로 존재해야 한다는 것을 알 수 있다. 이는 PLSA의 단점으로 존재하게 되는데, 문서가 늘어날수록 추정해야 할 파라미터 값이 지속적으로 늘어나게 된다. PLSA에서 잠재 확률은 최대 우도 또는 최대 확률을 구하는 알고리즘으로 EM(Expectation Maximization) 알고리즘을 활용하는데, 샘플링을 통한 학습을 통해 사전확률과 사후확률을 최적화하는 방법이다. LDA는 변형된 EM(Variational EM) 알고리즘을 활용한다.

앞과 같은 PLSA의 내용을 평이한 말로는 다음과 같이 표현할 수 있다(Blei, Ng, & Jordan, 2003). 특정한 문서에 있는 단어들은 (하나의 분포가 아닌 여러 개의 분포가 섞여 있는) 혼합 분포 모형의 표본이라 볼 수 있다. 마치 앞의 예에서 안부와 대출 관련 내용이 섞여 있는 것처럼, 특정한 문서에는 하나의 내용이 아니라 여러 개의 내용이 담겨 있을 수 있기 때문이며 각각의 내용들의 단어 분포는 동일하지 않다. PLSA는 한 개의 단어는 하나의 토픽에서 도출된 것으로 생각하며, 단어가 다르다면 각 단어들이 속한 토픽도 다르다고 본다. 각 문서는 이렇게 섞여 있는 내용들의 확률로서 나타나기 때문에, 각 문서는 정해진 수의 내용 세트의 확률로 축약될 수 있고 결과적으로는 하나의 토픽으로 분류할 수 있다.

2) 잠재 디리클레 할당 모형의 원리

PLSA와 달리 잠재 디리클레 할당 모형(LDA)은 하나의 문서가 여러 개의 토픽을 담고 있다고 가정한다(Blei, 2012). 그리고 단어들의 분포로 나타나는 잠재 토픽이 전체 문서에 무작위로 혼합되어 있다고 생각한다(Blei, Ng, & Jordan, 2003). 토픽은 "정해진 어휘들의 분포(a distribution over a fixed vocabulary)"로 정의한다(Blei, 2012). LDA 분석을 하기 위해서는 연구자가 토픽의 개수를 사전에 지정해 줘야 한다.

[그림 2-4]의 상단 그림이 LDA의 기본적인 모형을 보여 준다. 토픽은 맨 왼쪽에서 보듯 단어들의 분포이고, 이러한 분포는 중간 부분처럼 각 문서에 혼재되어 있는 단어들로부터 나온다. 그리고 각 단어들은 특정한 토픽으로부터 유래된 것이다. 따

라서 우리는 각 단어들이 토픽에 할당되는 확률과 전체 토픽의 비율을 추정하고자 한다. 하지만 [그림 2-4]의 하단 그림에서 보듯, 실제 우리가 갖고 있는 데이터는 단어로 이루어진 문서일 뿐이다. 그리고 토픽 내 단어들의 분포나 문서 내 토픽 단어들의 할당 비율 등을 전혀 모르고 있는 상태이다. 단어로 이루어진 문서로부터, 이

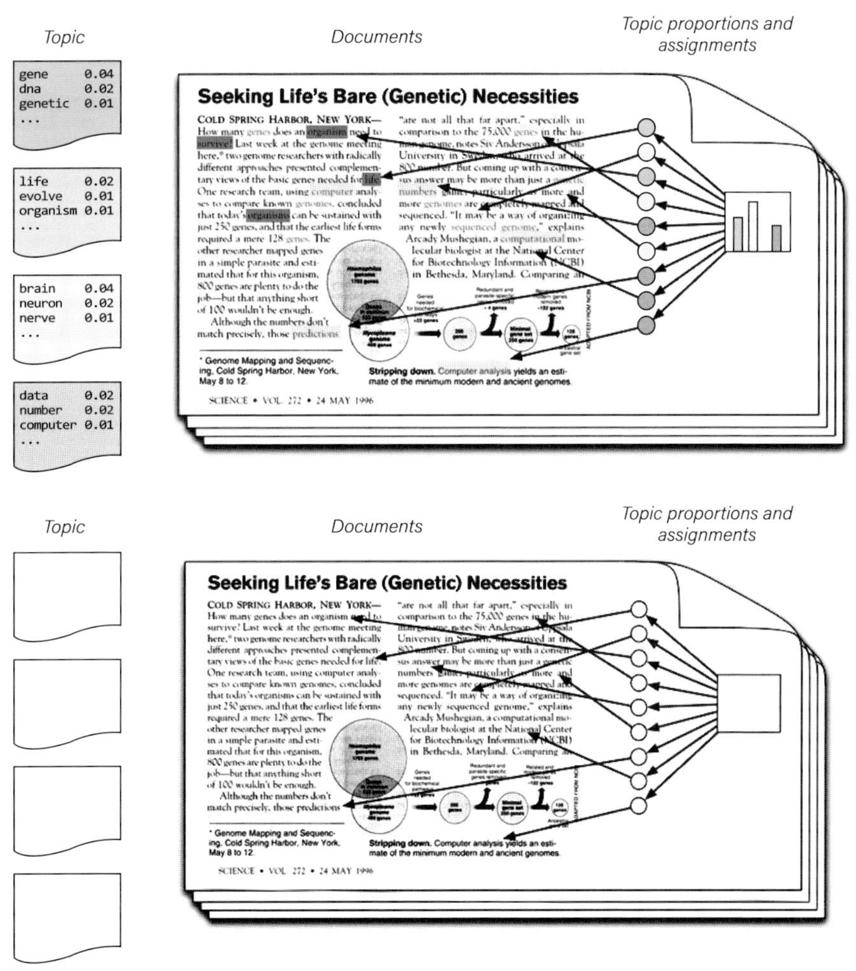

[그림 2-4] LDA에 대한 직관적 설명 그림

출처: Blei (2013).

모든 확률을 추정해야 하는 것이다.

해당 내용을 그래픽 모형으로 표현하면 [그림 2-5]와 같다. 우리가 관찰 가능한 것은 음영처리되어 있는 문서에 등장한 단어이다. [그림 2-4]의 하단 그림과 같다. 그림의 α 디리클레 분포 파라미터, η 는 토픽 파라미터로 전체 토픽 수를 연구자가 지정하면 파라미터가 주어진다. 따라서 추정해야 할 것은 θ, Z, β 이다. [그림 2-5]에서 β_k는 [그림 2-4]의 상단 맨 왼쪽에 있는 토픽 내 단어들의 분포이다. 그림을 보면 첫 번째 토픽에 gene이라는 단어는 해당 토픽에 해당하는 단어의 4%를 차지한다. θ_d는 d번째 문서에서 토픽 k의 비율이다. [그림 2-4] 상단 맨 오른쪽의 히스토그램이 보여 주는 내용이다. $Z_{d,n}$은 문서 d에서 n번째 단어를 토픽에 할당하는 것이다. 히스토그램에서 화살표가 가리키고 있는 동그라미들이다. 이와 같은 방식을 통해 확률 모형을 구하여 토픽모델링을 통해 단어들을 구분해 내게 된다.

블라이(Blei)는 LDA를 활용한 토픽 구분이 잘되는 이유로 ① 각 문서에서, 단어를 가능한 한 적은 수의 토픽에 할당하고자 하는 것과 ② 각 토픽에 대해서는 가능한 한 최소의 단어에 대해 높은 확률을 부여하는 것을 조화시키고자 하는 것이기 때

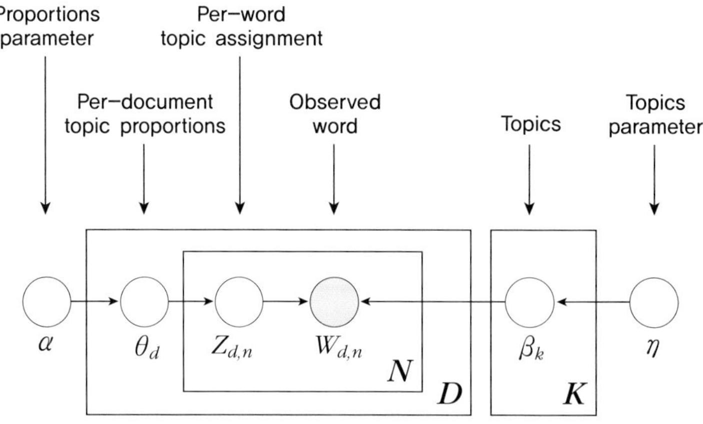

[그림 2-5] LDA 그래픽 모형

출처: Blei (2013).

문이라 설명한다. 이들 두 가지 조건은 서로 상반되는데, 예를 들어 문서에 출현한 모든 단어를 가능한 한 적은 수의 토픽에 할당하고자 하면, 토픽에 할당되는 단어의 수가 늘어나기 때문에 토픽에 대해 가능한 한 최소의 단어에 높은 확률을 부여할 수가 없게 된다. 마찬가지로, 가능한 한 최소의 단어에 대해 높은 확률을 부여하는 방식으로 단어를 토픽에 할당하면 모든 단어를 토픽에 할당하기 위해서는 토픽 수가 늘어나야 한다. 따라서 이 두 가지가 조화를 이룬다는 것은 문서에 나타난 모든 단어를 최소한의 토픽에 할당하면서도, 할당된 단어들 중 가능한 한 적은 수의 단어들이 해당 토픽에 속할 확률이 높아져야 한다는 의미이므로, 분류가 정밀하게 이루어진다는 이야기가 된다. 상품 판매로 비유하자면, 모든 제품의 재고를 없애야 하는데 최소한의 고객에게만 판매해야 한다는 조건과 동시에, 각 고객이 구매한 제품의 수는 최소이면서 최대한 평균단가가 높아야 한다는 조건이 같이 붙어 있는 셈이다. 그런데 경험적으로 고객마다 제품을 구매한 제품의 숫자는 서로 다르다고 생각해 보자. 각 제품을 최소한의 고객에게 판매할 때 각 고객의 취향에 따라 매우 신중히 할당하여 판매해야 해당 조건을 최대한으로 만족시킬 수 있는 방향이 될 것을 예상할 수 있다.

3) LDA 토픽 개수 K와 토픽 개수의 해석

이제 남은 것은 연구자가 LDA 기반 토픽모델링을 하기 위해 사전에 지정해야 할 토픽 개수이다. 그렇다면 토픽 개수를 어떻게 정할 것인가가 문제가 되는데, 연구자가 사전에 정하는 방법과 데이터를 기반으로 정하는 방법이 있다. 특히 데이터 기반 지정방법의 경우 여러 가지 알고리즘을 활용하는 방식이 있는데 현재는 몇 가지의 알고리즘을 비교하여 수렴하는 방식을 활용하는 경우가 증가하고 있다.

[그림 2-6]의 경우 4개의 논문에서 나온 각각의 알고리즘을 통해 최적의 토픽 개수를 찾기 위한 분석 결과를 보여 주고 있다(Nikita, 2014). 분석 결과를 보면 전체적으로 90~140개 사이에서 토픽 개수가 수렴하고 있는 것을 보여 주며,

Deveaud2014의 경우는 적절한 토픽 개수를 잘 나타내지 못하는 것을 알 수 있다. 필자가 다양한 자료로 해당 알고리즘을 시험해 본 결과, 전반적으로 Deveaud2014에 적용된 알고리즘이 다른 알고리즘과 일치된 결과를 내놓는 경우는 많지 않았기 때문에, 해당 알고리즘을 제외한 나머지 3개의 알고리즘이 수렴하는 토픽 개수를 토픽 개수로 정하는 것이 최적인 것으로 사료된다.

그러나 알고리즘 기반 방법에 전적으로 의존하여 토픽 개수를 정하는 것은 권장되지 않는다. 실질적인 의미를 갖는 토픽의 개수를 정하고 그에 기반한 '최선'의 해석을 하기 위해서는 연구자가 실질적으로 토픽을 검토해야 한다는 것을 의미한다(Chang, Gerrish, Wang, Boyd-Graber, & Blei, 2009; DiMaggio, 2015; Grimmer & Stewart, 2013; Roberts, Stewart, Tingley, Lucas, Leder-Luis, Gadarian, Albertson, & Rand, 2014). 하지만 이것 역시 최대한 자동화된 방식의 가이드라인을 활용하여, 토픽 간 유사성을 비교할 수 있는 방법이 있다. 현재 널리 알려진 방법은 토픽 내 단어들의 확률분포를 서로 비교하여 얼마나 유사한가를 판단함으로써, 여러 개의 토픽을 군집화하여 해석하는 방식으로, LDAVis 시각화 방법이 많이 활용되고 있다

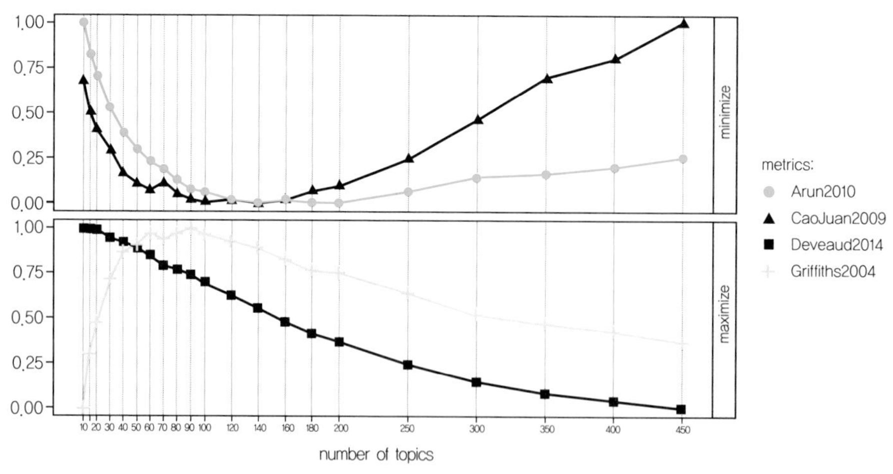

[그림 2-6] LDA 토픽 결정 알고리즘의 적용 결과

출처: Nikita (2014).

(Sievert & Shirley, 2014). [그림 2-7]은 해당 방법을 적용한 예시이다.

[그림 2-7]은 특정한 토픽을 선택한 경우를 보여 주는데, 오른쪽의 단어 리스트는 해당 토픽과 가장 연관성이 높은 순서로 단어들을 배치하고, 특정한 단어의 문서 내 나타난 전체 빈도 중에 해당 토픽에 속하는 비율을 보여 주고 있다. 왼쪽의 좌표 평면을 보면 원의 크기는 해당 토픽이 전체 글에서 차지하는 비중이다. 각 원의 위치는 토픽 간 확률분포의 유사성에 따라 다차원 척도로 정한 것이다. 다차원 척도를 통해 유사한 토픽을 근처에 배치하기 위한 확률분포의 유사성은 **젠슨-섀넌 발산**(Jensen-Shannon Divergence) **지수**를 계산한 것이다. 해당 지표는 기본적으로 토픽에 있는 단어들의 확률분포가 유사하면 해당 토픽이 서로 유사하고 따라서 가깝게 위치한다. [그림 2-7]의 예시 그래프에서, 토픽 1은 토픽 3의 확률분포를 완전히 포

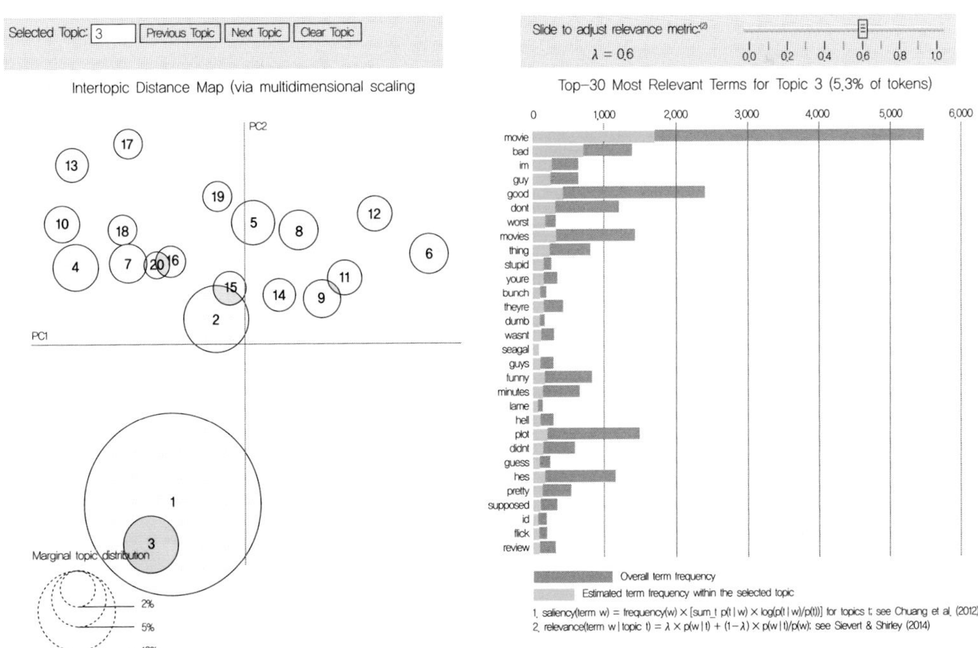

[그림 2-7] LDAvis 시각화 예시

출처: https://ldavis.cpsievert.me/reviews/vis/#topic=3&lambda=0.6&term=

함하고 있는 행태로 나타나서, 해당 토픽은 하나의 토픽 군집으로 볼 수 있을 정도임을 알 수 있다. 또한 전체적으로 볼때 1번과 3번 토픽 군집이 한 묶음이고, 나머지 토픽들이 한 묶음인 2개의 토픽 군집으로 구분된다고 판단할 수 있다. 현재 그래프에서는 좀 더 정밀하게 검토하거나 토픽 수를 변화시키며 군집의 모양을 검토할 여지 역시 있다. 여기서 중요한 것은 토픽들이 포함하고 있는 단어들의 확률분포를 토픽 사이에 서로 비교하여, 토픽 간 군집을 통해 토픽의 수를 줄이는 판단을 할 수 있다는 점이다. 또 다른 예시를 위해 [그림 2-8]을 살펴보자. [그림 2-8]의 왼쪽 그림을 보면 전체 12개의 토픽 개수로 최초 판별된 것을 알 수 있는데, LDAvis를 활용하여 다차원 척도 그래프로 그려 보면, 오른쪽의 그림처럼 전반적 3개의 토픽으로 통합하여 해석하는 것이 적절할 수 있다.

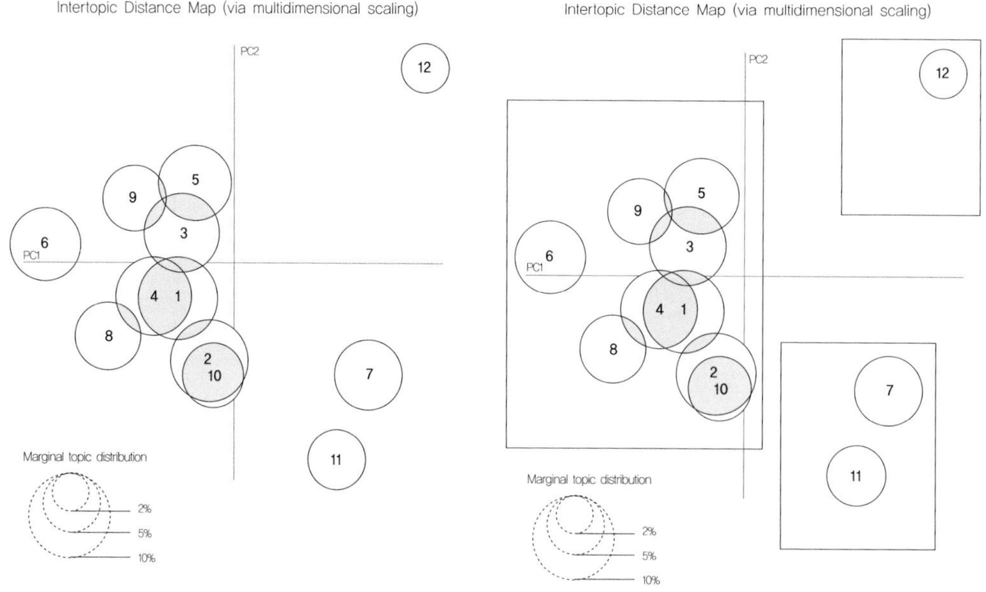

[그림 2-8] 토픽의 확률분포 유사도 다차원 척도 그래프: 토픽 군집 분류 예시

3. 토픽모델링의 발전과 추론 모델로의 발전

지금까지 통계적 언어 처리 방법의 개요를 설명하고, 컴퓨터를 통한 자동화된 의미 분석방법을 설명하였다. 보다 정확히는, 토픽모델링을 TF-IDF에서 LSA, PLSA를 거쳐 LDA 방법에 이르는 역사적인 발전 과정 속에 위치시키고, 각 방법의 내용이 무엇인지 직관적으로 이해할 수 있도록 설명하고자 하였다. 독자가 이 장에 서술되어 있는 기초적인 사항들을 이해하였다면, 다음 단계의 학습으로 진입하는 데 큰 어려움이 없을 것으로 생각된다. 토픽모델링만 하더라도, 토픽 간 상관관계를 고려하는 상관관계 토픽 모형(Correlated Topic Model: CTM)과 문서의 메타 데이터를 활용하여 토픽모델링과 연관시키는 구조적 토픽 모형(Structural Topic Model: STM) 등 매우 다양하게 존재한다.

자연어 처리와 관련된 최근의 경향 중 하나는 기계학습 방법의 급격한 발달과 함께, 글의 내용 전체를 예측하고 분류하는 지도학습 방법의 발전이다. 토픽모델링도 라벨링 LDA(Labelled LDA: L-LDA)의 방법(Ramage, Hall, Nallapati, & Manning, 2009)과 지도학습 LDA(Supervised LDA: S-LDA) 방법(Mcauliffe & Blei, 2008)이 나타나는 등 지도학습 방법에 대한 관심이 꾸준히 있어 왔다. **지도학습 방법**은 예측을 위한 것으로, 사전에 데이터를 학습시켜 글을 분류하는 분류기를 만들고, 해당 분류기를 새로운 텍스트에 적용하여 해당 분류에 따라 글을 분류하기 위한 것이다. 예를 들어, 100,000개의 문서를 3~4개의 주제로 분류해야 한다면, 사전에 어떤 글이 어떤 주제에 속하는지 사람이 직접 1,000개 정도의 글을 직접 읽고 코딩해서 그 결과를 컴퓨터에게 학습시킨 다음, 나머지 99,000개의 글을 컴퓨터가 주어진 주제들로 분류하도록 하는 것이다. 우리가 특정한 글의 내용에 대해 정확성이 뛰어난 분류기를 만들 수 있다면, 어떠한 글을 넣어도 해당 글의 내용이 무엇인지 자동으로 파악할 수 있기 때문에 앞으로 더 기대되는 분야이다.

또 다른 발전 방향은 신경망을 이용한 Word2Vec, GloVe, FastText와 같은 벡터 공간기반 추론적 방법의 발전이라 할 수 있다. 이와 관련된 기초적인 사항을 단어-벡터화에서 잠시 설명했으나, 앞으로 신경망 방법의 발전과 함께 더더욱 기대되는 분야라 할 수 있다. 예를 들어, 에어비엔비(airbnb)의 숙소 리뷰를 통해 '걷기 + 거리 + 좋음 - 실망(walk+distance+good - disappoint)'이라는 단어들의 조합과 가장 가까이 있는 단어는 무엇인지 찾아내어, 수많은 리뷰 속에 숨어 있는 내용을 유추해 내는 것이다(Kwartler, 2017). 이런 방법을 활용하면 사람들이 숙소에 대한 평가를 할 때 걷기 좋고 실망스럽지 않은 숙소가 지하철(metro), 가까운 공원(park), 다운타운(downtown)에 가까운 곳 등으로 추천한다는 내용을 전체 리뷰를 읽지 않고도 알아낼 수 있다. 상품 리뷰나 평가와 관련되어 매우 각광을 받을 방법인 셈이다.

새로운 방법론을 익힐 때 가장 큰 어려움은 해당 분야가 발전해 온 역사를 알기 위해 상당한 시간이 걸린다는 점이다. 토픽모델링만 해도, 왜 특정한 확률분포나 알고리즘을 선택하는지, LSA, PLSA, LDA의 차이는 무엇인지 등 파악하기가 쉽지 않다. 반면에 발전해 온 역사를 파악하면 새로운 방법론이 선택하는 분석의 방식을 이해하고 그와 관련된 내용을 정확히 파악하는 것이 의외로 쉬워진다. 이 장의 목적은 오래 걸리는 시간을 단축하고, 조금이라도 토픽모델링과 관련된 독자의 이해를 증진시키는 데 도움이 되는 것이다. 만약 이 글을 읽고 토픽모델링에 대한 직관적 이해가 충분하다고 생각하는 독자가 있다면, 이 글은 그 목적을 달성한 것이다. 다만, 이 글에서 설명하고 있는 내용은 토픽모델링을 비롯한 자연어 처리와 관련된 기초적인 사항이기 때문에, 관련된 사항을 공부하기 위해서는 더 많은 문헌 학습과 실습이 병행되어야 할 것이다. ■

제3장

의미연결망 분석

이형민(성신여자대학교 미디어커뮤니케이션학과 교수)
박진우(성신여자대학교 미디어커뮤니케이션학과 강사)

1. 의미연결망 분석이란
2. 의미연결망 분석지표

◈◇◈

이 장에서는 텍스트를 구성하고 있는 개별 단어를 분석 대상으로 하는 의미연결망 분석(Semantic Network Analysis)에 대해서 개략적으로 살펴보고자 한다. 이론적으로 볼 때 분석 가능한 텍스트와 단어의 수는 무제한이고, 단어들의 조합으로 구성되어 있는 텍스트는 연산 가능한 형태가 아니므로 의미연결망 분석은 비정형 빅데이터 분석방법의 대표적인 방법들 가운데 하나로 인식되고 있다. 이 장에서는 의미연결망 분석의 개념적 정의부터 시작하여 의미연결망 분석의 방법론적 특징, 의미연결망 분석의 일반적인 진행 과정, 의미연결망 분석의 주요 지표와 연구 대상 등을 논의하고자 한다.

1. 의미연결망 분석이란

의미연결망 분석은 텍스트(text)를 분석 대상으로 하는 비정형 빅데이터 분석방법 중 하나이다. 의미연결망 분석은 문장, 단락 등을 구성하고 있는 개별 단어를 특정 의미 체계의 가장 기본적인 분석 단위로 상정한다. 단어에는 각각 의미가 내포되어 있고, 여러 개의 단어들이 체계적으로 조합되면서 텍스트는 일련의 의미를 전달하는 메시지가 되기 때문이다. 연구자들은 의미연결망 분석을 통해 분석 텍스트 내 특정 단어의 출현 빈도와 각 단어들 간 형성되어 있는 관계를 다양한 방법으로 연구한다. 이러한 특성 때문에 의미연결망 분석은 '단어 연결망(networks of word)' '텍스트 연결망 분석(network text analysis)' '개념 연결망(networks of concepts)' '단어 중심 연

표 3-1 텍스트 기반 네트워크 분석방법에 대한 여러 가지 명칭

연구자	용어	의미
Danowski (1993)	network of words	단어 연결망
Carley (1997)	network text analysis	텍스트 연결망 분석
Reimer (1997)	semantic nets	의미론적 그물
Popping (2000)	networks of concepts	개념 연결망
Corman, Kuhn, Mcphee, & Dooley (2002)	networks of centering words	단어 중심 연결망
Monge & Contractor (2001, 2003)	semantic networks analysis	의미연결망 분석
Popping (2003)		
Ryan & Bernard (2000)		

출처: 박치성, 정지원(2013)의 내용을 재구성함.

결망(networks of centering words)' 등의 다양한 명칭으로 표현되기도 한다(Drieger, 2013).

의미연결망 분석은 텍스트로 구성된 메시지가 담고 있는 다양한 의미들을 단어 차원에서 추출하고, 분석 단어들 간에 형성되어 있는 관계의 속성을 파악하는 데 유용한 방법론이다. 앞서 언급한 대로 의미연결망 분석의 기본 분석 단위는 단어(키워드)이며, 보다 구체적으로 명사 형태의 단어, 형용사 형태의 단어, 동사 형태의 단어 등으로 구분할 수 있다(이수상, 2014).

의미연결망 분석은 텍스트를 구성하고 있는 단어와 그 의미를 파악하는 데 분석적인 초점을 두고 있기 때문에 전통적인 방법의 내용 분석(content analysis)과 유사한 점이 많다. 예를 들어, 뉴스라는 메시지 체계를 통해 어떠한 내용이 사회적으로 전파되고 있는지 살펴보려는 연구를 기획한다고 하자. 전통적인 내용 분석은 뉴스 기사의 구성, 논조(tone), 취재원 활용 방식 등을 분석의 기본적인 유목으로 상정할 것이다. 이러한 기본적인 유목들의 분석을 통해 소위 뉴스의 전반적인 의제와 프레임이 통시적으로 분석되고 파악될 것이다(Gamson & Lasch, 1983). 그러나 이러한 전

통적인 방식의 내용 분석을 통해서는 보다 미시적이고 구체적인 뉴스 보도의 의제 설정과 프레임 기제를 분석하기엔 한계가 있다. 즉, 뉴스 보도의 전반적인 흐름 속에서 언론이 특정한 의제를 구축하기 위해 어떤 단어 혹은 키워드를 사용했으며, 어떠한 방식으로 배치했는지와 같은 조직적인 구조를 파악하기 어렵다는 것이다. 의미연결망 분석은 단어들의 출현 빈도, 각 단어들 간의 관계 분석 등을 통해 텍스트 내에서 단어 간 형성되는 일련의 의미연결망을 이해하는 데 도움을 줄 수 있으며, 이러한 의미연결망 속에서 각 단어가 지니는 속성을 계량적으로 분석할 수 있기 때문에 전통적 방식의 내용 분석방법을 통해서는 파악하기 불가능한 여러 가지 내용들을 보다 입체적으로 규명할 수 있다.

기본적으로 의미연결망 분석은 **사회연결망 분석**(social network analysis)의 이론적 토대와 분석방법을 기반으로 하고 있다. 사회연결망 분석은 사회 체계의 구성원들 간 상호작용의 결과물로 하나의 연결망이 구축된다고 본다. 따라서 사회 현상을 보다 거시적이고 다각적으로 이해하기 위해서는 구성원 개개인에 대한 분석 외에도 구성원들 간 형성되어 있는 연결망의 특수성과 각 참여자들의 역할에 주목하여야 한다고 역설한다. 결국 사회연결망 분석에서의 사회 체계는 구성원들 간의 관계(relation)와 이런 관계들에 의해 형성되는 패턴(pattern)에 의해 창조되는 것으로 이해할 수 있다(Martin & Wellman, 2011). 이러한 의미에서 사회연결망은 하나 이상의 관계 유형에 의해 서로 연결되어 있는 구성원들의 집합, 즉 행위자(actor)의 집합으로 규정된다(Wasserman & Faust, 1994).

어떠한 사회연결망을 보다 깊이 있게 이해하기 위해선 속성 데이터(attribute data)와 관계 데이터(relational data)의 특징을 알아야 한다(Scott, 2012). **속성 데이터**는 개인 혹은 집단의 태도, 의견, 행위 등과 같은 자료들로 개인 혹은 집단에 귀속되는 특수한 속성을 의미한다. 일반적인 사회과학 연구에서 설문조사, 실험, 인터뷰 등을 통해 수집되는 정보는 개별 응답자의 속성 데이터라고 볼 수 있다. 반면, **관계 데이터**는 연결, 접촉, 소속, 참여 등과 같은 데이터로, 개인 또는 집단 간 형성되는 관계의 정보를 담고 있다. 관계 데이터는 '노드(node)'라고 불리는 각 개체와 이들 간의 연결 관계를 의미하는 '링크(link)'로 구성된다. 사회연결망 분석은 이러한 노드와 링크를 기본적인 분석 대상으로 고려한다.

의미연결망 분석에서 각 노드는 텍스트에서 주요하게 다뤄지는 단어, 즉 키워드라 할 수 있으며, 링크는 각 단어 간의 연결 관계라고 정의할 수 있다. 따라서 의미연결망 분석은 분석 텍스트 내에서 개별 단어와 각 단어들 간 연결 관계를 분석하는 기법이라고 할 수 있다. 보다 구체적으로 의미연결망 분석은 개별 단어가 전체 텍스트 내에서 어떠한 역할을 하는지, 각 단어들은 어떠한 연관성을 갖고 있는지, 그리고 각 단어들은 분석 텍스트 내에서 어떠한 상호작용을 하고 있는지 등을 분석한다. 이러한 분석을 통해 특정 텍스트 내에서 의미가 어떻게 생성되고, 그러한 의미는 어떠한 구조를 이루고 있는지 등이 다양한 차원에서 연구될 수 있다(차민경, 권상희, 2015).

1) 의미연결망 분석의 특징

의미연결망 분석은 단어들로 구성된 텍스트에서 특수한 의미(개념)를 지니는 단어들을 선별하고, 핵심적 역할을 하는 단어들에게 키워드의 지위를 부여한다. 의미연결망이 방법론적으로 지니는 특징들은 다음과 같다.

첫째, 의미연결망 분석은 분석 텍스트를 개별 단위의 단어들로 해체한 다음, 각 단어들이 문장 내에서 동시 출현하는 빈도를 분석하고 이를 바탕으로 각 단어들 간 연결 관계를 파악함으로써 텍스트 속에 숨어 있는 행간의 의미를 보다 면밀하게 파악할 수 있다. 둘째, 연구자들은 의미연결망 분석을 통해 텍스트 속에 숨어 있는 잠재적인 의미의 집단과 각 의미 집단 간 관계를 분석할 수 있다. 의미연결망 분석은 각 단어와 개념들 간의 관계 구조를 공간적으로 표시하고 시각화하기 때문에 각 단어와 개념들 사이의 의미 구성 체계 등을 보다 체계적으로 파악하도록 도와줄 수 있다. 셋째, 의미연결망 분석을 통해 다양한 시각과 관점들이 공존하는 방대한 텍스트 자료를 분석할 수 있다. 의미연결망 분석은 여러 명의 코더가 분석을 진행하는 전통적 방식의 내용 분석과는 달리 자동화된 분석 도구를 통해 이뤄지기 때문에 빅데이터 수준의 대단위 텍스트 자료를 효과적으로 처리할 수 있다. 마지막으로, 양적 분석방법과 질적 분석방법을 모두 적용할 수 있는 가능성을 가진다. 예를 들어, 양적 분석방법을 통해 측정 가능한 명시적 내용(manifest contents)과 질적 분석방법을 통해 추론할 수 있는 텍스트의 잠재적인 내용(latent contents) 간 통계적 검증이 가능하다. 이런 맥락에서 의미연결망 분석은 내용 분석에서 살펴볼 수 있는 개별 단어 혹은 개념들의 양적 분석뿐만 아니라, 전체적인 차원에서 단어 또는 개념들의 의미 구조와 관계를 분석하고 잠재된 의미를 도출하는 질적 분석의 측면을 가미한 복합적인 분석 기법이라 할 수 있다(이은선, 임연수, 2012).

2) 의미연결망 분석 연구 과정

(1) 자료 수집

의미연결망 분석은 언어로 구성되어 있는 모든 유형의 자료를 분석할 수 있는 방법이다. 문자로 구성되어 있는 텍스트(text)뿐만 아니라, 구술언어로 이뤄진 대화, 인터뷰, 방송 콘텐츠까지 모두 의미연결망 분석을 통해 연구될 수 있다. 문헌에 나타난 서지적 특성을 분석하는 경우엔 주로 문헌 자료들(학술논문, 보고서 등)을 분석 대상으로 한다. 사회적인 경향을 분석하는 경우는 주로 사회적 메시지(구술자료, 언론보도, SNS 텍스트 등)를 대상으로 한다. 언어적 특성을 분석하는 경우는 주로 특정 언어 주제를 나타내는 말뭉치 형태의 텍스트를 대상으로 한다. 마지막으로, 심리적 특성을 분석하는 경우, 개인이나 집단의 심리적 특성이 담겨 있는 다양한 유형의 텍스트(연설문, 담화문, 구술자료, 인터뷰 등)를 대상으로 연구를 진행할 수 있다(이수상, 2014).

(2) 단어(노드) 설정

실증적 사회연결망 분석의 다음 단계는 연결망 경계의 설정이라 할 수 있다. 의미연결망 분석에선 분석 대상이 되는 텍스트의 명확한 지정을 통해 노드 간 연결망 경계의 설정을 할 수 있다(박치성, 정지연, 2013).

분석 대상 텍스트 내에서 수많은 단어들을 어떻게 분석 대상으로 전환시킬지 결정하는 작업은 지난하고 세부적인 과정을 거치게 된다. 이 일련의 과정을 통해 연구자는 분석 텍스트 내에서 연구 주제와 목적에 부합한 단어들만을 선택적으로 선별하게 된다. 이렇게 선별된 단어는 분석 목적에 따라 명사형(명사, 명사구) 단어, 동사형 단어, 형용사형 단어 등으로 나눌 수 있다. 분석 텍스트의 내용을 반영하는 데 있어 관련성이 적거나 직접적 영향이 없는 어휘들(누구, 어디 등 명확한 대상을 지칭하지 않는 대명사, 상당히, 정말 등과 같은 부사어구, 듣다, 말했다 등 지극히 일반적인 동사 혹은 형용사들, 출현 빈도가 높은 단어들 중 너무 일반적인 개념을 나타내는 단어)은 일반적으로 분석 대상에서 제외된다(Paranyushkin, 2011). 분석 대상으로 선정된 단어들은 여러 가지 교정 작업을 통해 분석의 통일성이 부여되어야 한다(Paranyushkin, 2012).[1] 이러한 교정 작업을 데이터 정제(data cleansing) 작업이라 하는데, 연구자들은 데이터 정제 작업을 통해 단/복수, 약어, 띄어쓰기, 품사형태 변경과 유사어, 광의어, 협의어 등 중복되는 내용을 선별하게 된다.

데이터 정제 작업이 끝난 다음엔 최종 분석에 사용될 단어들을 선정하는 작업을 수행해야 한다. 앞 단계인 단어 추출 과정은 단어(키워드) 선정의 전처리 과정이며, 단어 선정은 탐색적(exploratory) 접근 방법과 확증적(confirmatory) 접근 방법으로 나눌 수 있다(Carley & Palmquist, 1992).

탐색적 접근 방법은 분석을 할 텍스트를 모두 읽고 난 후, 어떤 단어 혹은 개념들을 키워드로 포함할 것인지 선정하는 귀납적 접근 방법이다. 연역적으로 접근하기 위한 이론적 틀이 적절하게 존재하지 않는 경우에 연구자가 연구의 목적에 가장 부합한다고 판단되는 키워드를 결정하는 방법이다. 탐색적 접근 방법에 의해 키워드를 선정하는 경우엔 연구자의 주관적 판단에 의해 키워드를 선정하는 방법과 연구자의 주관을 최대한 배제하는 방법이 있다. 키워드 선정에 있어서 주로 사용하는 방법은 단어

1 예를 들어, '꿈' '꿈을 꾸다' '꿈꾸는' 등은 모두 '꿈'이라는 단어로 통일한다(박치성, 정지연, 2013).

의 출현 빈도를 참고하는 것이다. 또한 특정한 의미를 가지고 있는 단어들만을 키워드로 선정하는 방법, 비교 대상 그룹이 존재할 경우 각 그룹별로 공통적으로 출현하는 단어들만을 키워드로 선정하는 방법 등이 있다. 한편, 단어 정리 과정을 통해 도출된 모든 단어 혹은 개념을 의미연결망 분석의 대상으로 삼을 수도 있다.

확증적 접근 방법은 해당 분야의 기존 이론 또는 선행연구 결과 등에 입각하여 키워드의 범위를 정하는 것이다. 탐색적 접근 방법과 달리 연역적 접근 방법을 취하며, 특정 연구 주제에 대한 이론이 어느 정도 체계화되어 있거나, 참고할 수 있는 문헌들이 풍부할 때 사용할 수 있다. 예를 들어, '걱정' '초조' '막막'과 같은 상태가 모두 '불안'이란 심리적 상태에 포함된다는 선행연구 결과에 기반하여 해당 단어들을 모두 '불안'이란 단어로 통일하여 처리할 수도 있다. 이러한 방법은 감정 단어의 처리에도 활용할 수 있는데, 예를 들어 '슬프다' '애석하다' '비통하다' 등의 각각 다른 단어들을 모두 '슬픔'이란 단어로 통일하여 분석할 수도 있다. 이처럼 주제범주체계를 활용해 키워드를 선정하는 확증적 접근 방법은 분석 대상 텍스트에서 단어를 추출하고, 이를 주제범주체계에 해당되는 키워드로 치환하는 방식을 취하고 있다.

(3) 단어(키워드) 간 관계

의미연결망 분석에서 어떻게 단어들 간의 관계를 정의하고 측정하는가는 매우 중요한 문제라 할 수 있다. 텍스트에서 최종적으로 분석할 단어(키워드)들을 추출한 후, 특정 키워드가 다른 키워드들과 어떤 관계가 있는지 측정하는 데 가장 기초가 되는 것은 키워드 간의 거리가 얼마나 가까운지, 즉 근접성(proximity)의 개념이다. 일반적으로 의미연결망 분석에선 단어(키워드) 간 근접성을 공출현(co-occurrence)이란 용어로 지칭한다.

공출현은 동시출현이란 용어로 사용되기도 하며, 어떤 대상이 특정한 기준의 범위 내에서 동시에 출현하는 것을 의미한다. 구체적으로 의미연결망 분석 과정에서, 전체 텍스트 내 특정한 기준의 범위에서 키워드가 같이 출현했을 때, 이 범위 내에 있는 모든 키워드는 의미론적으로 상호 연관이 있다고 간주하는 것이다. 예를 들어,

n개의 텍스트 집합($T_1 \sim T_n$)에 출현하는 m개의 키워드 집합($K_1 \sim K_m$)이 있을 경우, 두 키워드 k_i와 k_j가 특정한 텍스트의 주어진 범위 내에 동시에 출현하는 경우, 키워드 쌍(k_i, k_j)은 공출현 관계에 있다고 말한다. 한편, 키워드 쌍(k_i, k_j)이 공출현하는 텍스트의 수(C_{ij})를 공출현 빈도라고 한다. 의미연결망 분석에서 키워드 쌍(k_i, k_j)은 링크로 연결되며, 이들의 공출현 빈도는 두 키워드 링크의 연결 강도(strength)로 시각화된다(이수상, 2018).

가장 좁은 범위의 공출현은 두 단어가 연달아 제시되는 경우에만 관계가 있다고 정의하는 것이고, 가장 넓은 범위의 공출현은 전체 텍스트를 범위로 상정해, 텍스트에 나타난 모든 단어들 간에 관계가 있다고 간주하는 것이다. 하지만 전체 텍스트를 범위로 설정하는 경우 모든 단어들이 다른 모든 단어들과 관계가 있는 완전한 연결망(complete network)가 형성되기 때문에 텍스트의 의미를 파악하는 것이 불가능해진다. 따라서 공출현의 범위는 최소한 전체 텍스트보다는 작아야 한다. 일반적으로 단일 문장(nuclear sentence)을 공출현의 범위로 설정하는 경우가 많다(이수상, 2014). 단일 문장을 공출현의 범위로 설정할 경우, 한 문장 안에서 둘 이상의 키워드들이 함께 사용된다는 것은 해당 문장 내에서 키워드들이 서로 밀접한 관련성을 가진다는 사실을 의미한다.

그러나 연구의 목적에 따라 공출현을 인정하는 범위를 단락 단위로 넓힐 수 있다. 이는 특정 문장의 마지막 키워드와 그다음 문장의 첫 키워드 간의 연관이 있을 가능성이 존재하기 때문이다. 실제로 연결망의 구조적 측면에서도 이런 관계의 유무에 따라 사뭇 다른 연결망 구조가 탄생할 가능성이 있다. 이에 대한 판단은 연구자가 텍스트의 성격과 연구 목적에 부합하는 범위 내에서 자의적으로 결정할 수 있다.[2]

공출현의 범위 설정 문제를 넘어서 텍스트에 직접적으로 나타난 키워드만을 대상으로 관계를 정의하는 공출현과, 텍스트 내의 숨은 의도까지 규명해 관계를 정의하

2 공출현 범위가 확장된 경우에는 실제 의미론적으로 연결되어 있지 않은 관계까지 특정 관계가 있는 것으로 연결망이 구성될 가능성이 높다. 따라서 공출현 범위가 단일 문장 또는 단락을 넘어서 확장될 경우에는, 연구자가 연구 목적에 부합하는 범위임을 명확하게 밝혀 주는 것이 필요하다.

는 공출현 방법을 고민할 수 있다. 또한 주어진 텍스트 내에서 공출현한 모든 단어들 간에 관계가 있다고 규정하는 방법과, 특정한 의미를 창출할 때만 관계가 있는 것으로 규정하는 방법이 있다. 다음의 텍스트를 살펴보자.[3]

"영수와 수진은 친구다. 영수와 수진은 교제한다. 그는 그녀에게 반지를 선물했다."

주어진 텍스트 내에 공출현한 모든 단어들이 관계가 있다고 가정한다면 '영수–수진, 영수–친구, 수진–친구, 영수–교제한다, 수진–교제한다, 영수–반지, 영수–선물했다, 수진–반지, 수진–선물했다, 반지–선물했다' 총 10개의 의미 관계가 도출될 수 있다. 하지만 주어진 텍스트 내 단어들 간 조합이 상식적으로 판단했을 때 말이 되는 경우로만 한정한다면, '영수는 친구다, 수진은 친구다, 영수는 교제한다, 수진은 교제한다, 영수는 선물했다, 반지를 선물했다, 수진에게 선물했다' 총 7개의 의미 관계만이 도출된다. 이에 더하여 실제로는 공출현하지 않지만 논리적으로 유추하여 판단할 수 있는 '친구끼리 교제한다' '친구끼리 선물했다'의 두 가지 의미 관계도 추가가 가능하다.

(4) 의미연결망 구성

분석 텍스트 내 키워드들 간 공출현 관계가 파악되면, 이를 토대로 키워드 공출현 빈도를 행렬로 만들고, 이 행렬을 기반으로 의미연결망을 구성할 수 있다. 키워드 공출현 관계를 바탕으로 의미연결망을 구성하는 절차는 다음과 같다.

우선, 특정한 범위의 텍스트 내 동시에 출현하는 키워드들의 리스트를 만든다. 텍스트별로 등장하는 키워드 리스트는 '텍스트×키워드' 형태의 2원 모드(2–mode) 형태를 가지고 있기 때문에, 이것을 '키워드×키워드' 형태의 1원 모드(1–mode) 키워드 행렬로 변환해야 한다. 이렇게 변환한 '키워드×키워드' 형태의 행렬을 키워드 공

3 여기서 사용하는 예는 박치성, 정지원(2013)의 선행연구 예시를 수정해 적용하였다.

출현 행렬(keyword co-occurrence matrix)이라고 한다.

키워드 공출현 행렬에서 키워드 쌍(k_i, k_j)에 해당하는 셀의 값은 키워드 쌍의 공출현 빈도를 의미하는데 기본적으로 가중치가 부과된 값을 가진다. 즉, 공출현 빈도가 높을수록 해당 셀의 값은 커지고, 공출현 빈도가 낮을수록 해당 셀의 값은 작아진다. 연구 목적에 따라 이러한 가중치가 고려된 가중 연결망(valued network)을 구성할 수도, 가중 행렬을 이진 행렬로 치환해 이진 연결망(binary network)을 구성할 수도 있다. 가중 행렬을 이진 행렬의 구조로 변화하는 방법은 단순히 특정 기준 값(cut-off point)에 의거해 변환할 수도 있고, 키워드 간의 통계적 연관성을 잘 평가할 수 있는 유사도계수(자카드계수, 코사인계수, 상관계수 등)를 기준으로 변환할 수도 있다.

(5) 의미연결망 분석과 분석 도구

의미연결망 분석은 분석 수준에 따라 6가지의 유형으로 나눌 수 있다(이수상, 2013).

첫째, 연결망 수준의 분석으로 연결망의 전체적 특성들을 파악하는 분석이다. 상대적으로 거시적 수준의 분석이며, 연결망 크기, 연결망 밀도 등을 분석한다. 분석 결과도 연결망 단위에서 해석할 수 있다.

둘째, 키워드 수준의 분석으로 각 키워드들의 연결망 내 역할, 특성, 키워드 간의 연결 관계 등을 분석한다. 미시적 수준의 분석이며, 연결정도, 연결강도, 연결거리, 경로 등과 같은 지표들을 사용한다. 연결망 수준의 분석과는 달리, 분석 결과는 키워드 단위로 나타난다.

셋째, 연결망 내에서 내재된 키워드들의 특성을 분석한다. 하이브리드(hybrid) 수준의 분석방법이며, 특정 키워드들이 밀접하게 구성되는 상호성, 군집화 계수 등의 분석이 이에 해당된다.

넷째, 연결망 내에서 각 키워드들의 영향력을 알아볼 수 있는 중심성 분석이 있다. 다양한 유형의 중심성 지표를 활용해 분석을 진행할 수 있다.

표 3-2 의미연결망 분석 수준별 주요 분석지표

분석 수준	분석 내용	주요 분석지표
연결망 수준	연결망 전체의 거시 수준 분석	연결망 크기, 연결망 밀도
키워드 수준	키워드 중심의 미시 수준 분석	연결정도, 연결강도, 연결거리, 직경, 평균연결거리, 도달가능성
연결망에 내재된 특성	하이브리드 수준의 분석	상호성, 이행성, 군집화계수, E-I지수
중심성	연결망 내 각 키워드의 영향력 분석	연결정도 중심성, 근접 중심성, 매개 중심성, 아이겐벡터 중심성
하위 집단	키워드 유사성을 통한 하위 집단 분류 분석	컴포넌트 분석, 파당 분석, K-플렉스 분석, K-코어 분석, n-클랜 분석, n-클럽 분석, 구조적 등위성 분석(클러스터 분석, CONCOR 분석, MDS 분석)
자아 연결망	자아 연결망 특성 분석	자아 연결망 특성 분석(크기, 밀도, 성분 등), 중개성 분석, 구조적 공백 분석

출처: 이수상(2013)의 내용을 재구성함.

다섯째, 집단 수준의 분석방법으로, 이는 전체 연결망의 하위 집단을 구분해 내고, 그것을 대상으로 다양한 특성들을 규명하는 방법이다. 컴포넌트 분석, 파당 분석, 구조적 등위성 분석 등이 있다.

여섯째, 자아 연결망(ego network) 수준의 분석으로 특정한 자아를 중심으로 형성되는 연결망의 특성을 분석하는 것이다. 자아 연결망 특성 분석(크기, 밀도, 구성 성분), 중개성 분석, 구조적 공백(structural hole) 분석이 이에 해당한다. 의미연결망 분석의 분석 수준별 분석 내용과 분석지표의 유형을 〈표 3-2〉로 정리하였다.

앞서 소개한 의미연결망 분석지표는 자동화된 분석 도구를 활용하여 쉽게 측정할 수 있다. 다양한 의미연결망 분석 도구들은 해당 의미연결망을 시각화하는 데 도움을 줄 뿐만 아니라 연구자들이 관심 있게 살펴보는 분석지표들을 정량적인 차원에서 분석해 준다. 의미연결망 분석을 위한 대표적인 분석 도구와 시각화 도구를 〈표 3-3〉에 정리하였다.

표 3-3 의미연결망 분석 프로그램

프로그램 목적	프로그램 이름	프로그램 설명
범용 SNA 도구	NetMiner	한국에서 개발한 연결망 분석 도구 및 시각화 도구
	UCINET	종합적인 연결망 분석 도구
	ORA	동적 연결망 분석 도구
	Pajek	다양한 차원의 분석이 가능한 연결망 분석 및 시각화 프로그램
	Sentinel Visualizer	데이터 시각화, 분석 및 지식관리 기능을 갖춘 윈도우 기반 프로그램
	Statenet	의미연결망 분석을 위한 R의 패키지
	tnet	가중 연결망, 이진 연결망 등의 의미연결망 분석 패키지
시각화 도구	NetDraw	연결망 시각화 프로그램 중 가장 유명한 프로그램이며, UCINET과 연동하여 사용
	NodeXL	템플릿을 사용해 연결망 그래프를 손쉽게 그릴 수 있는 프로그램
	KrackPlot	의미연결망 분석에 적합한 연결망 시각화 프로그램
	Graphviz	그래프 시각화를 위한 공개 S/W
	VisuaLyzer	사회연결망 데이터의 입력, 분석, 시각화가 모두 가능한 대화형 분석 도구

출처: 이수상(2013)의 내용을 재구성함.

2. 의미연결망 분석지표

1) 중심성 분석

중심성(centrality)은 특정 사회연결망 내에서 개인이 가지는 권력과 영향력을 뜻하며, 사회연결망의 분석지표 중 가장 빈번하게 활용되고 있다. 사회연결망 분석에서 행위자인 노드의 중심성은 '한 행위자가 전체 연결망에서 중심에 위치하는 정도를 표현하는 지표'로 간단하게 설명할 수 있다. 즉, 중심성이란 '누가 이 연결망에서 중요한 사람인지'에 대한 부분을 연결망 내에서 행위자가 차지하는 중심적 위치의 관점에서 설명한다(Scott, 2012). 사회연결망 분석에선 중심성 분석을 통해 특정 연결망에서 중요한 역할을 하는 사람이 누구인지 혹은 각 행위자들이 '중심'에 얼마나 접근하고 있는지 정도를 파악할 수 있다(이재윤, 2006).

이러한 맥락에서 의미연결망 분석에서의 중심성은 '텍스트상 키워드 연결망에서 어떤 키워드가 중심적인 역할을 하고 있는지'에 대한 개념으로 이해할 수 있다. 보다 구체적으로 각 키워드가 연결망 내에서 담당하는 역할이 상이하다고 간주하고, 각 키워드가 연결망에서 담당하는 역할을 해당 키워드의 중요성과 영향력을 중심으로 규명할 수 있는 지표가 중심성이다. 따라서 의미연결망 분석에서의 중심성 분석은 연결망 전체의 구조와 각 키워드가 어떤 방식으로 이런 구조 구축에 기여하는지 체계적인 분석을 진행하는 것을 의미한다(Wigand, 1988). 이런 분석은 전통적인 내용분석을 통해서는 밝힐 수 없었던 개별 키워드의 역할과 키워드들이 전체 연결망 안에서 어떤 역할을 수행하고 있는지 분석할 수 있다는 점에서 특징적이라고 할 수 있다. 나아가 연구자들은 의미연결망 분석을 통해 단순히 키워드의 빈도 수와 서열 측정에서 검증할 수 없었던 거시적, 미시적 특성들을 파악할 수 있게 되었고, 의미연결망 내에서 특히 큰 영향력과 중요성을 행사하는 키워드가 무엇이며, 그 키워드들이 어떻게 종합적으로 의미의 틀을 구축하는지 판단할 수 있다.

의미연결망 분석에서 특정 키워드의 유리한 구조적 위치는 몇 가지 관점에서 바라볼 수 있다. [그림 3-1]의 '스타(star)' 네트워크를 통해 유리한 구조적 위치가 의미하는 바를 중심성의 관점에서 살펴보자.

사회연결망 분석의 관점에서 [그림 3-1]의 스타 네트워크가 자원의 교환 관계망을 의미한다고 가정할 때, '나'는 명백히 구조적으로 유리한 위치를 점하고 있다. 이 연결망의 구성원 가운데 하나인 '나'는 다른 구성원들에 비해 세 가지 관점에서 구조적인 이점을 가진다.

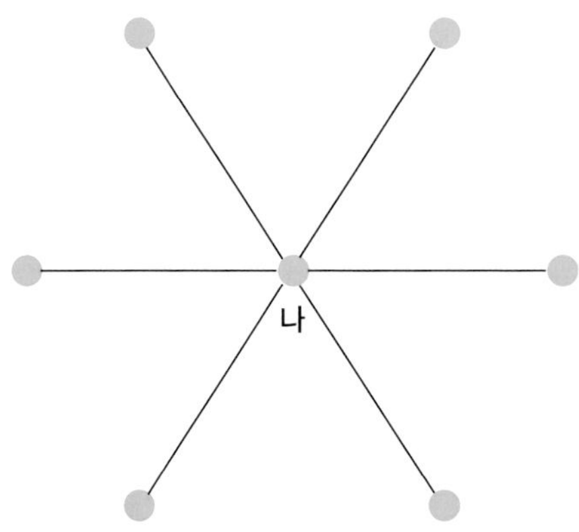

[그림 3-1] 스타 네트워크와 중심성

- 연결정도(degree): 스타 네트워크 내에서 모든 구성원들은 '나'와 연결되어 있다. 이로 인해 '나'는 다른 구성원들에 비해 더 많은 기회를 가질 수 있는 구조적 위치를 점하고 있다. 예를 들어, '나'와 연결된 구성원들 중 1명이 나에게 자원을 제공하지 않아도 나머지 5명의 구성원들에게 자원을 제공받을 수 있다. 하지만 '나'를 제외한 구성원들은 '나'를 통하지 않으면 연결망 내의 다른 어떤 구성원과도 자원을 교환할 수 없다. 산술적으로 표현하면 '나'는 연결정도가 '6'이고, 나머지 구성원들은 연결정도 '1'을 가지고 있다고 할 수 있다. 당연한 얘기겠지만, 연결 관계가 많은 구성원일수록 자원 교환의 관점에서 더 많은 기회를 가질 수 있으며, 다른 구성원들에 종속되는 정도가 낮아진다. 결과적으로 이런 자율성이 '나'에게 연결망 내에서 더 큰 권력과 지위를 부여한다.

- 근접(closeness): 앞의 스타 네트워크 속에서 '나'는 다른 구성원들과 가장 가까운 구조적 위치에 있다. 구성원 간 권력은 다른 구성원들의 주목을 받는 중심점이 됨으로써 형성된다. 또한 권력은 다른 구성원들과의 직접적인 소통 또는 교환을 통해 형성되는데, 당연히 다른 구성원들과 가깝게 위치할수록 이러한

소통과 교환의 기회가 많아진다. 만약 특정 구성원이 최단 경로로 다른 구성원에게 접근할 수 있다면, 해당 구성원은 연결망 내에서 권력의 보유 및 행사에 유리한 구조적 위치를 가진다. 스타 네트워크 상에서 '나'는 모든 다른 구성원들과 직접적으로 연결되어 있기 때문에 경로거리 '1'을 가지고 있다. 그러나 다른 구성원들은 또 다른 구성원에게 접근하기 위해 꼭 '나'를 거쳐야 하기 때문에 경로거리가 '2'이다. 즉, '나'는 스타 네트워크에서 근접성에 있어서 가장 유리한 위치를 점하고 있다고 할 수 있다.

• 매개(betweenness): 앞의 스타 네트워크 내에서 '나'는 다른 모든 구성원들 사이에 위치하며, '나'를 제외한 어떤 구성원도 '나'와 다른 구성원 사이에 있지 않다. 즉, '나'는 어떤 구성원들과도 직접적으로 연결될 수 있지만, '나' 이외의 구성원이 다른 구성원과 연결되려면 반드시 '나'를 경유해야 한다. 이런 구조적 위치는 다른 구성원들 간 중개를 통해 이득을 얻거나, 다른 구성원들을 소외시켜 연결을 방해할 수 있는 권력과 영향력을 '나'에게 제공한다. 구성원들 사이에서 중개자의 역할을 한다는 것은 더 큰 권력을 가진다는 것을 의미하기 때문이다. 따라서 이런 매개적 관점에서도 특정 구성원의 구조적 위치를 파악할 수 있다.

종합하자면, 연결망 내에는 특정 구성원에게 권력과 영향력을 가져다주는 유리한 구조적 위치가 존재한다. 이러한 구조적 위치를 중심성이라고 하며, 중심성은 세부적으로 연결정도, 근접성, 매개성 등의 관점에서 이해될 수 있다.

이러한 개념을 의미연결망에 적용해 보자. 분석 텍스트 내 단어들의 출현 빈도와 연결 관계를 기반으로 구성되는 의미연결망 내에서도 보다 중심적인 역할을 수행하는 단어들이 존재할 수 있다. 즉, 다른 단어들과 가장 많이 직접적으로 연결된 단어가 있을 것이고(연결정도 중심성), 다른 단어들과 가장 가까운 관계를 형성하고 있는 단어가 있을 것이며(근접 중심성), 다른 단어와 단어를 연결시켜 주는 데 있어서 핵심적인 역할을 수행하는 단어 또한 있을 것이다(매개 중심성).

(1) 연결정도 중심성

연결정도 중심성(degree centrality)은 의미연결망 내의 특정 키워드가 다른 키워드들과 얼마나 많은 연결 관계를 가지고 있는지의 정도를 의미한다. 연결정도 중심성은 한 키워드가 다른 키워드들과 더 많은 연결을 가질수록 분석 연결망 내에서 더욱 중요한 역할을 수행한다고 본다. 앞서 살펴본 바와 같이 많은 연결 관계를 가진다는 것이 선택의 폭을 넓혀 더 많은 잠재적 기회가 될 수 있기 때문이다.

이러한 맥락에서 의미연결망 분석상 연결정도 중심성은 분석 텍스트 내에서 어떤 키워드가 핵심적인 역할을 하는지 파악하는 데 쓰인다. 연결정도 중심성 측정을 통해 각각의 키워드들이 연결망 내에서 얼마나 중심적인 역할을 수행하는지 파악할 수 있다. 또한 분석 텍스트 내 어떤 키워드들이 전체의 의미를 주도해 가는 핵심적인 단어들인지 분석할 수 있다.

(2) 근접 중심성

근접 중심성(closeness centrality)은 인접 중심성이라고도 불리며, 의미연결망의 특정 키워드가 다른 키워드들과 얼마나 가깝게 연결되어 있는지를 측정한다. 근접도는 각 노드에 도달하는 연결거리와 관련이 있다. 또한 연결망의 전체 노드들을 대상으로 측정하는 개념이기 때문에 전역 중심성의 지표라고도 할 수 있다.

연결정도 중심성은 단순 연결 빈도만을 기반으로 측정되는 데 반해, 근접 중심성은 키워드 간의 직접적 연결뿐만 아니라 간접적 연결까지 모두 계산해 하나의 키워드와 연결된 모든 키워드들 간의 거리를 고려하여 측정된다. 따라서 어떠한 키워드의 경우 다른 키워드들 간의 직접적인 연결 관계는 적지만, 직간접적 연결 관계를 통해 전체 의미연결망 내에서 중요한 역할을 수행할 수도 있다. 이러한 맥락에서 근접 중심성이 높은 키워드는 전체 텍스트 내의 논리를 구성하는 숨은 실력자라고 할 수 있다(차민경, 권상희, 2015).

근접 중심성은 한 키워드와 다른 키워드들 간 연결거리를 근거로 계산된다. 한 키워드에서 연결망 내의 다른 키워드들에 도달하는 연결거리의 합이 작을수록 해당 키워드의 근접 중심성은 높아진다. 즉, 특정 키워드의 근접 중심성이 높다는 것은 연결망 내 다른 모든 키워드들과 가장 짧은 연결거리를 가지고 있다는 것으로 볼 수 있다. 가장 짧은 연결거리를 가지고 있는 키워드는 다른 여러 키워드들과의 접촉이 쉬워 좋은 구조적 위치를 점하고 있기 때문에 의미연결망의 중앙에 위치하는 경향성을 보인다.

근접 중심성의 계산은 연결망 내의 모든 키워드들에 대한 연결거리의 값을 합친 전체거리(farness)의 역수로 계산한다. 즉, 특정 키워드의 근접 중심성은 (1/전체 노드들에 대한 연결거리의 합)이 된다.

(3) 매개 중심성

매개 중심성(betweenness centrality)은 한 키워드가 다른 키워드들과 연결망을 구축하는 과정에서 얼마나 중재 역할을 수행하는지에 대해 측정하는 개념이다. 매개 중심성은 한 키워드가 연결망 내 다른 키워드들 사이에 위치하는 정도를 알아보는 것으로, 이렇게 단어와 단어 사이에 위치해 있는 키워드는 전체적인 의미의 흐름을 통제하는 데 큰 역할을 할 수 있다. 바꿔 말해, 매개 중심성이 높은 키워드는 의미연결망 내에서 중개자 또는 문지기의 역할을 하는 것이라 해석할 수 있다.

이러한 점을 고려할 때, 의미연결망 내 매개 중심성이 높은 키워드가 없다면 각 단어들 간 의미가 단절되고 맥락이 헝클어질 가능성이 높다. 따라서 매개 중심성이 높은 키워드는 의미연결망 내에서 의미의 흐름에 큰 영향을 준다.

다음 [그림 3-2]는 실증적인 분석을 통해 시각화된 의미연결망과 각 키워드의 중심성을 측정한 결과를 보여 준다. 2017년도에 진행된 '신고리 5 · 6호기 공론화위원회' 관련 약 6개월 동안의 뉴스 기사를 분석 대상으로 상정하고, 뉴스 기사 속에 등장한 키워드들과 각 키워드들 간의 관계를 바탕으로 의미연결망을 구축하였다(박진우, 이형민, 2018). [그림 3-2]에서 확인할 수 있듯이 '신고리 5 · 6호기 공론화위원회'와 관련된 뉴스 기사에서는 여러 가지 키워드들이 등장하면서 하나의 의미 체계를 형성하고 있었다. 각 키워드들의 크기는 의미연결망 내 해당 키워드의 중심성을 의

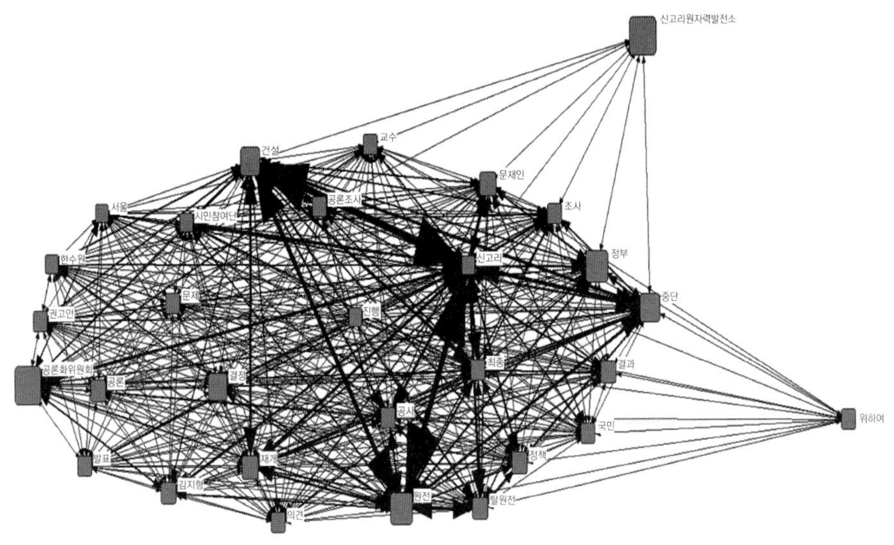

[그림 3-2] 신고리 5 · 6호기 공론화위원회 뉴스 보도 의미연결망 중심성 분석
출처: 박진우, 이형민(2018).

미한다. 즉, 크게 그려진 키워드는 높은 중심성을, 작게 그려진 키워드는 상대적으로 낮은 중심성을 나타낸다.

2) 구조적 등위성 분석

(1) 구조적 등위성의 개념 및 분석

의미연결망 분석에서 **구조적 등위성**은 연결망 내의 키워드들이 얼마나 유사한 관계 패턴을 보이고 있는지에 대한 개념이다. 즉, 어떠한 키워드가 다른 키워드들과 직접적인 연결 관계를 가지고 있지 않아도 서로 유사한 관계의 패턴을 보일 때는 구조적 등위성이 존재한다고 볼 수 있다. 그렇기 때문에 구조적 등위성에 따라 분류된 집단 내 개별 키워드들은 서로 대체(substitutable) 가능하다고 볼 수 있다. 예를 들어, 대학교 내 교수와 학생을 생각해 보자. 학교에서 교수들은 학생들에게 지식을

표 3-4 구조적 등위성 분석방법과 알고리즘, 분석 도구

분석방법	알고리즘	분석 도구
클러스터(군집) 분석	일반적 클러스터링 프로파일 클러스터링	클러스터 분석(UCINET) 프로파일 클러스터 분석 (UCINET, NetMiner)
CONCOR 분석	블록 모델링	UCINET, NetMiner
다차원 척도 분석	-	UCINET, NetMiner, SPSS, SAS

전달하고 그 대가로 급여를 받는다. 반면, 학생들은 교수들로부터 지식을 전수받고, 등록금을 납부한다. 학교에서 교수와 학생의 역할과 지위는 이렇듯 확실히 구분되며, 교수 집단 내 구성원들은 유사한 위치와 역할, 학생 집단 내 구성원들은 유사한 위치와 역할을 가지고 있다. 이런 관점에서 볼 때, 교수들끼리 혹은 학생들끼리 서로 대체 가능하다고 볼 수 있다. 이처럼 대학교에서 교수 집단과 학생 집단은 각각 유사성에 따라 묶인 구조적 등위성 집단이라 볼 수 있다.

클러스터 분석의 하위 분류 방법인 구조적 등위성 분석은 키워드들 간 나타나는 관계의 복잡한 패턴 안에서 등위적 관계의 집단을 구분하는 것을 목적으로 한다. 구체적으로 연결망에서 관계의 유사한 패턴, 즉 유사한 지위와 역할에 따라 등위성 집단을 추출해 내는 것을 구조적 등위성 분석이라 일컫는다. 여기서 키워드들 간 지위와 역할이 얼마나 유사한지 분석하기 위해 유사성이란 개념이 중요하다. 구조적 등위성 분석의 주요 방법으로는 클러스터 분석, CONCOR 분석, MDS(Multi Dimensional Scaling) 분석이 있다.

(2) 클러스터 분석

클러스터(cluster)는 유사성을 지니는 개체들의 집합을 의미하는 용어이다. 구체적으로, 유사한 속성들을 가지는 개체들을 모아 하나의 집합으로 구성한 것을 의미한다. 의미연결망 분석에서 유사성은 키워드 간의 연결 관계에서 보이는 유사한 특성을 의미하

며, 이에 따라 분류하는 것을 **클러스터 분석** 혹은 **클러스터링**(clustering)이라 부른다.

의미연결망 분석에서 클러스터를 구분하는 알고리즘은 보편적으로 일반적인 클러스터링과 프로파일 클러스터링으로 구분된다. 일반적인 클러스터링은 기존 통계 분석에서 주로 사용하는 알고리즘을 관계형 데이터에 적용시킨 것으로 계층적/비계층적 클러스터링 모두 해당된다. 프로파일 클러스터링은 연결망 분석을 위해 특화된 클러스터링 알고리즘 방법으로 일반적인 클러스터링을 적용했을 때와는 다른 결과를 얻을 수 있다. 어떤 방법이 유용하고 설득력이 있는지는 연구자가 판단할 몫이라 할 수 있다.

(3) CONCOR 분석

CONCOR(Convergence of iterated Correlations) **분석**은 반복적으로 상관관계 분석을 수행해 적정 수준의 유사성 집단을 규명하는 분석방법이다. CONCOR 분석은 키워드들의 관계가 비교적 명확히 구분되어 상관관계로 유사성을 진단하는 것이 수월한 연결망에서 보다 의미 있는 하위 집단을 구분해 낼 수 있다. 이렇게 도출된 하위 집단 혹은 구조적 등위성 집단을 블록(block)이라고 부르며, 이 블록을 대상으로 추가적인 분석을 수행해 함의를 도출할 수 있다. 그래서 CONCOR 분석을 블록 모델링(block modeling)이라 부르기도 한다. CONCOR 분석에선 상관관계가 높은 키워드들의 집합에 해당하는 개별 블록들을 규명함과 동시에, 블록들 간의 관계를 파악할 수도 있다. 여기서 유사도 계산은 상관관계 계수를 이용한다.

(4) 다차원 척도 분석

다차원 척도 분석은 키워드들 사이의 거리를 토대로 2차원 평면 공간에 표현해 주는 기법을 말한다. 다차원 척도 분석의 장점은 키워드들의 관계를 2차원 공간상에 지도로 시각화할 수 있어 키워드들 간의 구조적 배열 관계를 보다 직관적으로 파악할 수 있다는 것이다. 속성형 데이터를 다루는 일반적 통계 분석에서 다차원 척도 분석의 개체는 주로 사람이나 사물이 되며, 개체의 특성을 나타내는 변수로 설명된다. 이 개체들 간의 거리(distance)는 변수 값으로 측정되며, 통계 분석에서는 유사성 또는 이질성의 크기를 구함으로써 거리를 계산한다. 하지만 의미연결망 분석에서 다차원 척도 분석은 키워드가 분석 개체이며, 키워드들 간의 관계 데이터에 나타나는 유사성/이질성을 바탕으로 다차원 공간에 키워드들을 배열하여 지도를 그린다. 이 2차원 공간 지도 내에서 키워드들이 얼마나 근접해 있는지 파악할 수 있으며, 다차원 공간 에서의 클러스터 구분도 가능해진다. 키워드들 간의 관계 패턴을 토대로 키워드의 클러스터를 파악할 수 있으므로, 구조적 등위성 분석의 방법을 차용한다고 볼 수 있다.

[그림 3-3]은 '신고리 5 · 6호기 공론화위원회' 뉴스 기사 분석에서 시각화된 의미연결망을 CONCOR 분석한 결과이다. 앞서 살펴본 전체 의미연결망과는 달리 각 키워드들 간 상관관계를 바탕으로 여러 개의 세부 집단이 구분되어 있는 것을 확인할 수 있을 것이다. 이러한 분석을 통해 전체 의미연결망에서 하위 의미연결망을 구분하고, 나아가 뉴스에서 어떠한 논의와 담론들이 형성되었는지 유추할 수 있다. ■

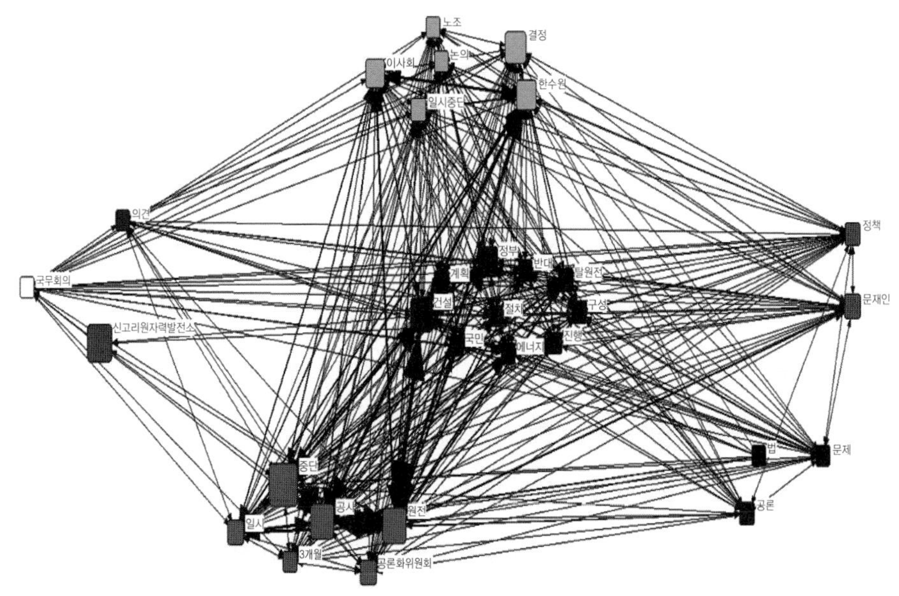

[그림 3-3] 신고리 5 · 6호기 공론화위원회 뉴스 보도 의미연결망 CONCOR 분석
출처: 박진우, 이형민(2018).

제4장

소셜 네트워크 분석

김동성(국민대학교, 차의과학대학교 겸임교수)

1. 소셜 네트워크 분석의 개념
2. 소셜 네트워크 분석의 역사
3. 소셜 네트워크 분석의 주요 지표
4. 소셜 네트워크 분석 도구

◈◇◈

이 장에서는 사회와 그 안의 사람들에 관심을 갖고, 사회적 관계로 이어진 사회 구조의 형태와 패턴을 연구하는 방법인 소셜 네트워크 분석 혹은 사회 연결망 분석의 개념과 역사, 그리고 그 주요 분석지표들과 분석 도구들에 대하여 살펴보고자 한다. 또한 소셜 네트워크 분석이 다양한 분야, 특히 광고 PR 영역에서 어떠한 의미와 기능을 할 수 있는지에 대한 인사이트도 제공하고자 한다.

[그림 4-1]은 페이스북의 인턴인 버틀러(Paul Butler)가 2010년 12월에 페이스북 엔지니어링 블로그에 게시한 친구관계 데이터의 시각화 이미지이다. 이는 온라인 소셜 네트워크로 긴밀하게 이어진 '지구라는 사회'의 현재 모습을 보여 주기도 하지만,

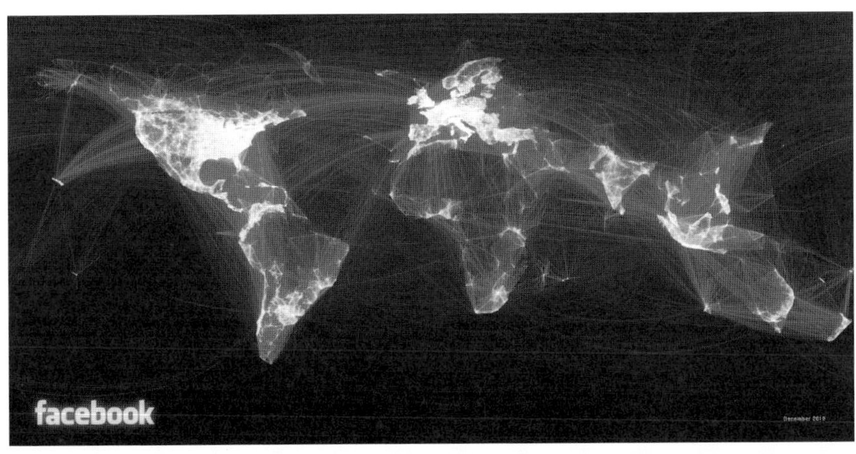

[그림 4-1] 소셜 네트워크로 이어진 지구 사회

출처: facebook (2010).

과거에는 접근 불가했던 엄청난 양의 네트워크 데이터를 빠르고 쉽게 수집하고 편리하게 분석 · 확인할 수 있다는 기술적 발전을 의미하기도 한다.

1. 소셜 네트워크 분석의 개념

소셜 네트워크 분석(Social Network Analysis: SNA)은 개인 및 집단들 간의 관계를 노드(node)와 링크(link)로서 모델링하여 그 구조와 변화를 계량적으로 분석하는 방법론을 의미한다. 즉, 사람들의 관계를 계량적으로 분석하는 것이다. 그 개념을 보다 명확하게 알기 위해서는 노드와 링크로 구성된 네트워크와 네트워크 분석에 대한 이해부터 필요하다.

1) 네트워크와 소셜 네트워크

고유한 속성을 가지고 있는 **개체**(entity)인 노드는 수학, 공학, 사회학 등 다양한 분야의 관점에 따라서 vertex, agent, actor, point, object 등으로 다양하게 명명된다. 특히 사람들의 관계에 주로 관심이 있는 소셜 네트워크 분석에서는 행위자(actor)의 의미를 지니며, 고유한 속성을 지닌 개인, 집단, 시스템, 조직, 기관, 국가 등을 포함한다. 그리고 커뮤니케이션 차원에서는 단어, 메시지, 콘텐츠, 미디어 등을 의미하기도 한다. 노드는 기본적으로 이름(label)과 속성(attribute)을 가지며, 많은 노드와 연결을 맺고 있는 노드를 허브(hub)라고 한다.

링크는 노드들 간의 연결(connection)로서 관계(relation)를 의미하며 edge, line, arc, tie 등으로 다양하게 불린다. 이는 노드들 사이의 다양한 구조적 관계 및 유기적 행위로서 방향(direction)과 강도(weight) 등의 속성을 지니고 있다. 논문 인용이나 친구 · 가입 신청 등과 같이 출발하는 개체(source)에서 도착하는 개체(target)로의 방향성이 있는(directed) 링크와 결혼 관계처럼 방향성이 없는(undirected) 링크

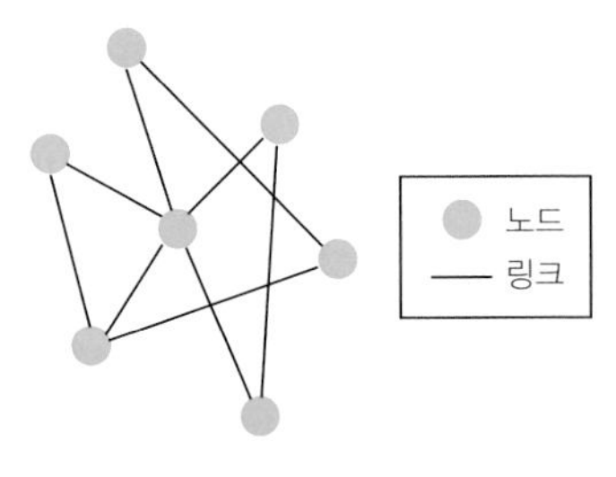

[그림 4-2] 노드와 링크

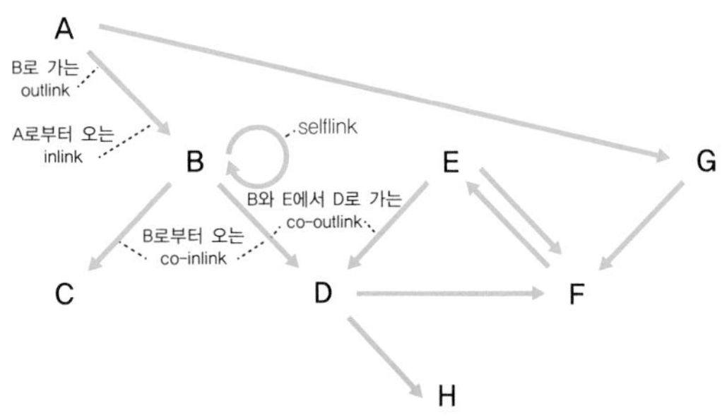

[그림 4-3] 링크의 유형: in/out, co-, self

가 있는데, 방향성은 일반적으로 링크 선의 화살표로 표현한다. 그리고 다른 노드로 향하는 **아웃링크**(outlink)와 다른 노드로부터 오는 **인링크**(inlink)가 있다. 친밀도, 신뢰도, 지속성, 대화나 참여 · 행동의 양처럼 관계의 빈도나 세기를 의미하는 가중치는 유의미한 관계 여부를 판단하는 중요한 개념이자 기준이다. 강한/약한(strong/weak) 연결은 보통 링크 선의 굵기나 선 위에 숫자 표시로 표현한다. 또한 노드들 간의 공동의 관계를 의미하는 링크도 있는데, [그림 4-3]에서처럼 B에서 C와 D로 오는 co-inlink(동시인용: co-citation)과 B와 E에서 D로 가는 co-outlink(동시참조: co-reference)가 그것이다. 이는 각각 논문 동시인용과 부모-자식 간 혈연관계를 예로 들 수 있으며, co-link 개념은 그룹핑과 위계의 의미를 지닌다.

복수의 노드들이 연결된 구조인 네트워크는 다양한 방식으로 표현할 수 있다([그림 4-4] 참조). 우선, 서로 인접한 노드들 간의 연결 관계를 행렬로서 표현한 인접행렬(adjacency matrix) 방식이 있다. n(노드의 수)×n(노드의 수)의 정방 행렬로서 행과 열의 이름이 노드이고 그 교차 지점의 행렬 값은 관계의 유무(1 또는 0)나 정도(weight)를, 행은 출발 노드(source), 열은 도착 노드(target)를 의미한다. 방향성이 있는 경우는 비대칭적이지만 무방향성 네트워크의 경우는 대칭적(symmetric)이며 자기 자신에게 링크(selflink)가 없을 경우에는 대각선으로 '0'이다. 참고로 1:1의 동질적인 노드로 구성되어 있는 경우는 원 모드 네트워크(1-mode network)라 하고, 다양한 행사에 대한 참여와 같이 1:多의 이질적인 노드로 구성된 경우는 투 모드 네트워크(2-mode network)라고 한다. 2모드에서 A, B, C가 행위자를 의미한다면, a, b, c는 취미, 소속 동아리 또는 경험 등 복수 선택이 가능한 유목을 의미한다. 두 번째는 인접한 링크가 있는 노드들만 순서적으로 표기하는 노드 리스트(node list) 방식이다. 전체 행의 개수가 곧 전체 노드의 수로서 노드별로 연결된 링크의 개수가 많을수록 열(targets)의 개수도 증가한다. 참고로 방향성 네트워크의 경우는 열을 In/Out으로 구별하여 표기할 수도 있다. 세 번째는 노드들을 연결한 링크의 1:1 매칭 방식인 엣지 리스트(edge list)로서 2열(source, target) 또는 가중치가 추가된 3열로 구성되고 행은 링크 수만큼 증가하며, 고립된 노드(isolated node)는 제외된다. 이 방식은 관계가 없는 조합까지 포함해서 용량이 커지는 인접 행렬 데이터 세트보다 처리속도 차원에서 우수한 장점이 있는데, 인접 행렬을 엣지 리스트로 변

Linked List

1-mode Network

Matrix

S\T	A	B	C	D
A	0	1	1	0
B	0	0	2	0
C	0	1	0	3
D	1	1	1	0

Node List

Source	Target1	Target2	Target3
A	B	C	
B	D		
C	B	D	
D	A	B	C

Edge List

Source	Target	Weight
A	B	1
A	C	1
B	C	2
C	B	1
C	D	3
D	A	1
D	B	1
D	C	1

2-mode Network

Matrix

S\T	a	b	c
A	1	1	0
B	1	0	0
C	0	0	1
D	1	1	1

Node List

Source	Target1	Target2	Target3
A	a	b	
B	a		
C	c		
D	a	b	c

Edge List

Source	Target	Weight
A	a	1
A	b	1
B	a	1
C	c	1
D	a	1
D	b	1
D	c	1

[그림 4-4] 네트워크의 표현방식

환할 때는 엑셀의 피벗테이블 마법사 기능이나 R 프로그래밍 등을 활용하면 된다. UCINET은 인접 행렬을, NodeXL은 엣지 리스트를 기본 데이터 포맷으로 사용하고 있는 것처럼 소셜 네트워크 분석 도구별로 서로 다른 데이터를 이용하고 있기에 적합한 방식을 선택해서 데이터를 만들어야 한다.

네트워크는 그 크기에 따라서 분류되기도 하는데, 링크의 규모는 최대 노드 수의 제곱이다. 100개 미만의 노드를 지닌 소규모 네트워크의 경우에는 대부분의 평가판 소셜 네트워크 분석 도구에서 무료로 이용할 수 있는 수준이다. 1,000개 노드 미만은 중규모, 10,000개 미만은 대규모 그리고 그 이상은 초대규모 네트워크라 한다. 최근 온라인 소셜 네트워크, 빅데이터, 사물/만물 인터넷(IoT/EoT) 등 노드와 링크의 기하급수적인 증가와 다중 관계의 적용, 이를 감당할 수 있는 소셜 네트워크 분석 도구의 발달로 인하여 그 규모는 더더욱 커지고 있다.

분석 대상에 따라서 네트워크의 종류를 나누기도 하는데, 네트워크를 구성하고 있는 모든 노드들을 포함하고 있는 전체 네트워크(complete or whole network), 그 일부분에 해당하는 하위 네트워크(sub-network), 그리고 자아중심(ego-centric)인 에고 네트워크(ego network)가 있다. 하위 네트워크에는 최소 하나 이상의 경로로 끊기지 않고 연결되어 있고 외부의 다른 그룹과 분리되어 있는 컴포넌트(component),

표 4-1 네트워크의 규모

구분	노드 규모	최대 링크수	특징
소규모 노드 (micro nodes)	1~99 노드	1만 미만	• 간략한 소규모 네트워크 구성 • 평가판 SNA 지원
중규모 노드 (meso nodes)	100~999 노드	100만 미만	• 적절한 분석 가능
대규모 노드 (macro nodes)	1,000~9,999 노드	1억 미만	• 전체 네트워크에 대한 다양한 분석보다 군집으로 분석
초대규모 노드 (super-macro nodes)	10,000 노드 이상	무한대	• 최근 빅데이터의 규모

3개 이상의 노드들이 직접적으로 모두 완전하게 서로 연결되어 있는 클리크(clique) 그리고 유사한 속성을 지닌 노드들의 집합으로서 수학적 알고리즘을 기반으로 계산 및 시각화하는 클러스터(cluster) 등이 있다. 그리고 에고 네트워크는 관심 있는 특정 노드를 중심으로 1단계로 직접 연결된 노드들 간의 관계인데, 페이스북의 개인 계정인 에고 네트워크가 같은 의미이다.

사회과학자들의 네트워크에 대한 주된 관심은 사람들(nodes)의 관계들(links)로 구성된 사회(society)이다. 역할(부모-자식, 친구, 사제, 상사-부하 등), 인지/감성(인지, 지식, 호감, 사랑, 존경 등), 행위(매매, 지원, 대화 등) 등 사람 사이의 사회적 관계에 의해서 성립되는 소셜 네트워크는 결국 사람들 사이의 관계로 표현한 네트워크 구조이다. 이는 인류학자인 래드클리프-브라운(Radcliffe-Brown)의 사회 구조에 대한 관심에서 발전하여 연결망 사회(세계화, 정보화, 분산화 등), 초연결 사회로 이어지고 있다. **연결망**은 1:1 대칭적 관계에서 중앙-변방의 위계적인 상호작용 관계로, 그리고 변방 행위자들의 상대적인 권력이 상승한 수평적 관계로 변화해 왔는데, 개방, 참여, 공유의 가치를 구현하기 시작한 웹 2.0(Web 2.0) 및 소셜미디어 시대 이후 사회연결망은 더 복잡하고 수평적인 구조로 변하고 있다. 노드의 속성도 동질적이면서도 분리되어 있던 군중들(homogeneous but still unlinked crowds)에서 이질적이지만 긴밀히 연결된 개인들(heterogeneous but networked individuals)로 변화하고 있다(김미경, 2012). 웰먼(Wellman, 2001)은 미디어 생태계 진화에 따른 3가지 소셜 네트워크 모델을 제시하였다. 초기의 전통적인 네트워크인 리틀 박스(little boxes)에서는 커뮤니티 내부의 연결이 개인 간 네트워크의 대부분을 차지하고 있고 커뮤니티 사이는 단절되어 있기에 소속 집단의 영향력이 매우 크다. 세계화와 현지화를 동시에 의미하는 글로컬리제이션(glocalization) 모델에서 개인들의 연결망은 각 커뮤니티를 넘어 다른 커뮤니티 간 연결로도 확장되고 커뮤니티에 소속되지 않은 개인들도 존재하며 소속 집단의 영향력이 여전히 큰 비중을 차지한다. 개인 간 연결과 그 영향력이 강화된 네트워크화된 개인화(networked individualism) 모델에서는 집단에 대한 소속감이나 영향력이 크지 않으며 이질적인 개인들의 긴밀한 관계를 보인다.

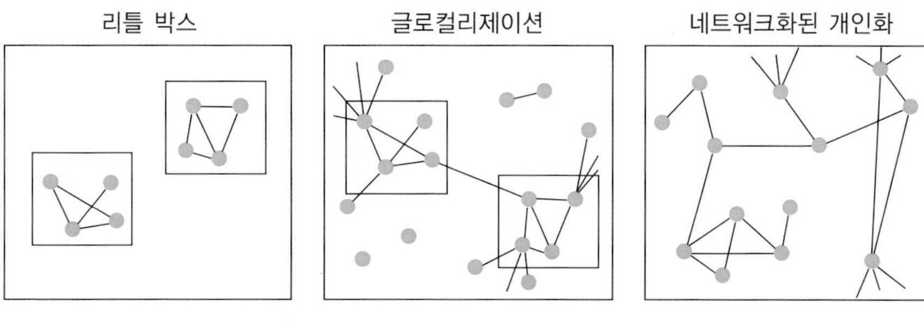

[그림 4-5] 소셜 네트워크의 3가지 모형

출처: Wellman (2001).

교통, 통신, 미디어 등의 기술이 발전하고, 수직보다는 수평, 집단보다는 개인 중심의 생활방식으로 패러다임이 변한 지금은 더 많은 노드들과 더 복잡하게 연결된 링크들로 구성된 초연결 소셜 네트워크 사회라고 할 수 있다.

2) 네트워크 분석과 소셜 네트워크 분석

개체 변인의 개별적인 속성이 아니라 그 사이의 관계 데이터를 가지고 네트워크의 형태와 구조를 분석하는 것이 네트워크 분석이다. 그리고 사회와 그 안의 사람에 집중해서, 관계적 인간관(relational concept of man)에 입각하여 인간 행위와 사회 구조를 설명하려는 시도인 **사회 연결망 이론**을 토대로 사회 관계성의 형태(morphology)나 사회적 연결 패턴(patterns of social linkage)을 분석함으로써 사회 구조를 연구하는 방법이 소셜 네트워크 분석 또는 사회 연결망 분석이다(김성희, 장로사, 2010). 소셜 네트워크 분석은 그래프(graph)가 노드와 링크로 구성되어 있다는 그래프 이론(graph theory)을 이용하여 그래프에 있는 사용자의 중요도를 측정하는 기술적 방법론으로서, 사회 구조와 행위자와의 관계를 종합적으로 검토할 수 있다는 측면에서 중요한데, 입소문의 중심이나 허브 역할을 하는 사용자를 찾거나 비슷한 성향으로 군집된 사용자군(group or community)을 발굴하는 데 주로 이용한다.

일반적으로, **소셜 네트워크 분석**은 ① 분석 문제 또는 기회의 제기, ② 노드 및 관계의 네트워크 데이터의 조사/수집, ③ 분석 도구에서의 데이터의 생성과 정화, 그리고 ④ 관심 지표의 분석과 시각화 그리고 해석이라는 과정을 거친다. 소셜 네트워크의 분석 단위는 점(=노드), 선(=링크), 전체(=네트워크)라고 할 수 있는데, 사회 구조 속에 있는(embedded) 개별적 속성(individual attribute)보다는 분석 단위 사이의 상호작용이 주요 연구 대상이다. 관계적 속성(relational property)은 다른 대상과의 비교 또는 관계를 통해서만 알려지는 속성으로, 관계성 형태의 특징을 도출하는 것을 넘어 관계성으로 체계의 특성이나 체계를 구성하는 요소의 행위를 설명하고 이론화한다. 따라서 소셜 네트워크 분석은 개인의 개별적 속성에서 관계적 속성으로 중심을 옮긴 이론이다. 그리고 전체적 연결망 체계의 형태를 규정하는 구성적 성격(configuration), 즉 전체 네트워크 또한 분석 단위인데, 이는 행위자에 의해 의도되지 않은 결과를 나타내는 성향이 강하다. 소셜 네트워크 분석은 이 세 차원의 속성들을 위계적으로 연결함으로써 분석되는데, 이러한 위계적 연결은 구조나 분석 초점에 따라서 자아 중심 연결망(ego-centric network), 양자 연결망(dyadic network), 전체 연결망(total network) 등 다양한 네트워크 형태로 분류되며, 관계 모형이나 관계의 강약, 밀도의 높고 낮음에 따른 다양한 사회적 역할 및 영향을 분석할 수 있다.

소셜 네트워크 분석의 주요 목적은 관계의 속성을 알아내고, 복잡한 현실(real world)을 단순화하는 **네트워크 모델링**(network modeling)을 통해서 네트워크의 구조와 형태의 특징을 도출하며, 패턴 및 규칙을 찾고 예측하는 것이다. 소셜 네트워크 분석 연구의 목적 측면에서 관계의 주요 유형을 살펴보면, 크게 관계의 구조적 상태와 유기적 사건으로 분류할 수 있다. 우선, 관계 상태는 위치(시간 및 공간적 장소 관계 등), 멤버십(클럽이나 행사 공유 관계 등), 속성(성별이나 태도 관계 등)으로 구성된 유사성과 친족(부모-자식이나 형제자매 관계 등) 및 다른 역할(친구, 직장동료, 직업, 학생 또는 경쟁자 관계 등)이라는 관계 역할 그리고 감성(호감이나 증오 관계 등)과 인식(관계 인식, 지식 또는 낙관적 가치 관계 등)의 차원인 관계 인지로 세분화할 수 있다. 또한 관계 사건은 상호작용(거래, 대화, 도움 또는 갈등 관계 등)과 흐름(정보, 신

표 4-2 소셜 네트워크 분석의 연구 유형

유형	관계 상태							관계 사건	
	유사성			관계 역할		관계 인지			
	위치	멤버십	속성	친족	다른 역할	감성	인식	상호작용	흐름
예	시 · 공 장소	클럽 행사	성별 태도	엄마 형제자매	친구 상사 학생 경쟁자	호감 증오	인식 지식 낙관	거래 대화 도움 싸움	정보 신념 돈

출처: Borgatti, Everett, & Johnson (2018).

념 또는 돈의 관계 등)으로 분류할 수 있다.

이런 목적을 달성하기 위해서 소셜 네트워크 분석은 생물학, 경영학, 교육학, 행정학, 사회학, 언론정보학 그리고 컴퓨터공학 등 다양한 학문 및 실무 분야에서 적용되어 왔다. 특히 2000년 이후에 그 빈도가 높아지고 관련 소프트웨어들도 활발하게 개발되고 있는 상황이며, 사회(친구, 대화 · 통화, 상호작용, 공저, 인용, 지식, 온라인 네트워크 등), 비즈니스(고객평가/추천, 조직, 공급/구매, 기업가, 기업평가, 기업제휴, MOU 등), 경제(무역, 투자, 통화 등), 생물(전염, 단백질 상호작용, 신진대사, 생태계, 유전 등), 기술(통신 트래픽, 전력선, 바이러스 확산, 인터넷 · 웹, 미디어 등) 그리고 기타(범죄수사, 키워드 동시출현, 정부정책 등) 분야에서 활발하게 활용되고 있다. 광고와 PR 분야에서도 소비자, 마케터, 미디어, 공중, 조직, 콘텐츠 등의 다양한 노드와 그 속에서의 다양한 관계를 연구하고 실무에서 적용하는 사례들이 급증하고 있다.

2. 소셜 네트워크 분석의 역사

수학의 그래프 이론에서 출발한 네트워크 이론은 사회 구조에 대한 연구들을 중심으로 소셜 네트워크 분석의 이론적 기초를 다지고 컴퓨터와 인터넷 그리고 소셜미디어 시대를 거치면서 활용 범위를 확장하고 분석 역량을 키워 왔다. 이를 노드엑셀코리아(2015)가 잘 정리한 역사 과정을 참고하여 3가지 시기로 분류해 살펴보고자 한다.

1) 소셜 네트워크 분석 1기: 이론적 틀의 구축기

수학의 그래프 이론은 점(노드)과 점을 잇는 선(링크)으로 이루어진 그래프를 수학적으로 연구하는 이론으로서 수학과 전산학 분야에서 널리 연구되었다. 소셜 네트워크 분석은 이 그래프 이론을 이용하여 그래프에 있는 사용자의 중요도를 측정하는 기술인 것이다. 그래프 이론의 시초는 스위스의 수학자 오일러(Leonhard Euler)가 제안한 '쾨니히스베르크(Königsberg) 다리 건너기 문제(1736년)'이다. '같은 다리를 중복으로 건너지 않고 섬을 잇는 일곱 개의 다리를 모두 건널 수 있는가?'라는 한붓 그리기 문제를 수학적으로 증명하고자 하는 시도였으나 오히려 불가함을 증명했다. 하지만 그 풀이 과정 속에서 그래프 이론의 발전에 수학적 기초와 네트워크 언어의 틀을 제공하였다.

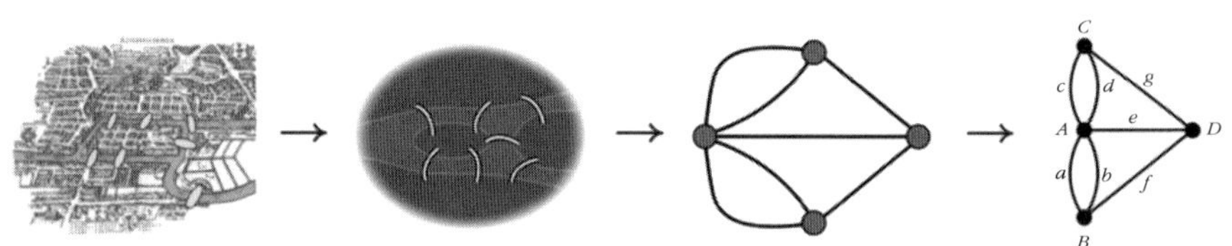

[그림 4-6] 쾨니히스베르크 다리 건너기의 모델링 과정
출처: Wikipedia(Bridges_of_Königsberg)의 내용을 추가편집함.

인간관계나 집단의 구조 및 동태(動態)를 경험적으로 기술 · 측정하는 이론과 방법을 **소시오메트리**(sociometry)라 하고 이를 공간적으로 도표화한 것이 소시오그램(sociogram)이다. 미국 심리학자 모레노(Moreno, 1934)는 학교 내(1~8학년) 각 학생들의 교우 관계를 소시오그램으로 표현하여 전체적인 집단의 구조적 특성을 시각

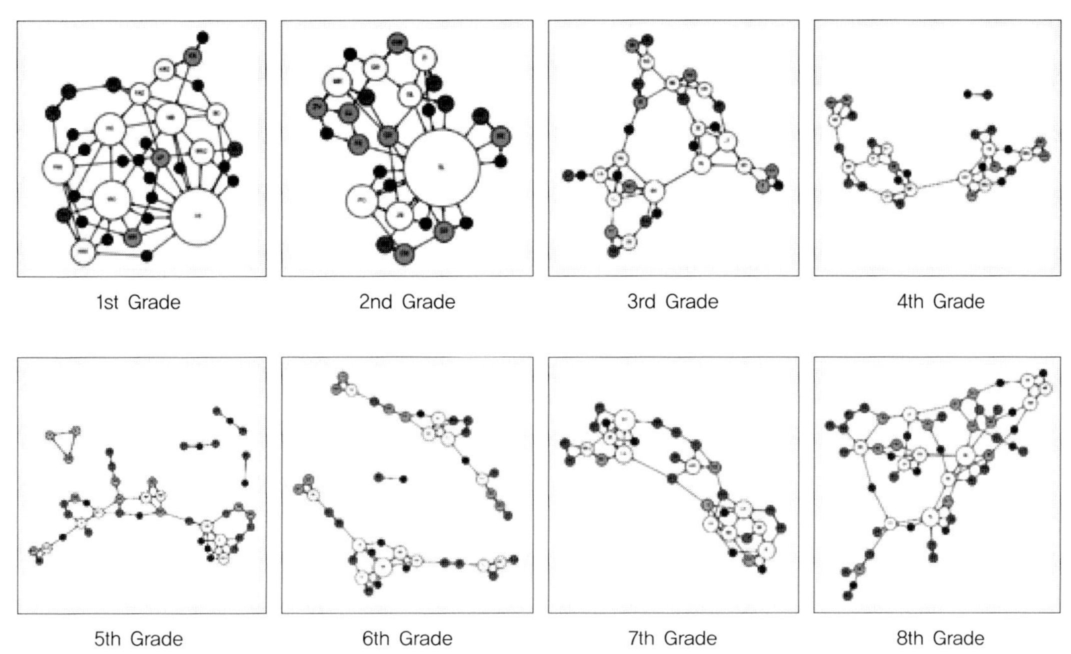

[그림 4-7] 모레노의 소시오그램

출처: Wikipedia(Sociogram).

화하였는데, 소셜 네트워크 분석과 시각화의 첫 번째 사례인 이 시도는 사람들 간의 상호관계를 과학적 분석의 대상으로 발전시켰으며, 향후 소셜 네트워크 분석 연구의 초석이 되었다.

바베라스와 리빗(Bavelas & Leavitt, 1951)은 5명으로 구성된 팀들에게 의사소통 구조를 서로 다르게 하여 문제를 해결하게 하고 그 성과들을 비교하였는데, 오류가 없이 빠르게 문제를 해결하는 데는 스타와 Y형이 뛰어나고, 메시지 교환량, 만족도, 성과 향상 등에서는 서클형이 상대적으로 뛰어나다는 결과가 나왔다. 이 실험은 이후에 네트워크 중심성(cetrality)에 대한 연구를 촉발하였다. 참고로 〈표 4-3〉에서 중심노드가 없는 서클형을 제외하고 각 모양별 중심노드는 A이며, 풀채널형과 3가지 중심성별 결과는 추가로 편집 제시한 것이다.

표 4-3 네트워크의 유형과 효과(● > ◎ > ○ > ◌ > ·)

유형	스타형 (star or wheel)	Y형 (Y)	체인형 (chain or line)	서클형 (circle)	풀채널형 (all channels or star)
모양	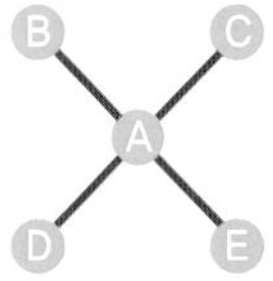	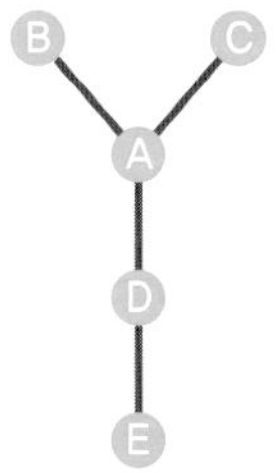		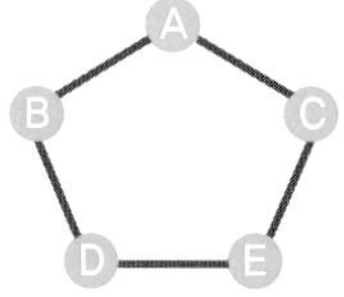	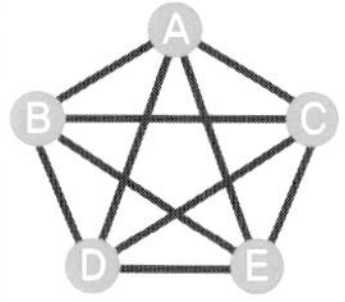
중심화	중심화 ⟷			비중심화	비중심화
중심노드	A	A	A	None	None
문제해결(시간)	◎	◎	○	○	◎
메시지 교환	◌	◌	○	◎	●
만족도	·	◌	○	◎	●
에러	◌	◌	◌	◎	○
자발적 리더	·	◌	○	◎	◎
성과 향상	○	○	○	◎	●
高연결(중심)성	A	A	A, B, D	동일	동일
高매개(중심)성	A	A	A	동일	동일
高근접(중심)성	A	A, D	A	동일	동일

소셜 네트워크 분석이 자리를 잡게 된 의미 있는 연구 중 하나는 밀그램(Milgram)이 1967년에 좁은 세상 실험(small-world experiment)의 결과에서 주장한 6단계 분리 이론(six degrees of separation)이라고 할 수 있다. 캔자스주와 네브래스카주의 296명을 임의 추출하여 매사추세츠주 보스턴의 한 증권브로커에게 직접 또는 전달가능예상자를 통해 간접적으로 편지 전달을 요청한 결과, 64개 편지가 최종 도착하였고 중간 단계의 수는 5.5단계에 불과한 것으로 나타났다. 이것이 바로 소셜 네트

워크 분석에서의 평균연결거리(average distance)로서 약 6단계만 거치면 미국 내 사람들(노드)이 서로 연결될 수 있다는, 즉 '세상은 좁다'는 6단계 분리 이론이 탄생하게 되었다. 하지만 개체 변인 중심의 연구가 주류였던 당시에는 큰 반향을 못 일으키다가 1994년 한 TV 쇼에서 할리우드 영화배우들과 두세 단계면 모두 연결되는 케빈 베이컨(Kevin Bacon)이 우주의 중심(six degrees of kevin bacon)이라고 주장한 대학생들에 의해서 큰 화제가 된다.

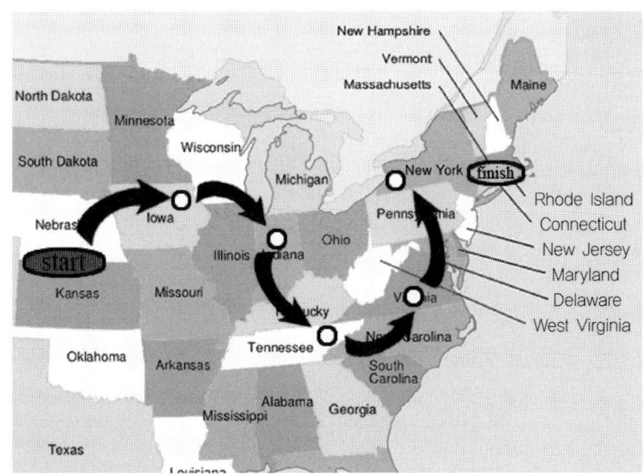

[그림 4-8] 밀그램의 좁은 세상 실험

출처: Wikipedia(Small-world_experiment).

그라노베터(Granovetter) 교수는 1973년 논문에서 노동자들이 자신의 사회적 네트워크를 활용하여 어떻게 구직활동을 하는지에 대해서 조사했는데, 대다수가 자신의 가까운 친구나 친척이 아니라 가볍게 알고 지내는 사람들을 통해서 얻는다는 비상식적인 결과가 나왔고 이에 약한 사회적 관계가 유용할 수 있다는 '**약한 연결의 강점**(the strength of weak ties)'을 제시했다. 이것은 약한 연결고리자를 이용하면 새로운 세상이나 그룹으로 갈 수 있다는 것을 시사한다. 1992년에 버트(Burt)가 이를 더 구체화하여 사회 네트워크 구조 내에서 상대적으로 중요한 위치와 역할을 하는 노드들을 설명하기 위해서 '구조적 공백 이론(structural holes)'을 제시한다. 사회 네트워크 구조 내에 존재하는 비어 있는 공간인 구조적 공백의 위치에 있는 노드는 다른 노드들과 중복적인 관계가 없기에 노드와 노드를 효율적으로 연결시켜 주는 역할을 한다.

그리고 1979년에는 프리맨(Freeman)이 네트워크상에서 중요한 역할을 하는 노드를 찾는, 즉 각 노드의 중심성을 측정하는 세 가지 '중심성 지표(연결정도/인접/사이 중심성)'의 개념을 소개하는 논문을 발표하는데, 이후 소셜 네트워크 분석에서 가장 널리 사용되는 지표가 된다.

2) 소셜 네트워크 분석 2기: 실무적 툴의 검증기

컴퓨터와 인터넷이 등장하여 활용되는 두 번째 시기에는 이론적 기초보다는 더 다양한 분야에서 고도화된 연구와 실무적 사례들이 급증한다. 인터넷에 의해서 노드와 링크가 기하급수적으로 증가하고 소셜 네트워크 분석 도구들의 발전으로 인하여 계산과 시각화 역량이 가히 혁신적으로 높아지게 된 것이다.

1998년에 왓츠와 스트로가츠(Watts & Strogatz)는 전력망, 선충의 신경망 그리고 영화배우 간 연결망의 연결경로 특성을 분석하여, 인접한 노드와 일정 규칙에 의해서 일정한 숫자로만 연결되어 있는 정규 네트워크(regular network), 무작위로 연결되어 있는 무작위 네트워크(random network) 그리고 그 중간 개념으로 노드들 간에 지름길이 존재하는 작은 세상 네트워크(small-world network)를 제시했다. 사람을 노드로, 그들의 관계를 링크로 표시하여 인간관계의 지형도를 그렸는데, 1,000명으로 구성된 네트워크에서 한 사람이 근처의 10명과 알고 지낸다고 가정했을 때 잘 짜인 구조(regular network)를 가짐과 평균 50단계를 거쳐야 다른 사람과 연결될 수 있음이 발견되었다. 하지만 불규칙적으로 엉뚱한 사람에 연결될 때 100개 중 하나의 노드만이라도 다른 노드로 연결되어도 평균 단계가 10% 감소한다는 사실을 확인했

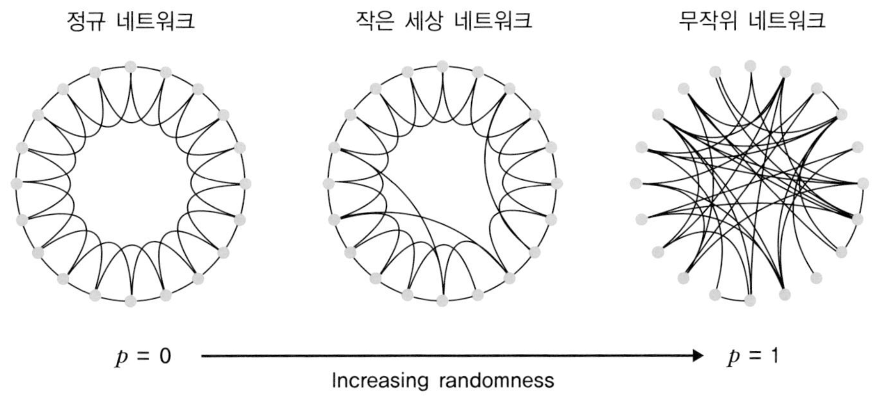

[그림 4-9] 왓츠와 스트로가츠의 작은 세상 네트워크
출처: Watts & Strogatz (1998).

다. 소수의 무작위 연결만으로 모든 사람들에게 쉽게 연결될 수 있는 이 네트워크를 '작은 세상 네트워크'라고 제안했다. 이는 6단계 분리 이론 또는 작은 세상 효과를 이론적으로 증명한 것이며, 이후 네트워크 관련 연구의 폭발적인 증가를 이끌고 무척도 네트워크(scale-free network)에 대한 증명의 계기가 되었다.

하이퍼링크(hyperlink)로 연결된 인터넷의 물리적 연결구조에 대한 바라바시, 알버트 그리고 정하웅(Barabási, Albert, & Jeong, 1999)의 연구에서 인터넷 연결 수 분포가 일반적인 정규분포(normal curve)가 아니라 평등하지 않은 힘의 법칙, 즉 멱함수법칙(power law)을 따른다는 것을 밝혔다. 그리고 미국의 고속도로처럼 링크의 연결 패턴이 평균값을 중심으로 종 모양의 정규분포를 보이는 '무작위 네트워크'와 구별하여 소수의 허브공항을 중심으로 멱함수의 분포를 보이는 미국 항공노선 같은 이러한 네트워크 구조를 '무척도 네트워크'라고 이름 지었다. '멱(冪)'은 문자나 수를 여러 차례 곱하는 누승(累乘)이라는 뜻이며 멱함수 분포는 부익부 빈익빈처럼 수많은 링크를 가지고 있는 소수의 노드(a few hubs with large number of links)와 소수의 링크만을 가지고 있는 수많은 노드(very many nodes with only a few links)로 양분된 분포를 의미한다. 이처럼 극소수의 노드들이 말도 안 되게 많은 연결을 독식하기 때문에 세상은 좁은 것이다. 참고로 왜 '무척도'라고 하느냐 하면, 척도를 논하기 어렵기에, 또는 말하는 것이 의미가 없기 때문이며, 결국 무척도 네트워크란 '척도를 말하기 힘든' '허브를 지닌' 멱함수의 네트워크인 것이다. 세상은 통계의 가정처럼 정규분포만이 아니며 또한 불공평 네트워크라는 것은 역설적으로 소셜 네트워크 분석의 중요성을 얘기한다고 할 수 있다. 최근 브로이도와 클로젯(Broido & Clauset, 2019)은 실제로 현실에서는 무척도 네트워크가 매우 드물다는 실증적 연구 결과를 제시하였다. 트위터처럼 대규모의 메가 허브(mega hubs)로 구성된 일부 특별한 네트워크 외에는 관계 범위 한계로 인하여 대부분의 네트워크들은 중간 수준 네트워크(in-between network)라고 볼 수 있는 것 같다. 하지만 홀메(Holme, 2019)는 무척도 네트워크는 드물지만 어디에나 존재한다고 주장하며 무척도 네트워크에 대한 학계의 논쟁이 진행 중이다.

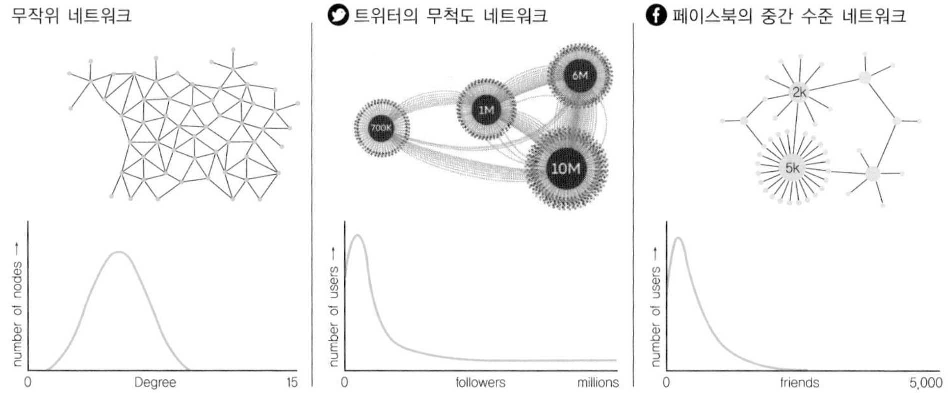

[그림 4-10] 무작위/무척도/중간 수준 네트워크

출처: quantamagazine에서 일부 편집함.

3) 소셜 네트워크 분석 3기: 초연결 사회로의 확장기

소셜미디어, 특히 2004년 페이스북을 필두로 한 다양한 SNS(Social Network Service)와 모바일 플랫폼들의 이용 급증과 사회 전체의 개방과 공유 현상 그리고 IoT/EoT 기술의 발전 등으로 빅데이터와 초연결 시대로 진입하게 되었다. 일명 4차 산업혁명의 시대에 접어들면서 이처럼 새로운 속성의 노드들의 증가와 복잡한 다중의 링크로 구성된 지금의 소셜 네트워크 분석은 더 많은 분야에서 더 다양한 목적으로 더 정확하게 적용되고 있다. 특히 마케팅과 커뮤니케이션 분야에서 생산–유통–소비 구조 분석, 소비 트렌드 분석, 고객 세분화와 타기팅, 맞춤형 메시지와 콘텐츠 제작, 최적의 커뮤니케이션 채널 믹스, 그리고 인플루언서 활용 등에서 소셜 네트워크 분석을 매우 활발하게 활용하고 있다.

3. 소셜 네트워크 분석의 주요 지표

소셜 네트워크 분석의 주요 지표(metrics)에는 연결망 결속 지표와 중심성(또는 중앙성) 지표가 대표적이며(김동성, 2014) 그 외에도 네트워크의 붕괴에 대한 파편화 정도와 위치 중심의 구조적 등위성 등의 지표들도 있다.

1) 결속 지표

결속을 나타내는 주요 지표에는 연결정도(degree), 밀도(density), 포괄성(inclusiveness), 그리고 보다 질적인 차원인 연결강도(strength)와 연결 지속기간(duration)이 있는데, 이를 노드, 네트워크, 그리고 속성 수준에서 세부적으로 살펴보면 다음과 같다.

노드 수준에서의 대표적인 지표로서 연결선의 수(number of connections)인 연결정도는 한 노드가 관계를 맺고 있는 다른 노드의 숫자로서 연결정도가 많은 사람은 친구가 많은 사람이나 혹은 마당발이라고 불리는 사람을 의미한다. 이들은 동원할 수 있는 자원이 많고 정보의 흐름에서도 핵심적인 역할을 한다(김용학, 2011). 해당 노드에 직접 연결되어 있는 노드들의 개수는 곧 링크의 개수를 의미하며, 네트워크에 n개의 노드가 있다면 각 노드의 최대 가능 연결정도는 n−1이고 고립된 노드의 연결정도는 0이다. 연결정도와 활동성 및 영향력은 비례 관계이고 연결정도의 종류에는 내향(in−degree) 연결정도와 외향(out−degree) 연결정도가 있다. 얼마나 자주 그리고 오래 접촉했는가의 연결강도와 지속기간은 연결의 질을 재는 중요한 변수이다. 연결강도는 관계의 정도로서 이진(binary) 네트워크의 경우는 0 또는 1이며 가중(valued) 네트워크의 경우는 해당 가중치 값을 의미한다. 이는 심층적인 소셜 네트워크 분석의 근거이고 연결의 질을 측정하는 중요한 변인이다. 연결거리(distance)는 정보, 구전 등이 얼마나 신속하게 전달되는지를 가늠하는 중요한 지표로서 짧을수록 연결성이 높다. 그 종류로는 가장 적은 수의 링크 단계를 거치는, 즉 가장 짧은 연결 경로인 최단 경로 거리(shortest path distance)와 밀그램의 실험(1967)에서 확인한 5.5단계라는 거리처럼 모든 노드 쌍의 연결거리를 산출하여 평균값을 계산한 평균연결거리(average distance)가 있다. 그리고 네트워크의 지름에 해당하는 직경(diameter)도 있는데, 이는 모든 연결거리 중에서 가장 긴 연결거리로서 네트워크 상에서 가장 멀리 떨어져 있는 두 개 노드의 연결거리를 의미하기에, 작을수록 신속한 정보 전달이 가능해지고 효율성이 높다. 하지만 대부분의 연결망 결속 지표들은 네트워크 속의 개인적인 영향력보다는 네트워크 전체의 영향력이 더 중심이 되는 개념이다.

네트워크 수준의 대표적인 결속 지표인 연결망 밀도는 연결망 내 전체 구성원이 서로 간에 얼마나 많은 관계를 맺고 있는지를 확인하는 지표로서 전체 네트워크의 밀집도를 연결된 링크의 관점에서 표현한 것이다. 가능한 총 관계(링크)의 수 중에서 실제로 맺어진 관계(링크) 수의 비율로서 일반적으로 집단의 크기와 반비례한다. 정확한 연결망의 밀도를 파악하기 위해서 동일한 포괄성 비율을 갖고 있다 할지라도 각 점들 간에 연결된 정도의 차이가 존재하기 때문에 연결정도와 포괄성을 모두 고려해야 한다(손동원, 2002). 모든 부서의 구성원들이 촘촘하게 상호 연결이 되어 있는 경우처럼 밀도가 높은 집단은 잦은 정보 교류와 확산, 안정감, 배신에 대한 집단적 압력 등의 장점과 정보/관계의 불필요한 낭비, 통제/관리의 어려움 등의 단점을 지닌다. 밀도와 상대적인 개념으로 집중도가 있는데, 그 고저를 중앙집중과 분권화 조직의 예로 들 수 있다. 한 연결망 내 서로 연결된 행위자들의 수인 포괄성은 한 그래프에 포함된 노드의 총수에서 '연결되어 있지 않은 노드들(isolates)'의 수를 뺀 수의 비율이다. 밀도가 거미줄(링크)이 얼마나 많이 연결되어 있느냐 하는 관계(링크) 중심이라면 포괄성은 노드들이 포괄적으로 참여하고 있느냐 하는 노드 중심의 계산이다. 그리고 가장 기본적인 네트워크 수준의 지표로 네트워크를 구성하는 전체 노드들의 수인 네트워크 크기(network size)가 있다.

그리고 속성 수준의 결속 지표에는 전체 네트워크상에서 두 노드 간의 연결이 쌍방향인 상호 연결이 차지하고 있는 비율인 상호성(reciprocity)과 해당 노드의 이웃 노드들이 상호 간에 서로 얼마나 밀접하게 관계를 맺고 있는지를 확인하는 군집화 계수(clustering coefficient)가 있다.

2) 중심성

소셜 네트워크 분석의 핵심 지표는 소셜 네트워크 속의 개인적 영향력이자 변별력을 의미하는 **중심성**이다. 참고로 제3장은 의미연결망 분석 관점에서의 중심성에 대한 기술이고 이 장에서는 중심성 개념의 기본을 제시한 소셜 네트워크 분석 차원의 내용이다. 소셜 네트워크에서 중심 또는 중앙(center) 개념은 통계자료에서의 그것과 유사하다. 중심노드는 네트워크에서 핵심적 위치에 있으므로 특별한 중요성을 지닌다(허명회, 2012). 즉, 소셜 네트워크 분석의 핵심 지표인 중심성은 관계망에서 한 노드가 갖는 영향력을 의미한다. 한 행위자가 전체 연결망에서 중심에 위치하는 정도를 표현하는 지표로서 효율적인 정보 및 의사 전달 등과 같이 네트워크의 문제를

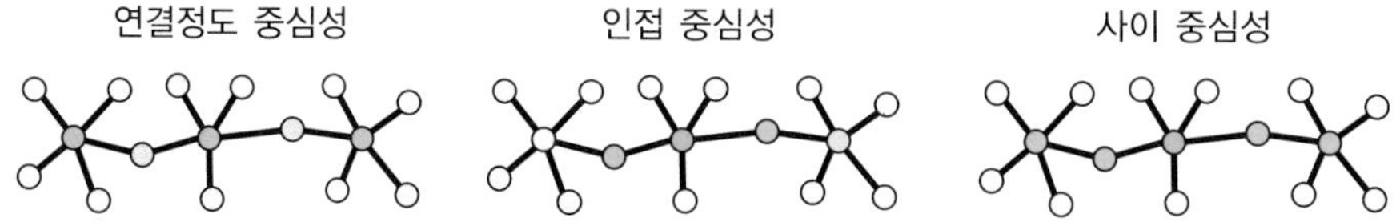

[그림 4-11] 3대 중심성의 기본 개념 시각화

해결할 수 있는 근거이기도 하다. 이것이 특히 커뮤니케이션 영역에서 소셜 네트워크 분석, 그중 중심성을 분석하는 이유이다. 중심성은 연결정도 중심성, 인접 중심성, 사이 중심성, 위세 중심성 그리고 페이지 랭크라는 지표들이 있다(김동성, 2014).

그중에서 가장 기본인 연결정도 중심성(degree centrality)은 네트워크를 구성하는 하나의 노드가 다른 노드들과 가지는 직접적인 연결 관계의 정도(Borgatti, 1995)를 의미한다. 즉, 연결된 노드 및 점의 수이자 1단계 직접 연결 관계라고 할 수 있다. 이는 관계의 방향에 따라서 내향 중심성(indegree centrality)과 외향 중심성(outdegree centrality)으로 나눌 수 있다. 프리먼(1979)은 이를 커뮤니케이션에서의 활동성으로 보고 정보의 주요 채널이자 흐름으로 보았다. 인접 중심성(closeness centrality)은 노드가 네트워크 안에서 지리적으로 중심부에 위치하는지를 의미한다. 이 값이 높은 노드는 네트워크에서 발생되는 상황을 잘 관찰할 수 있다(Sabidussi, 1966). 이는 직접 그리고 간접으로 연결된 모든 점들 간의 거리로서, 다른 모든 점들로부터 가장 짧은 거리에 놓여 있는 점이자 전체 연결망에서 중심적인 위치를 의미한다. 이는 정보, 권력, 영향력, 사회적 지위에 대한 확보와 접근이 쉽다는 것으로 해석될 수 있다. 정보 취득 및 전달 능력이 우수하고 광고와 PR의 효과와 효율성 측면에서의 주요 지표라고 할 수 있다. 프리먼(1979)은 커뮤니케이션에서 이를 비용과 시간에 있어서의 효율성의 개념으로 제시하였다. 사이 중심성(between centrality) 또는 매개 중심성은 다른 노드들을 연결시키는 매개성을 의미한다. 높은 사이 중심성 값을 갖는 노드는 네트워크의 흐름에 중요한 영향을 미치는 중개자 역할을 한다(Brandes, 2001). 노드들 사이의 정보 흐름과 교환에 있어서 중요한 중재 역할을 하며, 의사소

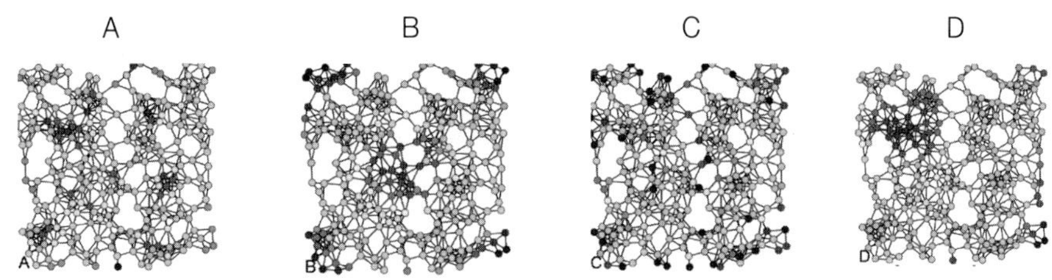

[그림 4-12] 중심성 지표별 수준 시각화(DC, BC, CC, EC순)
출처: Wikipedia(Degree_centrality).

통 제어 통제력을 지닌다. 결국 사이 중심성은 매체로서의 가치라고 할 수 있다. 프리먼(1979)은 이것을 커뮤니케이션에서의 통제 개념으로 보았다.

연결정도 중심성이 연결 수를 중시하고, 사이 중심성이 남들 사이에서 브로커의 역할을 중시한다면, 위세 중심성(eigen centrality) 또는 위세 지수(prestige index)는 연결된 상대방의 중요성에 가중치를 나타낸다(Newman, 2006). 이는 중요한 노드에 연결된 노드가 중요하다는 관점에서 창안되었다(허명회, 2012). 그리고 페이지 랭크(page rank)는 각 결점이 자신의 나가는 링크(out-link)들에 골고루 자신의 중요성을 분배한다고 가정하고 반복적으로 각 결점의 중요성을 계산한 값이다(Brin & Page, 1998).

동일한 네트워크라도 앞의 그림처럼 그래프 A는 1단계로 누가 많이 연결되었는가를 보여 주고, 그래프 B는 리더와 팔로워의 모습을, C는 꼭 거쳐야 할 길목인 매체의 효율성을, 마지막 그래프 D는 동반 가치 상승을 위해 필요한 매력적인 노드들을 각각 시각화해서 보여 주고 있다. 결국 연결정도 중심성은 기본 중심성 개념이자 1단계 직접 연결성을, 사이 중심성과 인접 중심성은 다단계 링크의 관계 효율성을, 그리고 위세 중심성은 관계의 강도와 상대방의 중요성을 의미한다. 추가적으로 중심성 지표들의 원리 및 공식을 정리하면 〈표 4-4〉와 같다.

표 4-4 중심성 측정 공식

중심성	절대적 중심성	상대적 중심성
연결정도 중심성	$C_D = C_{ID} + C_{OD} = d_i$	$C_D = \frac{d_i}{n-1}$
인접 중심성	$C_C = \frac{1}{\sum_{i=1}^{n} d_{ij}}$	$C_C = \frac{1}{\sum_{i=1}^{n} d_{ij}}(n-1) = \frac{n-1}{i\text{의 전체거리}}$
사이 중심성	$C_B = \sum_{j,k} \frac{g_{jk}^{(i)}}{g_{jk}}$ $(j \neq k \neq i, j, k, i \in N)$	$C_B = \text{절대적 사이 중앙성} \times \text{정규화지수}$ $= \frac{Abolute\ C_B}{(n-1)(n-2)/2}$

출처: 김동성(2014); 김동성, 이현우(2014).

우선, 절대적 연결정도 중심성은 한 노드에 연결된 연결정도의 값으로서 내향 연결정도 중심성(indegree centrality: C_{ID})과 외향 연결정도 중심성(outdegree centrality: C_{OD})의 합을 의미한다. 그리고 상대적 연결정도 중심성은 절대적 연결정도 중심성을 정규화한 것으로서 절대적 연결정도 중심성(d_i)을 '전체 노드 수(n)−1'로 나눈 값이다.

인접 중심성은 연결거리를 이용하여 계산하는데, 노드 i의 절대적 인접 중심성은 네트워크 내에서의 모든 노드(j)들에 대한 경로거리의 값(d_{ij})을 합친 전체거리(farness)의 역수, 즉 '1/전체거리'이다. 따라서 전체거리가 짧을수록 인접 중심성 값은 크게 나타나는 것이다. 전체 네트워크 내에 존재하는 노드 수를 고려하여 정규화한 상대적 인접 중심성은 절대적 인접 중심성 값에 '전체 노드 수(n)−1'을 곱하여 계산한다.

만약 I, J, K라는 3개의 노드가 있다면 노드 I의 사이 또는 매개 중심성은 노드 I를 제외한 두 노드 J, K 사이에 존재하는 최단거리경로(geodesics)의 총수 중에서 노드 I를 통과하는 최단거리경로의 수의 비율을 의미한다. 그러므로 노드 J와 K 사이에 최단거리경로가 여러 개 존재한다면 노드 I는 복수의 최단거리경로 중 하나이므로,

노드 I가 가지는 사이 중심성은 낮아지게 되는 것이다. g_{jk}는 노드 j와 노드 k 사이에 존재하는 최단거리경로의 수이며, $g_{jk}^{(i)}$는 두 노드 j와 k 사이에 존재하는 최단거리 경로 중에서 노드 i를 경유하는 수로서, 노드 i의 사이 중심성은 $g_{jk}^{(i)}/g_{jk}$의 값을 계산하여 모두 합한 값이다. 여기서 N은 n개의 노드 집합을 의미한다. 그리고 상대적 사이 중심성은 절대적 사이 중심성에 정규화 지수를 곱한 것으로서, 이는 절대적 사이 중심성을 모든 노드들이 연결되어 있을 경우에 노드 i를 제외한 가능한 최단연결 거리를 가지고 있는 노드 쌍의 수인 '$(n-1)(n-2)/2$'로 나눈 값이다.

중심성에는 페이지 랭크라는 지표도 있는데, 이는 각 결점이 자신의 나가는 링크(out-link)들에 골고루 자신의 중요성을 분배한다고 가정하고 반복적으로 각 노드의 중요성을 계산한 값이다(Brin & Page, 1998). 참고로 중심화(centralization)라는 개념은 전체 연결망의 형태가 어느 정도 중앙에 집중되어 있는가라는 집중도를 의미하는데, 중심성이 한 점에 초점을 맞추어 그 점이 중심에 위치하는지에 대한 정보를 표현하는 것이라면, 중심화는 한 네트워크 전체가 중심에 집중되는 정도를 표현하는 것이다.

4. 소셜 네트워크 분석 도구

소셜 네트워크 데이터를 수집하여 관련 지표를 계산하고 분석 및 시각화하는 소셜 네트워크 분석 도구가 많이 개발되었지만, 최근 시점에서 신뢰성과 유용성을 만족하는 몇 가지 도구를 제시하면 다음과 같다.

유시아이넷(UCINET, https://sites.google.com/site/ucinetsoftware)은 가장 대중적인 분석 도구이며 다양한 통계적 분석 기능을 제공하는 대표적인 유료 프로그램이다. 파이엑(Pajek, http://vlado.fmf.uni-lj.si/pub/networks/pajek)은 텍스트 기반이라 초기 UCINET의 데이터량 한계를 극복할 수 있는 대안으로 등장한 무료 도구로서 대규모 네트워크의 분석 및 시각화에 유용하다. 하지만 인터페이스가 불편하고 무

표 4-5 주요 소셜 네트워크 분석 도구

분석 도구	특징	대표자/개발자	출시	가격
UCINET	• 가장 대중적 분석 도구 • 다양한 통계적 분석 제공	Borgatti, Everett, and Freeman	2002	유료
Pajek	• 대중적인 무료 프로그램 • 대규모 네트워크 분석에 유용	Batagelj and Mrvar	2003	무료
NetMiner	• 국내 개발 제품으로 한국어 지원 우수 • 통계, 데이터 마이닝 등 융복합 분석 지원	김기훈	2003	유료
NODEXL	• Excel 템플릿을 이용한 편리성 • 데이터와 그래프를 한 화면에서 제시	Smith와 개발팀	2008	무료 유료

료 버전으로서 기능의 업그레이드 문제 등의 단점이 있다. 국내 벤처기업에서 개발한 넷마이너(NetMiner, http://www.netminer.com)는 한국어 지원이 우수하며 다양하고 통합적인 분석이 가능하다. 국제적 인지도 부족 문제를 해결하고 있는 중이며 고가 프로그램이라는 단점이 있다. 엑셀(Excel)의 템플릿을 이용하여 네트워크 그래프까지 쉽게 작성하고 분석해 주는 노드엑셀(NodeXL, https://www.smrfoundation.org/nodexl)은 데이터와 그래프를 한 화면에서 볼 수 있는 장점이 있으며 초기에는 무료였으나 2015년부터 유료인 Pro 버전이 나왔다. 이 밖에도 화려한 그래픽과 많은 옵션 기능을 포함하고 있는 게피(Gephi), 여러 종류의 동시링크 분석에 특화된 렉시유알엘(LexiURL), 라이브러리 개념인 R, 웹 환경의 빅데이터 일괄처리 솔루션인 텍스톰(Textom) 등이 있다. 최근의 프로그램들은 데이터 수집과 화려한 시각화 기능을 강화하고 있는 추세이다. ■

제5장

소셜미디어 분석

정원준(수원대학교 미디어커뮤니케이션학과 교수)

1. 소셜미디어가 주도하는 미디어 환경 변화
2. 소셜미디어의 분석과 연구 가치
3. 소셜미디어 분석방법
4. 국립중앙박물관의 분석 사례
5. 마치며

◈◇◈

이 장에서는 새로운 미디어 환경 그리고 이에 따른 커뮤니케이션 방식 변화의 주요 요인인 소셜미디어 분석(Social Media Analysis: SMA)을 빅데이터 분석 기법을 활용하여 다루고자 하였다. 세부적으로, 국립중앙박물관의 페이스북 팬 페이지를 하나의 사례로, 이 책의 2장 '텍스트 분석(토픽모델링)', 3장 '의미연결망 분석' 그리고 4장의 '소셜 네트워크 분석'에서 중첩되는 내용을 제외하고, 국립중앙박물관에서 활용할 수 있는 빅데이터 기반의 소셜미디어 분석은 무엇이 있을지 그리고 이러한 분석이 국립중앙박물관 소통 및 운영에 어떠한 역할을 할 수 있을 것인지 살펴보고자 하였다. 이를 위하여 국립중앙박물관-온라인 공중 간 소통 방식(소통 콘텐츠의 생성, 확산 및 공유)과 SNS상의 오피니언 리더와 정보 공유 및 확산의 역할을 하는 인플루언서를 규명하고자 하였다.

1. 소셜미디어가 주도하는 미디어 환경 변화

최근 많은 학자가 새로운 미디어 환경 그리고 이에 따른 커뮤니케이션 방식 변화의 주요 요인이 모바일 디바이스(예: 스마트폰, 태블릿PC 등) 대중화와 이를 바탕으로 하는 소셜미디어 확장성이 있다고 주장한다. 이는 기존 웹 1.0 방식의 정주형 플랫폼인 포털사이트나 온라인 공지 게시판과 달리, 소셜미디어가 개인화된 사용자에게 최적화된 웹 2.0 기반의 유목형 커뮤니케이션 방식이기 때문이다(임혁백, 송경재, 장우영, 2017).

다양한 소셜미디어 채널 중 소셜 네트워크 서비스(Social Network Services: SNS)에 주목할 필요가 있다. SNS는 온라인상에서 공통의 관심사를 가진 사람들 간의 관계 맺기를 지원하고, 축적된 지인 관계를 통해 인맥 관리, 정보 공유 등 다양한 커뮤니티 활동을 할 수 있도록 하는 인터넷 서비스를 말한다(정유진, 배국진, 2007). 이러한 SNS는 우리가 오프라인에서 관계를 형성하는 것처럼 온라인에서도 네트워크를 구축하여 개인의 일상이나 관심사를 공유하고 소통하며, 이러한 서비스를 통해 인터넷 이용자들은 사회적 관계망을 생성, 유지, 강화, 확장시켜 나간다(김한주, 2013).

시대 흐름에 따른 SNS는 3가지 형태로 구분 지을 수 있는데, 1세대 SNS는 싸이월드(cyworld)의 미니홈피나 블로그와 같은 형태였다. 2세대는 스마트폰의 등장으로 트위터(twitter)나 페이스북(facebook)처럼 타임라인 형식 또는 짧은 글 형태의 메시지를 실시간으로 주고받는 서비스가 주를 이루었고, 이후 포괄적인 커뮤니케이션 중심의 소셜미디어에서 점차 관심사나 취미 등 특정한 주제를 공유하는 사용자 맞춤형 서비스인 인스타그램(instagram)과 동영상 오픈소스인 유튜브(youtube)와 같은 3세대까지 발전하였다.

SNS의 핵심적인 기능으로는 ① 신상정보, 취미, 관심사와 같은 자신의 정체성을 표현하는 기능, ② 시스템 안에서 사용자 스스로 사진과 동영상 등의 콘텐츠를 생산하는 기능, ③ 프로필, 친구 맺기, 팔로잉, 받아보기 등을 통해 관계를 맺고 지인이나 타인을 목록화하여 시스템에 축적할 수 있는 기능, ④ 관계를 맺은 대상과 자신이 만든 콘텐츠를 공유함은 물론 이메일, 쪽지, 채팅, 메신저 등 사용자 간의 의사소통을 가능하게 하는 커뮤니케이션 기능을 포함한다(Boyd & Ellison, 2007).

이러한 SNS의 기능적 발전은 인터넷이 가지고 있는 상호작용성(interactivity)을 강화하여 정보 검색과 커뮤니케이션을 넘어선 새로운 네트워크 구축 그리고 광고와 PR 영역을 포함한 다양한 커뮤니케이션 분야의 활용 단계로 발전하고 있다. 이는 SNS 발전이 단순 정보 검색의 수단이 아니라 의사 표현, 정보 공유, 상호 교류가 가능한 사회적 커뮤니케이션 공간으로 되었으며, 그 영역이 더욱 확장될 것이라 예상하고 있다.

2. 소셜미디어의 분석과 연구 가치

SNS를 필두로 하는 새로운 미디어 환경은 조직들이 다양한 채널을 활용하여 소통 대상자들과의 효과적인 커뮤니케이션을 가능하게 만들었다. 조직들은 다양한 유형의 블로그와 카페, 온라인 커뮤니티, 브랜드 웹사이트 등과 같은 소셜미디어를 통해 소통 대상자들에게 공지성 정보와 맞춤형 정보를 전달하고, 이벤트 등의 프로모션에 대한 참여를 이끌어 내는 활동 등 단기적인 관점에서 효과를 이끌어 낼 수 있는 활동과 더불어 장기적인 관점에서 소통 대상자와의 관계를 구축하고 강화 및 유지를 위한 활동을 전개하고 있다(황장선, 임지은, 2013). 이처럼 SNS가 사회적으로 확산되고 영향력이 증대됨에 따라 조직의 커뮤니케이션 마케팅 전략 수립에 있어서 SNS의 중요성이 커지고 있다.

광고 영역에 국한해 보자면, SNS는 새로운 광고 미디어로 급격하게 성장하고 있는데 그중에서도 많은 이용자 수를 확보하고 있는 페이스북이 광고 시장에서 주목을 받고 있다. 페이스북은 기업의 홈페이지로서의 기능과 함께 블로그 및 브랜드 커뮤니티로서의 성격을 동시에 가지고 있으며 기업의 비즈니스 활동을 지원하는 팬 페이지 기능을 제공하고 있다. 예를 들어, 페이스북 팬 페이지는 홈페이지 기능으로서 기업의 최근 활동 정보를 제공하고 블로그 기능처럼 신제품에 대한 전문적이고 깊이 있는 제품 정보를 제공하며 나아가 브랜드 커뮤니티 기능처럼 회원들 간에 정보의 공유와 상호작용을 통해 동일한 커뮤니티에 대한 소속감을 강화시켜 준다(Taylor, Lewin & Strutton, 2011). 따라서 기업들은 페이스북의 팬 페이지를 통하여 다양한 형태의 메시지를 소비자에게 실시간으로 전달할 수 있으며, '좋아요'를 비롯한 '공유하기' '댓글 달기'의 기능을 활용하여 소비자들과의 관계 형성 및 유지, 강화를 통한 지속적이고 장기적인 커뮤니케이션을 실행할 수 있다(이은선, 김미경, 2012).

이와 같이 페이스북의 팬 페이지는 온라인 기반의 인적 네트워크를 활용한 효과를 기대할 수 있다. 예를 들어, 페이스북 사용자는 자신의 프로파일을 구축하고, 온라인을 기반으로 다른 사용자와 네트워크를 형성하여 이를 유지할 수 있으며, 사용자가 다른 사람들 간의 연결을 볼 수 있어 서로 관계를 공유할 수 있는 등 기업 혹은 브랜드와 고객 간의 관계, 고객과 고객 간의 관계가 형성되고 유지 및 확산이 가능하게 한다(안대천, 김상훈, 2012; Taylor, Lewin & Strutton, 2011).

페이스북을 통한 광고의 강점으로는, 첫째, 광고 메시지의 도달 범위가 넓다는 점이다. 이용자가 광고 메시지에 대해 '좋아요'나 '공유하기'를 클릭하는 경우 그 이용자의 친구들에게 자연스럽게 노출되고 이러한 단계를 반복적으로 거치게 되면 그 광고 메시지의 도달 범위는 다른 미디어보다 우세하다. 둘째, 기존 광고매체보다 비용적인 측면에서 저렴하다는 강점이 있다. 셋째, 소비자와의 즉각적인 소통의 역할도 겸할 수 있다. 시간과 공간의 제약을 뛰어넘어 소비자와의 빠른 소통을 통해 긍정적인 태도 형성에 기여할 수 있다. 넷째, 기업은 이용자들의 페이스북상의 프로필을 바탕으로 세분화된 타기팅이 가능하다. 이를 통해 맞춤형 광고를 제작 및 전달할 수 있어서 광고의 효율성을 기대할 수 있다. 다섯째, 기업과 소비자 사이의 감정적 애착을 유발할 수 있는 도구로 활용될 수 있다. 단순히 정보만을 전달하는 것이 아니라 소비자와의 감정적 소통을 통한 유대관계 형성에 기여하게 된다(김한주, 2013).

페이스북뿐만 아니라 다른 종류의 SNS를 광고 영역에서도 활용하고자 하는 데에는 이용자들이 자발적으로 제품을 홍보하고 확산토록 하는 바이럴 마케팅이 가능하기 때문이다. 바이럴은 바이러스(virus)와 구두(oral)의 합성어로 웹을 중심으로 널리 퍼져 확산되는 입소문의 의미를 갖는다. 박신의(2012)의 연구에서는 바이럴 마케팅을 기존의 입소문 마케팅과 달리 온라인상에서 빠른 속도의 확산이 가능하다는 점에서 소비자가 느끼는 신뢰도 및 충성도는 그 몇 배의 효력을 발휘한다고 보았다. 또한 바이럴 마케팅의 과정에는 인간 상호 간의 관계에 따른 효과가 발생한다는 점에서 상호 간의 관계 유형이나 친밀감의 정도, 그리고 공감대 형성에 영향을 미치는 다양한 형태의 소스, 즉 정보의 중요성이나 유용성, 흥미로움 등의 역학관계를 살필 수 있다고 하였다.

한편, SNS 환경에서는 기존의 기업과 고객 사이의 관계뿐만 아니라, 고객들 간의 관계 구축의 중요성 또한 제기되고 있다. 이용자들 간의 상호 소통을 통한 지식과 정보의 공유가 가능해짐으로써(정새봄, 조광민, 정유미, 2011) 온라인 커뮤니티의 구조는 사람과의 관계 중심으로 변화되기 시작하였다(Boyd & Ellison, 2007). 상호작용성은 디지털 컨버전스 현상에 의해 나타난 뉴미디어가 갖고 있는 가장 중요한 특성으로, 특히 기존의 일반매체와 구별되는 가장 큰 특징이다. 기존의 기업 웹사이트가 사용자와 메시지 간의 또는 기업과 사용자 간의 상호작용을 그나마 약한 수준에서 만들어 내는 환경이었던 것에 비해, 온라인 커뮤니티는 사용자와 사용자 간의 상호작용까지 포함한 다양한 형태의 상호작용들이 보다 활발하게 일어날 수 있는 환경을 제공한다. 실례로, SNS상의 사용자 간 상호작용 현상에서 온라인 오피니언 리더(opinion leader)와 정보 공유 및 확산의 역할을 하는 영향력자/인플루언서(influencer)가 존재하며 그들의 의견과 그러한 의견이 공유 및 확산되는 영향력에 대한 학문적 그리고 실무적 관심이 높아지고 있다.

일반적으로 인플루언서는 **여론 선도자**나 **트렌드 형성자**(trend setter)로서 중요한 역할을 하고 '새로운 정보기술의 채택 속도에도 직접적인 영향을 미치는 특별한 개인들'로 정의될 수 있으며, 정보의 확산과 관련한 영향력 개념은 커뮤니케이션 연구영역의 오피니언 리더 개념에서 비롯된다고 볼 수 있다. 오피니언 리더에 관한 최초의 체계적 연구는 커뮤니케이션의 2단계 유통이론(two-step flow theory)에 관한 것인데, 이는 정보나 영향력이 매스미디어에서 수용자로 바로 전달되지 않고 개인 간의 접촉에 의해 적극적으로 의견을 피력하는 오피니언 리더의 의견으로서 수용자들에게 영향을 미친다는 것이다. 또한 사람들의 태도 변화와 관련한 후속연구에는 매스미디어보다 수용자들과 접촉한 오피니언 리더가 태도 변화에 더 큰 영향을 미친다는 것이 증명된 다수의 선행연구가 존재하였다.

최근 온라인 미디어 환경에서 인플루언서의 활동력과 영향력에 대한 관심이 날로 높아지고 있다. 이는 전통적 매스미디어 환경의 오피니언 리더와는 다른 커뮤니케이션 활동(예: 온라인 구전, 즉 온라인 리뷰와 그 영향력 등)을 보이기 때문이다. 채터지(Chatterjee, 2001)는 소비자들의 온라인 리뷰(review)에 대한 연구에서 온라인 구전의 특징으로 그 정보의 범위를 언급하였다. 온라인에서 이용 가능한 구전정보의 양은 기존의 전통적 구전에서보다 훨씬 많고 동시에 여러 개의 다양한 정보원으로부터 긍정적 정보와 부정적 정보를 동시에 접하게 된다는 것이다. 또한 소비자들이 온라인 커뮤니티에서 다른 소비자의 평가를 이용하는 데 따른 이점으로 범위의 경계가 존재하지 않으며, 인터넷의 구전정보가 접근성, 범위, 정보의 원천에 있어 매우 다양하다는 특징을 지니고 있다고 지적하였다. 특히 엘리엇(Elliott, 2002)은 온라인 환경에서의 구전활성화의 주요 기반으로 커뮤니티의 중요성을 강조하였다. 그에 의하면, 소비자들은 온라인상에서 구전정보를 얻기 위하여 커뮤니티를 활용하게 되며 커뮤니티의 상호작용이 활발하게 일어날수록 구전의 효과는 커지게 된다는 것이고 그 중심에는 인플루언서가 있다 하였다. 이에 SNS 내 영향력이 큰 오피니언 리더를 식별하고 그들의 영향력을 파악하며, 이를 지속적으로 분석하여 그들과의 커뮤니케이션에 집중할 필요가 있다.

종합적으로, SNS에 대한 분석과 연구의 가치가 높은 이유는 SNS 내 영향력을 가진 이가 타인에게 영향력을 행사할 수 있다는 점과 두 번째로 그 영향력의 규모가 생각보다 크고 영향력의 파급 속도가 빠르다는 점이라고 할 수 있다(이의훈, 2010). 이러한 점들은 SNS를 확산하고 기업들이 소셜미디어를 활용해 마케팅 활동을 펼치는 큰 변화를 가져왔으며 SNS 유형에 대한 이해와 파악이 선행하면서 SNS의 적절한 활용이 있어야 할 것이다. SNS에서 나타나는 사용자 간의 관계 및 상호작용에 대한 중요성이 대두되고 있으며, 그에 따른 학문적 연구가 필요하며 방법론적 접근 또한 기존의 방식과 달라야 한다.

조직들과 소통 대상자들은 SNS를 통하여 정보 획득 활동과 커뮤니케이션 활동을 실시간으로 거대한 네트워크에 남기고 있는데, 이러한 온라인상의 데이터는 정보 수집의 새로운 원천으로서 정량적, 정성적 연구가 동시에 가능하고, 실시간으로 축적되는 대량의 데이터를 활용해 커뮤니케이션 전략과 평가에 새로운 시각을 제공할 수 있으며, 새로운 커뮤니케이션 방식을 더욱 폭넓게 이해할 수 있는 기반이 될 수 있다. 이는 광고 관점에서 소비자의 니즈 분석은 바로 SNS 자료에서부터 시작된다는 측면에서 접근할 필요가 있다.

실질적으로, 소비자들은 소셜미디어를 통해 인증샷, 좋아요, 댓글, 공유 등의 적극적인 참여를 통해 스스로 트렌드를 만들고 창출하는 능동적인 소비를 추구하고 있다. 때문에 다양한 소셜미디어 채널에서 발생하는 텍스트 데이터를 분석 활용한다는 것은 객관적인 정량 데이터를 통해서는 이해하기 어려웠던 소비자 연구에 대한 분석과 다양한 의견에 대한 시사점을 도출할 수 있으며, 나아가 이러한 커뮤니케이션 활동을 주도하는 인플루언서를 찾고 그들의 네트워크 분석을 통하여 SNS 내 실시간 커뮤니케이션 과정과 영향력에 대해 보다 종합적인 인식을 파악하는 실증연구가 필요하다.

3. 소셜미디어 분석방법

과거의 데이터는 단순히 저장되는 그 자체가 중요한 의미를 가졌지만 오늘날은 각종 모바일을 비롯한 스마트기기의 발전과 SNS 그리고 사물인터넷 등에서 발생되는 수많은 비정형의 정보들을 수집, 분석하고 새로운 정보의 패턴을 찾아 이를 해석하여 새롭게 문제를 해결하거나 새로운 방안을 제시하는 빅데이터 분석이 활발히 진행되고 있다.

현대사회에서의 빅데이터에 대한 지속적인 관심과 실험적인 시도들은 다변화된 현대사회를 보다 정확하게 예측하고 효율적으로 작동하도록 정보를 제공하며, 개인화된 현대사회 구성원들에게 있어서 맞춤형 정보를 제공, 관리, 분석 가능하게 하고 있다. 즉, 오늘날 우리가 빅데이터에 열광하는 이유는 과거에는 너무 커서 분석을 할 수 없었던 데이터의 분석이 이제는 가능해졌고 이것을 통해 새로운 가치를 찾아내고 있기 때문이다.

빅데이터 분석의 특성을 보자면, 첫째, 이미 기존의 분석방식으로 분석 가능한 데이터의 크기를 넘어서고 있다. 기존에는 수십, 수백 GB의 데이터가 분석 대상이었다면 빅데이터의 경우 수십, 수백 TB(테라바이트) 혹은 그 이상의 거대한 데이터의 분석이 가능해졌다. 둘째, 실시간에 가까운 분석 속도를 필요로 한다. 기존에는 과거의 일정 기간에 적재된 데이터를 가지고 분석했지만, 현재의 빅데이터의 경우 실시간으로 수많은 정보들이 적재되고 있으므로 이를 적절히 활용하기 위해서는 실시간에 가까운 처리속도가 요구된다. 셋째, 비정형 데이터까지 분석 범위가 확장되고 있다. 기존에는 구조화되어 있는 틀 내에서의 정형 데이터들을 가지고 분석에 활용했지만, SNS에서 고객들의 생각을 읽어 내기 위해서는 텍스트 마이닝 및 감성 분석 등을 통해 비정형 데이터까지도 분석할 수 있다. 특히 SNS상에서 발생되는 데이터들은 정해져 있는 형식들이 아닌 개개인의 생각이 그대로 담겨 있는 문구들이기 때문에, 이를 분석하기 위해선 기존과는 다른 접근이 필요한 것이다. 넷째, 과거의 데이터 분석이 아니라 실시간 데이터 분석 및 예측이 가능하다. 기존에는 과거의 데이터를 분석하고 이를 통해서 예측을 시도했지만, 빅데이터에서는 실시간 분석 기술을 통해 분석하고 예측이 가능하다. 이러한 특징들 때문에 빅데이터 분석은 기존의 분석방식과는 다른 새로운 접근이 필요하다.

빅데이터를 활용한 분석에는 **데이터 마이닝, 텍스트 마이닝, 소셜 네트워크 분석**(SNA), 군집분석 등이 있다(윤홍근, 2013). 빅데이터 분석은 사회 현상 패턴 분석, 이슈 인지 분석과 트렌드 변화 분석이 가능하다. 최근 포털 사이트나 SNS의 댓글(비정형 데이터)의 증가로 인한 분석 기법들 중에서 텍스트 마이닝, 소셜 네트워크 분석, 군집 분석 이외에 인플루언서 확산성을 규명하기 위한 네트워크 분석 등이 주목을 받고 있다(곽기영, 2014; 강만호, 김상락, 박상무, 2012).

영향력(influence)이란 사람들의 인지, 태도 및 행동을 변화시키는 것을 말한다. 그 동안 영향력에 대한 사회과학적 연구는 소수의 권력집단에 대한 연구에서부터 설득과정 연구, 관계망 분석, 기대이론 등 다양한 차원에서 전개되어 왔다. 빅데이터 기반의 SNS 내 영향력 분석은 관계망의 구조에 근거하여 네트워크의 영향력자에 초점을 두고자 하였다. 즉, 온라인상 하나의 이슈나 쟁점에 대한 영향력은 고정적이거나 원래 주어지는 것이 아니라 다양한 주체들과의 네트워크를 통해 상호작용하면서 진화하고 발전한다는 관점으로 분석하고자 하는 시도가 주를 이루었다.

페이스북 등과 같은 SNS 사용자는 아는 지인들과 교류하고 정보를 공유하고자 하는 목적의도가 뚜렷하며, 자신이 속한 커뮤니티 혹은 네트워크에 집중하고, 실제 온라인 친구들에게 더 집중하도록 만드는 구조를 갖고 있다. 그렇기 때문에, 밀집도가 높은 네트워크를 가지고 있는 SNS 커뮤니케이션 활동(공유, 확산 등) 분석은 개인 네트워크의 구조에 기반하여 영향력이 큰 오피니언 리더를 식별하고 그들의 영향력을 파악하기에 용이하다 할 수 있다.

종합적으로, 언급한 SNS 특성과 내용 그리고 빅데이터 분석방법을 활용한 SNS 분석방법을 정리하면 〈표 5-1〉과 같다.

이 장에서는 국립중앙박물관에서 운영하는 페이스북 팬 페이지를 하나의 사례로 국립중앙박물관에서 활용할 수 있는 빅데이터 분석은 무엇이 있는지 그리고 이러한 분석이 국립중앙박물관 소통 및 운영에 어떠한 역할과 할 수 있을 것인지 살펴보고자 한다. 세부적으로, 페이스북 팬 페이지라는 온라인 공동체 내에서 많은 참여자들이 남긴 방대한 규모의 데이터를 체계적이고 과학적으로 분석할 수 있는 도구로써 소셜 네트워크 분석을 통해서 온라인 공동체의 참여자들 간의 상호작용(커뮤니케이션) 패턴을 탐색하여 온라인 공동체의 네트워크 구조가 어떻게 변하는지를 분석하고

표 5-1 SNS 특성과 빅데이터 분석방법

SNS 특징	내용	빅데이터 분석방법
참여	특정 주제에 관심이 있는 모든 사용자 간의 자발적인 공유	• post 콘텐츠와 댓글 등 텍스트 분석 • user-user 간 '좋아요' 반응 네트워크 분석 • user-user 간 '댓글'과 '답글' 반응 네트워크 분석 • user-post 간 '좋아요' 반응 네트워크 분석 • user-post 간 '댓글'과 '답글' 반응 네트워크 분석
공개	사용자 간의 피드백 및 참여에 대해 개방되어 있음	
대화	쌍방향 커뮤니케이션 방식을 지향	
커뮤니티	동일한 관심을 갖고 있는 사용자 간의 효율적인 커뮤니케이션 지원	
연결	다양한 매체 간의 링크를 통해 관계 형성 촉진	

자 한다. 이 분석을 통하여 국립중앙박물관의 주요 이해관계자들을 분류하고, 국립중앙박물관–온라인 공중 간 소통 방식(소통 콘텐츠의 생성, 확산 및 공유)과 인플루언서의 활동과 영향력을 규명하고자 한다.

4. 국립중앙박물관의 분석 사례

1) 데이터 모집

2018년 7월 1일부터 2019년 6월 30일까지 1년 동안 SNS 플랫폼 중 가장 대중적으로 많이 사용하는 페이스북의 공식 팬 페이지(fan page: @NationalMuseumofKorea) 내 국립중앙박물관이 포스트한 총 640개 콘텐츠를 자동화 추출 프로그램인 넷마이너(NetMiner)를 이용하여 추출하였다.

2) 전처리 과정

수집한 데이터를 분석하기 용이한 형태로 정제하는 것은 모든 데이터에서 요구되는 작업인데, 비교적 처리가 용이한 정형 데이터보다 비정형 데이터에서 이 작업은 더욱 필수적이지만 어려움도 존재한다(정원준, 2018). 특히 자동화된 방식으로 수집된 텍스트 빅데이터의 경우 그 규모가 매우 크기 때문에 자동화된 데이터 클리닝 작업이 필수적이다. 넷마이너상 자연어 처리(Natural Language Processing: NLP)를 활용한 데이터 클리닝 단계에서 텍스트 데이터에 대한 전처리(preprocessing)와 형태소 분석(morphological analysis)을 수행하였다. 이 '전처리' 단계에서는 수집된 텍스트 데이터 중 동일하거나 유사한 단어이지만 다르게 표현된 단어들을 통일하는 ① 정규화(normalization) 작업과 ② 분석 시 불필요한 단어 및 어구를 삭제하는 작업을 포함하였다.

우선, 정규화 작업에서는 띄어쓰기가 다양하게 표현된 용어(예: '국립중앙박물관' '국립서울박물관'을 전부 '국립중앙박물관'으로 처리)나 축약어(예: '서울시'와 '서울특별시'는 '서울'로 처리, '강원도'와 '강원'을 전부 '강원도'로 처리) 등을 동일한 용어로 변환하는 과정이 이루어졌다. 또한 유사어(예: '대한민국' '한국'과 '남한'은 전부 '대한민국'으로 처리, '즉시'를 '바로'로 처리)를 하나의 단어로 통일하고, 의미가 다소 다를지라도 분석 목적을 고려할 때 동일한 단어(예: '감사'와 '고맙다', '이야기' '말씀' '말')로 처리해야 하는 단어 역시 통일하는 유의어(thesaurus) 지정 과정이 있었다. 한편, 동일한 단어이지만, 문맥상 달리 사용된 단어(예: '문화유산'과 '문화'를 다르게 정의)를 지정하는 지정어(defined words) 단계가 있었다.

나아가 마침표, 쉼표, 괄호 등의 문장 부호와 각종 기호로 표현된 특수 문자(예: '▷'), 의존명사 및 기타 분석 시 의미를 부여할 필요가 없는 불용어(stopword, 예: 올해, 오후, 기자 이름 등)들을 불용어 사전에 추가하여 제거하는 제외어(exception list) 과정을 반복하여 수집된 데이터 문서를 필터링하였다.

'형태소 분석'은 문장을 의미의 최소 단위인 형태소로 바꾸는 작업으로, 형태소는 그 의미와 기능에 따라 어휘 형태소(명사, 동사, 형용사, 부사 등)와 문법 형태소(조사, 어미 등)로 분류된다. 이 연구에서는 '이' '그' '저' 등의 관형사, '등' '들' '~적' 등의 접미사, '그리고' '그러나' '그런데' 등의 접속사는 분석에서 제외하고, 국립중앙박물관 연관 뉴스 텍스트로부터 어휘 형태소인 품사 부착(part-of-speech tagging)을 통해 명사와 외래어만을 선별하였다.

3) 분석 결과

(1) 콘텐츠 반응 분석

국립중앙박물관이 페이스북에서 포스트한 콘텐츠에 대하여 '좋아요' 반응을 많이 보인 top 5를 정리하면, 〈표 5-2〉와 같다.

표 5-2 국립중앙박물관 페이스북 내 top 5 '좋아요' 반응 콘텐츠

순위	콘텐츠 제목	콘텐츠	좋아요 횟수	업로드 시간
1	국중박 특별전 개막 영월 창령사 오백나한 당신의 마음을 닮은 얼굴	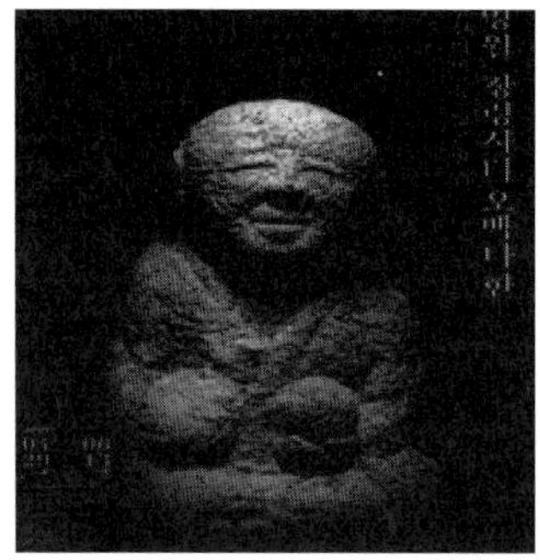	2,538	2019. 05. 03. 15 : 50
2	중박: 저기 선생님 열린마당 에 누워 계시면 안 됩니다. 댁이 어디세요? 석상: 산 아우구스틴 중박: 네? 뭔 틴…?		1,252	2018. 07. 04. 18 : 45
3	예매권 받자! 2019년 기해년은 3 · 1 운동 및 임시정부수립 100주년입니다!		409	2019. 02. 11. 13 : 34
4	국내 최초 대규모 지도 특별전 〈지도예찬〉 8월 14일 개막	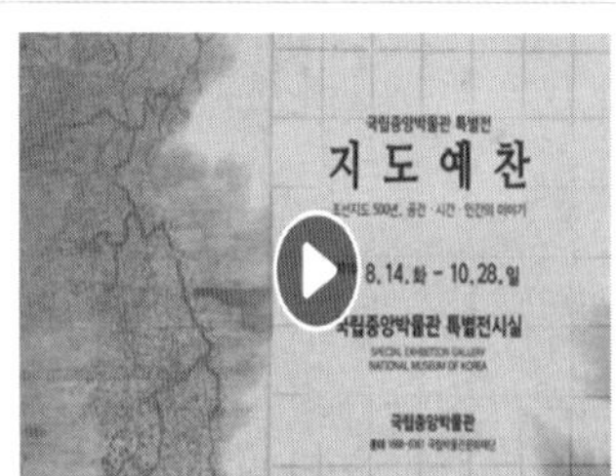	380	2018. 07. 04. 15 : 51

5	특별전 〈근대서화〉 홍보영상 30초	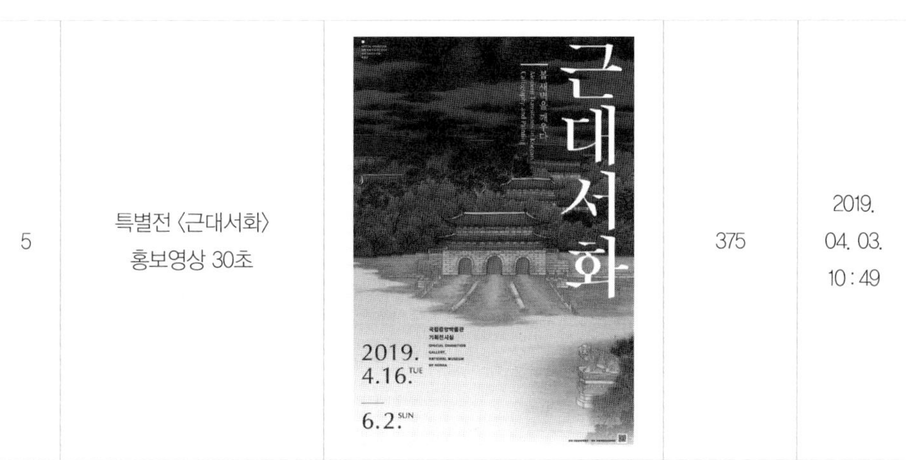	375	2019. 04. 03. 10 : 49

출처: facebook(국립중앙박물관).

한편, 국립중앙박물관이 페이스북 내 포스트한 콘텐츠에 대하여 '댓글' 반응을 많이 보인 top 5를 정리하면, 〈표 5-3〉과 같다.

표 5-3 국립중앙박물관 페이스북 내 top 5 '댓글' 반응 콘텐츠

순위	콘텐츠 제목	콘텐츠	댓글 횟수	업로드 시간
1	예매권 받자! 2019년 기해년은 3 · 1 운동 및 임시정부수립 100주년입니다!		345	2019. 02. 11. 13 : 34
2	[이벤트] 국중박 홍보대사 정일우의 포스팅 공유하고 티켓받자!		168	2019. 01. 18. 11 : 38

3	우가우가! 지금 국립중앙박물관은 주먹도끼 고고학 체험 행사 중~		155	2018. 10. 24. 17 : 06
4	중박: 저기 선생님 열린마당에 누워 계시면 안 됩니다… 댁이 어디세요? 석상: 산 아우구스틴 중박: 네? 뭔 틴…?		149	2018. 07. 04. 18 : 45
5	[이벤트] 테마전 〈황제의 나라에서 국민의 나라로〉 기대평 쓰고 독립기념 신상 굿즈 받자~		39	2019. 02. 22. 11 : 23

출처: facebook(국립중앙박물관).

국립중앙박물관이 페이스북 내 포스트한 콘텐츠에 대하여 '공유' 반응을 많이 보인 top 5를 정리하면, 〈표 5-4〉와 같다.

표 5-4 국립중앙박물관 페이스북 내 top 10 '공유' 반응 콘텐츠

순위	콘텐츠 제목	콘텐츠	공유 횟수	업로드 시간
1	예매권 받자! 2019년 기해년은 3 · 1 운동 및 임시정부수립 100주년입니다!		271	2019. 02. 11. 13 : 34
2	국내 최초 대규모 지도 특별전 〈지도예찬〉 8월 14일 개막	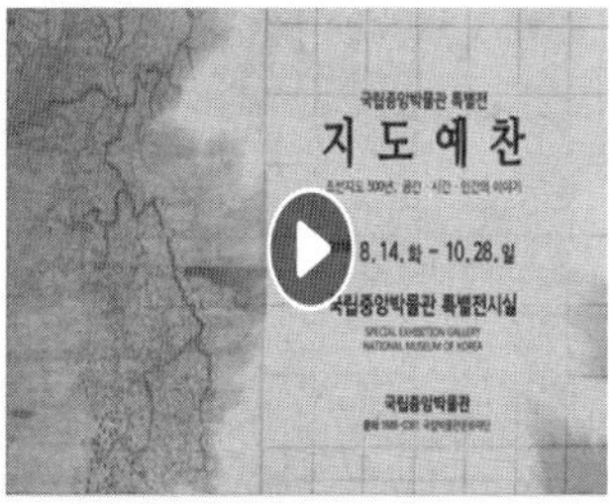	199	2018. 07. 04. 15 : 51
3	국중박 특별전 개막 영월 창령사 오백나한 당신의 마음을 닮은 얼굴		99	2019. 05. 03. 15 : 50
4	[이벤트] 국중박 홍보대사 정일우의 포스팅 공유하고 티켓받자!		96	2019. 01. 18. 11 : 38

5	특별전 〈근대서화〉 홍보영상 30초		59	2019. 04. 03. 10 : 49

출처: facebook(국립중앙박물관).

(2) 네트워크 분석

국립중앙박물관 페이스북 콘텐츠에 대한 반응(좋아요) 네트워크(user-post-reaction network)에 대한 전체적인 형태는 [그림 5-1]과 같다. 국립중앙박물관을 하나의 user(ID: 142737545764762)[1]로써 페이스북 내 포스트한 콘텐츠에 대한 반응 네트워크를 분석하자면, 많은 개인 페이스북 user에 의한 반응 정도가 낮은 수준으로 고립되어 있거나 혹은 외톨이(isolated)형으로 존재함을 알 수 있다. 이는 개인 페이스북 user가 국립중앙박물관이 포스트한 콘텐츠에 대한 노출이 있다 하더라고 '좋아요' 등의 반응에 인색했다고 할 수 있다.

1 「개인정보 보호법」에 의하여 페이스북 user의 이름 대신에 ID만을 공개함.

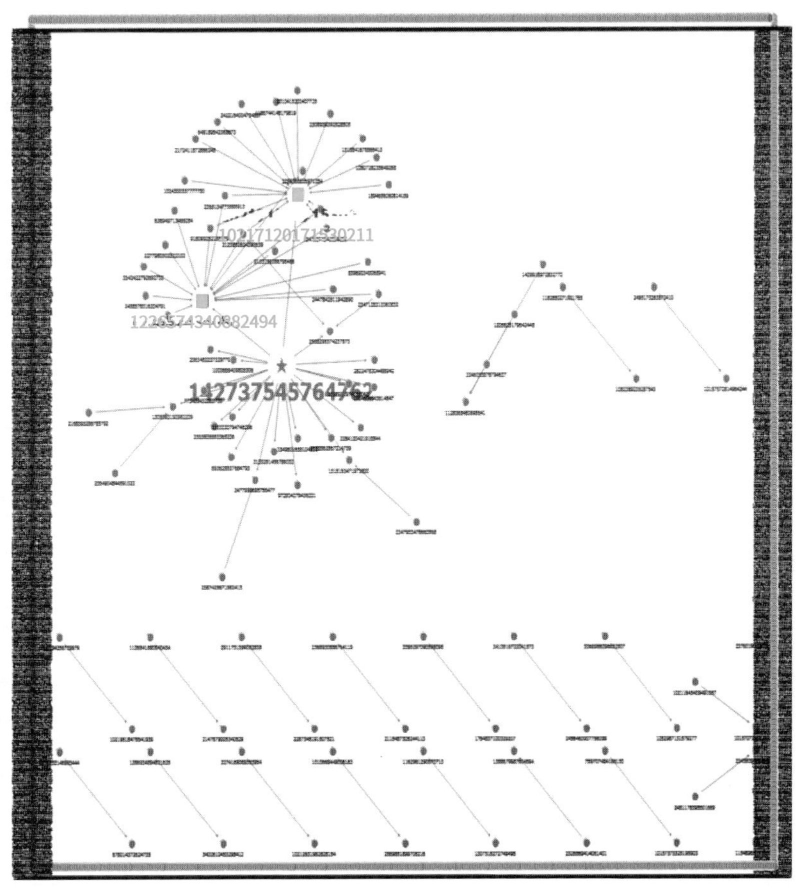

[그림 5-1] 페이스북상의 user-post-reaction network 1

하지만 2명의 user들(ID: 1226574340882494와 10217120171530211)이 반응과 확산의 역할을 하는 주도적인 인플루언서인 것으로 나타났다. 또한 다른 9명의 user들(ID: 2347128212060832 등)이 2명의 user들과 매개적으로 연결되어 있었다. 국립중앙박물관-이들 간 네트워크를 중심으로 확대하면 [그림 5-2]와 같다.

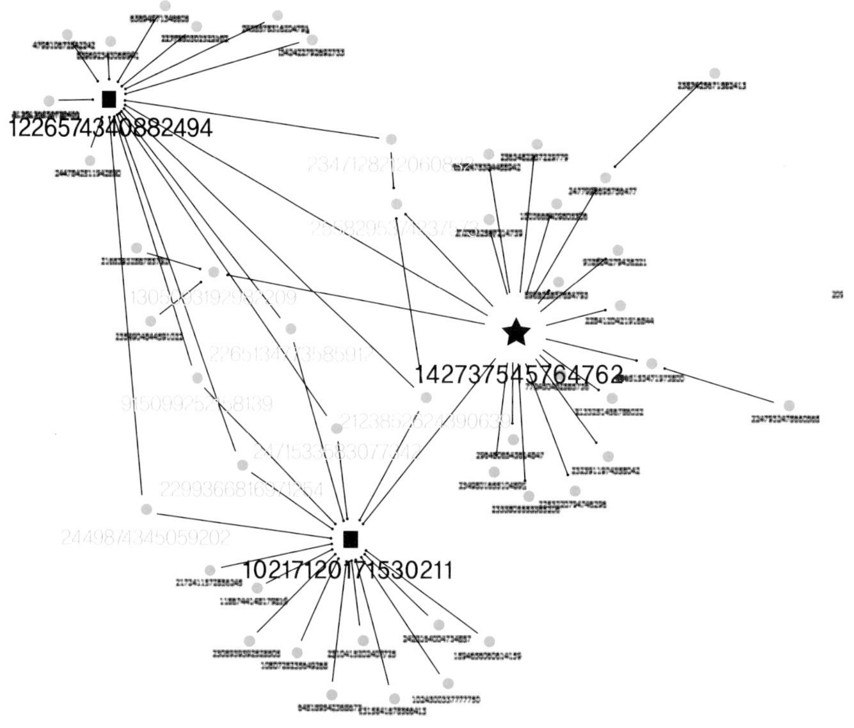

[그림 5-2] 페이스북상의 user-post-reaction network 2

국립중앙박물관 페이스북 콘텐츠에 대한 반응(좋아요) 네트워크 분석과 동일하게 'reply' 네트워크(user-post-reply network)에 대한 전체적인 형태는 [그림 5-3]과 같으며, 반응(좋아요) 네트워크와 흡사하게 'reply' 반응 정도가 낮은 수준으로 많은 개인 페이스북 user가 고립되어 있었다.

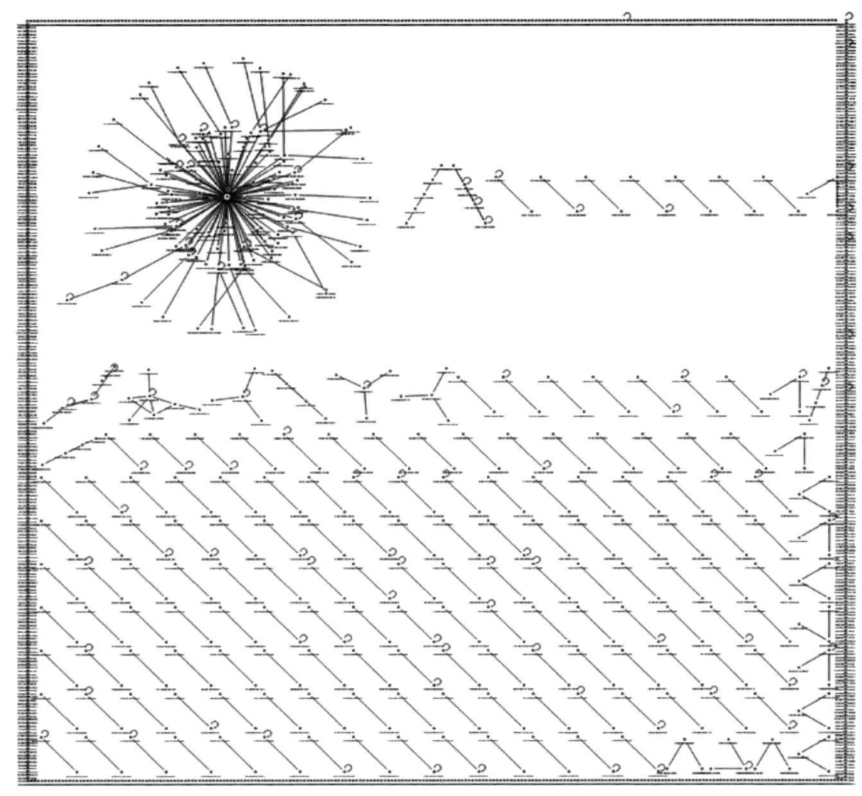

[그림 5-3] 페이스북상의 user-post-reply network 1

많은 user에 큰 영향력은 없지만, 몇명의 user가 (ID: 2456460907756099 등) 댓글과 확산의 역할을 하는 주도적인 인플루언서인 것으로 보인다. 국립중앙박물관-이들 간 네트워크를 중심으로 확대하면 [그림 5-4]와 같다.

[그림 5-4] 페이스북상의 user-post-reply network 2

한편, 앞서 제시한 〈표 5-3〉에서 밝힌 국립박물관 페이스북 콘텐츠 중 댓글이 가장 많았던 top 5 콘텐츠에 대한 네트워크(user-post-comments network)에 대한 전체적인 형태는 [그림 5-5]와 같다.

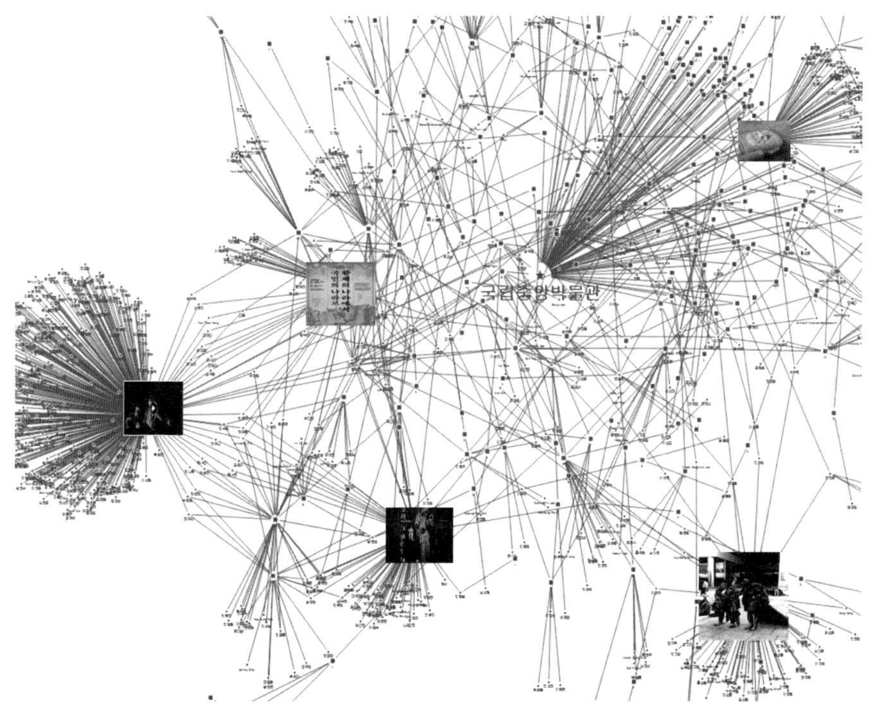

[그림 5-5] top 5 페이스북 콘텐츠에 대한 user-post-comments network 1

댓글 반응이 많았던 2~3개 콘텐츠에 동시에 댓글을 단 파란색 실선으로 표기된 페이스북 유저들(users)을 [그림 5-6]에 표기하였으며, 이들이 국립박물관 페이스북 상의 인플루언서라 할 수 있다.

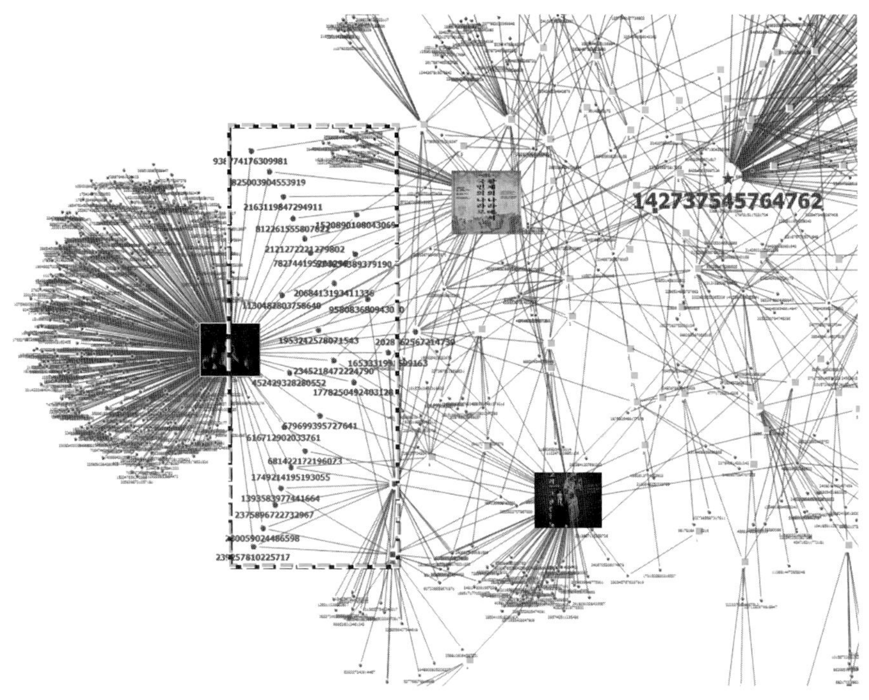

[그림 5-6] 페이스북 콘텐츠에 대한 인플루언서

한편, 국립박물관 페이스북 콘텐츠에 대한 댓글 텍스트 중 상위 100개를 추출하여 2-mode 네트워크(user-words-comments network)에 대한 전체적인 형태는 [그림 5-7]과 같다.

[그림 5-7] 페이스북상의 user-words-comments network

4) 분석 결과 요약 및 함의

국립중앙박물관 페이스북 콘텐츠 중 많은 방문자들의 반응과 확산을 유도한 내용은 이벤트 공지와 특별전 공지를 통한 공유와 참여 유도 매체의 역할을 하는 것으로 보였다. 또한 국립박물관이 기본적으로 제공해야 할 문화유산, 감사, 응원, 국보, 초대, 학술연구 등의 주요 매개단어가 추출되었고 그리고 대부분의 프레임은 긍정적 논조를 지녔다.

하지만 국립중앙박물관 페이스북 확산 및 공유 네트워크를 보면, 페이스북 내 콘텐츠는 대부분 국립박물관에서 게재한 콘텐츠로 방문이나 공유 그리고 확산이 상대적으로 활발하지는 않았다. 몇몇 이벤트성 콘텐츠를 제외하곤, 전반적인 양방향 소통(좋아요 반응, 댓글, 공유 등)의 활성화가 되어 있다고 보기는 어려웠다. 환언하자면, 페이스북 커뮤니티 내 소수의 인플루언서만이 존재하였다. 그들이 박물관의 정보 생성과 전파에 중요한 역할을 하지만, 영향력자가 소수이므로 박물관과 그들 사이에, 나아가 그들 간의 교류가 그리 많지 않으며, 확산의 영향력 또한 강하다고 판단하기 어려워 보였다. 이에, 한 명 혹은 한 그룹의 인플루언서 집단이 여러 개의 소그룹으로 나뉘면서 소수가 아닌 다수의 리더 혹은 인플루언서가 생성되고 전체 커뮤니티 안 네트워크에서 다수의 인플루언서가 존재하는 multi-step flow 개념의 네트워크로 전환할 필요가 있으며, 충성도 높은 유저들과의 좀 더 적극적이고 전략적인 협력적 소통 방안이 필요해 보였다.

5. 마치며

기존의 선행연구에서는, 예를 들어 소비자들의 의견을 청취하고 반영해 보고자 그들의 구매 동기 및 구매 의도 그리고 실질적인 구매 행동에 영향을 주는 요인 규명 등 다양한 측면에서 소비자 심리적 그리고 행동적 연구를 진행해 왔다. 그러나 기존 연구에서는 선행연구 및 문헌을 토대로 이론적인 근거를 적용하여 가설을 세우고, 연구자에 의해 구조화된 설문지 조사에 편중된 연구들이 많았다. 이와 같은 연구에서는 소비자들의 제한적인 의사표현과 특정 제품 및 브랜드에 대한 인식 및 반응에 대해 탐색적인 분석이 실시간으로 이루어지기 어렵다고 할 수 있다. 이러한 배경에서 **소비자들의 특정 제품에 대한 실질적인 태도, 선호, 니즈, 인식 등을 함축**하고 있는 소셜미디어 내 리뷰와 댓글 형식의 텍스트를 실시간으로 수집하여 분석하고, 나아가 그들의 커뮤니케이션 행동에 대한 공유와 확산 네트워크 차원에서의 연구가 더욱 강화되고 있다. 그 결과, 점점 더 발전하는 소셜미디어 기반의 커뮤니케이션 전략과 다양한 활용 방식은 기업이 소비자들과 더욱 적극적으로 소통하고 소비자들의 이용 편의와 만족도를 향상하는 등 그들과의 친밀한 관계를 형성하는 데 긍정적으로 기여하며 그들의 적극적인 참여와 지지를 이끌어 내고 있다.

이 연구 결과를 바탕으로 빅데이터 분석 기법을 활용한 **소셜미디어 분석의 활용방안**을 다음과 같이 제시할 수 있다. 첫째, 분석 대상 기관을 둘러싼 다양한 내 · 외부 환경요소에 있어서 연구할 수 있는 가이드라인으로 활용할 수 있다. 축척된 빅데이터 정보나 소셜미디어 데이터를 실시간으로 분석할 수 있기에 소통 대상자들의 의견과 공감 그리고 니즈 및 선호 등의 트렌드 분석과 공유 및 확산과 같은 커뮤니케이션 행태 분석에 있어서 보다 빠르게 사전적이며 대응적인 솔루션을 제공할 수 있다는 점에서 용이하다고 할 수 있겠다. 둘째, 소셜미디어 분석을 통해서 소비자들의 요구사항 반영 정도를 평가하는 지표가 될 수 있으며, 커뮤니케이션 운영 개선으로 연결되는 세부 내용을 파악할 수 있다는 점에서 실무적 활용이 가능할 것으로 사료된다.

이 장에서는 페이스북 팬 페이지만을 사례로 분석한 한계가 존재한다. 안대천과 김상훈(2012)에 의하면, 소셜미디어 플랫폼들은 커뮤니케이션 매체로서 기존 매스미디어매체와 비교해 개인화, 쌍방향 커뮤니케이션, 글로벌 활용성, 계량적 효과 측정이 수월하다는 공통적인 특성을 가지고 있다고 언급하였다. 다만, 소셜미디어 플랫폼별로 제공되는 서비스와 이용자들의 이용 동기, 소통 대상 등이 다르기 때문에 전달되는 메시지의 내용, 형태, 포맷 등이 다르다고 주장하였다. 이에 이 장에서 미처 다루지 못한 소셜미디어별 정교하고 다양한 빅데이터 분석 기법의 도입과 활용이 선행되어 플랫폼별 소통의 역할과 네트워크 차이에 대한 후속연구도 지속적으로 필요해 보인다.

결론적으로, 소셜미디어 데이터로 인한 빅데이터 분석과 함의 도출은 커뮤니케이션 분야에 유의미한 정보를 제공히는 기초가 됨과 동시에 유의미한 자산으로 주목받고 있다. 디지털 정보화 시대를 맞이하면서부터 다양한 의견을 공유하는 사회로의 변화와 마주하고 있으며, 이러한 사회 구조적 변화는 사용자의 생각, 느낌, 반응 등을 빠르게 파악하며 대응할 수 있는 운영방식을 중심으로 패러다임의 변화를 초래하게 되었다. 이에 소셜미디어 기반의 커뮤니케이션을 위한 전담조직과 차별화된 전략을 가진 운영 기반이 필요하다. 이 장을 위해 사례로 활용한 국립중앙박물관과 같은 문화, 예술 기관뿐만 아니라 공공기관 및 민간기업 역시 빅데이터 환경이 제공하는 정확한 예측 및 분석 정보로 충성도 높은 인플루언서를 확보하고 유지하여야 할 것이다. 또한 소셜미디어 내 커뮤니케이션 문제를 원활하게 해결하는 것은 물론 커뮤니케이션 활동이 다소 낮은 이들과의 소통 전략을 개발하기 위한 이해의 도구로서 빅데이터 분석의 중요성을 이해하고 전략적인 활용방안을 모색해야 한다. ■

제6장

메타분석의 이해와 활용

손영곤((주)베인스 데이터마케팅연구소 소장)

1. 빅데이터 그리고 메타분석
2. 메타분석 수행 절차
3. 메타분석 사례
4. 메타분석과 빅데이터 그리고 시뮬레이션

◈◇◈

국내 광고나 PR, 커뮤니케이션 연구 분야에서도 비슷한 연구 주제 혹은 동일한 개념을 사용한 많은 지식과 연구 결과물이 양산되기에 이르렀다. 이 과정에서 이제는 단편적인 개별 지식이나 연구 결과 그 자체가 아니라 기존의 수많은 연구 결과를 어떻게 비교하고 종합적으로 분석하여 큰 결론(big decision)에 도달할 것인가에 대한 관심도 발생하였다. 1980년대 이후 본격적으로 논의되기 시작한 메타분석은 바로 이와 같은 연구통합을 위한 이론이자 방법론으로 주목을 받기 시작하였다. 현재 메타분석은 의학, 간호학 등 보건과학 분야는 물론, 심리학, 교육학, 경영학 등 사회과학 연구자들 사이에서도 많이 다루어지고 있다. 하지만 아직 국내 커뮤니케이션 연구 분야에서 메타분석은 그 관심도가 크지 않다. 이 장에서는 데이터 과학자들을 포함하여 그 이용자층이 크게 확대되고 있는 R을 이용한 메타분석방법에 대해 살펴보고자 한다.

1. 빅데이터 그리고 메타분석

우리는 기존에 알고 있는 지식과 경험을 바탕으로 체계적으로 정리하기를 바라며, 또한 정리된 것을 바탕으로 하여 합리적인 의사결정을 할 준거로 삼으려고 한다. 넘쳐나는 데이터로부터 그 안에 담긴 지식과 통찰력을 이끌어 내기 위해 과학적 방법론이나 알고리즘 등을 두루 활용하는 것도 지금까지 우리가 아는 것은 무엇이며, 앞으로 알아야 할 것은 무엇인가를 확인하는 하나의 과정이다. 우리에게 주어진 문제들에 대한 답을 얻는 것은 결국 지금까지 우리가 쌓아 올린 지식을 바탕으로 이론적 예측을 하는 과정이라 할 것이다.

학문적 영역에서 볼 때 수많은 연구 결과물은 우리의 지식과 경험의 집결체라고 할 수 있다. 일찍이 코크란(Cochrane)은 의료 분야에서 치료효과에 대한 믿을 만한 최신 연구 결과를 종합하는 방법을 고안할 필요가 있다고 주장한 바 있다. 개인의 연구는 학문이 답하고자 하는 퍼즐판에 겨우 한 조각을 맞추는 데 기여할 수 있을 뿐이기 때문이다(Cooper, 2010). 이에 따라 각 개별 연구들은 그 결과가 일관되지 못하거나 가끔은 서로 상충되기도 하였기 때문에 합리적인 의사결정을 하기 위해서는 연구 결과의 요약과 정리를 통한 경향성 발견이 필수적이다(황성동, 2014).

현대적 의미에서 메타분석은 "연구 결과들을 통합할 목적으로 수행되는 개별 연구 결과들에 대한 통계적 분석"(Glass, 1976, p. 4)이다. 개별적으로 진행되는 연구들은 각기 다른 연구 대상 및 연구 환경에서 수행되며, 연구 결과 또한 일관되게 나타나기보다 서로 다른 결과를 제시하는 경우가 많다. 메타분석은 연구 결과가 하나의 방향으로 수렴되지 않고 제각각의 양상을 보일 때, 이를 통합해서 바라볼 필요성에서 시작되었다. 지식이 발전함에 따라 관련 연구물도 증가하게 되고, 데이터베이스를 통해 각종 문헌과 연구 결과에 대한 접근과 검색 용이성은 메타분석을 한층 발전시키는 데 기여한 바 크다.

이러한 메타분석 연구의 발전은 국내외를 막론하고 의학, 심리학, 교육학, 사회학 등 다양한 학문 영역에서 관심의 대상이 되고 있다. 그 하나의 예로 코크란 데이터베이스를 들 수 있다. 코크란 데이터베이스는 1993년 영국에서 설립된 근거중심의학(evidence based medicine) 분야의 체계적 연구 결과가 축적되어 있는 데이터베이스이다. 질병 치료와 관련하여 객관적 임상실험 결과를 중심으로 한 치료 효과 및 방법의 최신 자료가 축적되어 있다. 2019년 7월 현재 코크란 데이터베이스(http://www.cochranelibrary.com)에는 총 8,056건의 연구 결과물이 등재되어 있음을 확인할 수 있다. 이 가운데 제목, 초록, 키워드로 'meta-analysis'를 검색한 결과 2,690편의 연구 결과가 메타분석과 관련된 연구 결과로 나타났다. 커뮤니케이션 연구 분야만을 놓고 보더라도 외국의 경우에는 상당히 많은 메타분석 연구들이 수행된 바 있으며, 그 실적을 엮은 문헌도 쉽게 찾아볼 수 있다(예: Allen, Preiss, Gayle, & Burell, 2002; Gayle, Preiss, Burell, & Allen, 2006; Preiss, Gayle, Burell, Allen, & Bryant, 2007).

특정 분야의 학문이 발전하기 위해서는 무엇보다 연구 영역의 확대와 더불어 연구 방법론의 다원화가 필요하다. 연구과정에서 적절한 분석방법을 선택하고 사용하는 것은 연구문제나 연구가설을 검증하고 이를 통해 이론적 추론을 이끌어 내는 데 중요한 역할을 한다. 광고를 포함한 제반 커뮤니케이션 현상을 규명하기 위한 접근이나 시도 또한 다양한 분석 기법을 통해 방법론 자체만이 아니라 이론을 형성하고 입증하는 데 기여해 왔다. 광고나 PR 현상을 포함한 커뮤니케이션 연구 분야 역시 시대적 흐름에 발맞추어 급속도로 발전해 왔으며, 이에 따라 국내 현실에 맞는 이론의 정립과 함께 지금까지 진행된 연구 흐름을 되돌아볼 필요성이 있다. 국내 광고나 PR 연구 결과 또한 상당 부분 축적된 상태이지만 이에 대한 포괄적인 분석을 통해 연구물을 재검검해 보는 활동은 많지 않았다. 다만, 최근 들어 광고나 커뮤니케이션 연구 분야에서 특정 연구 주제에 대해 지금까지 진행된 연구 결과들을 대상으로 계량적으로 통합하는 체계적인 시도가 다루어지고 있으며, 메타분석의 이론적 확장을 위한 논의(예: 이병관, 손영곤, 2016; 이병관, 손영곤, 강경희, 2018)도 시도되고 있는 것은 사실이다.

메타분석 연구는 어떤 연구 대상이나 분야에서 선택된 개념이나 변수들이 포함된 전체 연구를 대상으로 체계적으로 분석한다는 점에서 그 유용성을 갖게 된다. 연구 설계, 사용 변수, 연구 결과의 계량적 결과치 등이 상이한 연구들을 메타분석을 통해 하나의 일관된 체계적 틀 속에서 통합함으로써 일반적인 결론을 내릴 수 있고 누적된 결과를 요약하여 정리할 수 있다. 다시 말해, 메타분석은 어떤 분야나 주제를 둘러싼 전반적인 연구 흐름과 시대별 동향, 선택된 개념이나 변수들에 대한 연구 결과들을 통합적으로 살펴보는 데 적절한 방법이라고 할 수 있다(김성태, 2005). 특히 선행연구 결과들이 일치하지 않을 때 개별 연구의 분석 결과 자료를 메타분석의 기초 자료로 활용하여 통계적으로 재분석함으로써 객관적이고 통합적인 결론을 내릴 수 있다.

결국 선행연구 결과에 대한 체계적 검토와 메타분석이 필요한 이유는 기존 연구의 특징을 살펴봄으로써 우리가 이전에 알고 있는 것이 무엇인가를 확인하는 데 도움이 되기 때문이다. 그리고 앞으로 새롭게 알아야 할 것은 무엇인지에 대한 통찰력을 얻게 될 것이며, 그러한 통찰력은 향후 관련 연구의 발전에 크게 기여할 수 있는 단초를 발견할 수 있다. 메타분석을 통해 확인한 종합적인 결론은 학문적으로나 실무적으로 무엇보다 소중한 실천적 지식을 제공하기에 충분하다.

2. 메타분석 수행 절차

1) 메타분석의 의의

메타분석이란 개별적으로 진행된 수많은 연구 결과들을 통합할 목적으로 통계적인 처리를 통해 분석하는 이론 및 방법을 가리킨다. 메타분석을 '분석에 대한 재분석(analysis of analyses)'(Glass, 1976)이라고 이야기하는 것도 선행연구 결과를 분석 대상으로 하기 때문이다. 조사나 연구 혹은 정책 수립을 위하여 기존 연구물들에 대한 요약이 필요할 때 단순히 숫자만을 제시하는 것은 올바른 결론을 도출하지 못할 수도 있다. 그 이유는 각 연구 결과에 상당한 차이가 있어 이를 화술적인 방법(narrative approach)으로 요약할 때 논문 편수가 많게 되면 자칫 잘못된 결론이 나올 가능성을 전혀 배제할 수 없기 때문이다. 따라서 체계적이고 객관적인 방법으로 기존 연구들을 종합하는 방법이 필요한데, 그 대안 중의 하나가 바로 메타분석이 될 수 있다.

메타분석은 기존에 수행된 연구 결과들을 통합할 목적으로 개별적인 결과를 통계적으로 분석하는 방법이다(Lipsey & Wilson, 2001). 즉, 메타분석은 연구 결과를 통합할 목적으로 많은 수의 개별적인 연구 결과들을 하나의 일관되고 체계적인 틀 속에서 통합하여 분석함으로써 축적된 연구 결과를 단순화시켜 제시할 수 있도록 통계적으로 분석하는 이론 및 방법을 가리킨다(황정규, 1988). 요약하면 메타분석이란 개별적으로 진행된 연구 결과가 하나의 방향으로 수렴되지 않고 서로 상반되게 나타날 때 기존 연구물을 연구 대상으로 하여 통계적으로 종합하는 연구통합(research synthesis) 방법이다(오성삼, 2002). 통계적인 방법을 이용해 연구 결과를 통합한다는 점에서 메타분석을 '신통계학(new statistics)'으로 부르기도 한다(Cumming, 2012).

메타분석 이전의 연구통합의 방법으로는 화술적 방법(narrative method)과 투표식 방법(vote counting method)이 있다. 화술적 방법은 문헌 검토를 실시하면서 일련의 연구들 가운데 의미 있고 관련성이 있는 정보들을 추출하는 방법이다. 즉, 연구자가 관심 있는 연구 주제와 관련이 있으면서 쟁점으로 다루고자 하는 연구 결과를 주관적으로 나열하는 방법이 화술적 방법이다. 화술적 방법은 관심 분야나 주제의 연구 흐름을 전반적으로 이해하는 데는 도움이 될 수 있으나 '관심이 되고 있는 변수들 상호 간의 관계나 그 정도는 얼마나 되는가' '처치를 통해 대상이 얼마만큼 변화할 것인가' '이러한 관계 또는 처치가 다른 관계 또는 처치보다 얼마나 효과적인가?' 등의 문제에 대해서는 해답을 주지 못한다(Cooper, 2010). 결국 화술적 방법의 가장 큰 한계는 문헌 연구 결과를 통해 나타난 변수들 간의 관계에 대한 방향과 크기를 파악할 수 없다는 점에 있다고 할 수 있다. 이 점에서 메타분석은 다양한 연구 결과들을 요약하는 데 있어 화술적 방법보다 객관적이고 신빙성 있는 방법론이라 할 수 있다.

투표식 방법은 유의수준에 따라 기존 연구를 통계적으로 정적(+)으로 유의한 연구, 부적(−)으로 유의한 연구 그리고 유의하지 않은 연구로 구분하여 기존 연구 결과들 중에서 가장 많은 빈도를 계산하여 그 결과를 종합하는 방법이다. 그러나 이 방법은 유용한 기술적 통계 정보를 고려하지 않고 분류하는 수준에 그친다는 것을 가장 큰 문제로 지적할 수 있다. 또한 연구 결과를 종합하는 과정에서 표본크기를 간과함으로써 사실과 다른 결론을 도출하거나 경우에 따라 적은 수의 표본에서 산출된 결과와 대규모 표본을 사용한 연구 결과를 동등하게 평가하는 등의 문제가 있다.

표 6-1 메타분석 이전 단계의 통합 방법

통합 방법	설명
화술적 방법 (narrative method)	연구 결과들을 연도순으로 이야기체식으로 서술하는 방법으로 문헌 검토를 통해 수많은 연구로부터 정보를 추출
평균 방법 (averaging method)	다양한 연구 결과들을 통계적으로 처리하기 위해 전체 평균값을 계산하여 처리하는 방법. 실제 측정치들에 대한 정보를 상실할 우려가 있음.
투표식 방법 (vote counting method)	단순히 하나의 독립변수에 대해 종속변수의 유의미한 차이를 보이는가를 측정하는 방법. 즉, 유의한 정(+)의 영향, 유의한 부(-)의 영향, 유의하지 않은 영향 등 3가지로 구분하여 개별 연구 결과가 어느 집단에 속하는가를 각각 투표한 후 가장 많이 포함된 집단의 경우를 최종 결과치로 선정하는 방법. 결과 기술과정의 정보 상실은 물론 표본크기를 고려하지 않음.

출처: 김용겸(2009), 장덕호, 신인수(2011)의 자료를 바탕으로 재구성함.

메타분석과 혼동하기 쉬운 메타분석 이전 단계의 통합 방법을 정리하면 〈표 6-1〉과 같다.

메타분석이 화술적 방법이나 투표식 방법과 다른 결정적인 차이점은 효과크기(effect size)를 이용하여 기존 개별 연구 결과들을 종합하여 관심 변수의 효과에 대한 방향과 정도, 크기 등을 알려 준다는 데 있다(장덕호, 신인수, 2011). 메타분석의 가장 큰 특징이자 장점은 효과크기를 계산해서 중재의 방향과 크기를 제공해 주는 데 있다고 할 때(Cooper, 2010), 국내 커뮤니케이션 분야에서 이루어진 메타분석 연구의 상당수는 효과크기를 통한 통합적 분석이라고 말할 수 없기 때문이다. 메타분석이라고 칭하면서 효과크기를 계산하지 않는 연구는 엄밀한 의미의 메타분석과는 구분하여 체계적 문헌 분석과 같이 다른 용어를 사용해서는 안 된다.

메타분석의 정의에서 볼 수 있듯이 메타분석은 동일한 연구 목적을 가진 모든 결과들을 통합하여 이전에 알고 있는 것과 발견한 것은 무엇인지, 그리고 앞으로 새롭게 알아야 할 것은 무엇인지에 대한 통찰력을 제공하는 데 궁극적인 목적이 있다. 이렇게 볼 때 메타분석은 분석 대상이 되는 모든 연구를 빠짐없이 검토하고 이를 정리하는 데서 출발한다. 메타분석은 체계적 연구(systematic review)의 연장선상에서 이해되어야 한다(Littell, Corcoran, & Pillai, 2008). **체계적 연구**는 연구 주제의 선정, 연구 주제를 기준으로 분석 대상이 될 수 있는 하위 연구 조건 설정, 연구 주제에 적합한 하위 연구방법 선택, 하위 연구 검색, 하위 연구 조건에 따라 검색된 연구 분류 등에 이르는 일련의 단계를 거치게 된다. 메타분석 또한 체계적 연구와 비슷한 절차를 밟아 진행된다. 체계적 연구와 메타분석의 차이는 기존 연구에서 제시된 통계치를 이용하여 일반화된 결론을 내릴 수 있는지의 여부라고 할 수 있다.

카드(Card, 2012)는 메타분석과 다른 문헌 고찰 방법, 체계적 연구와의 관련성을 나무 구조로 도식화하여 설명하고 있다. 문헌 고찰을 통해 이론 소개, 연구 결과를 제시하고 있는 논문, 정책 연구나 일반 조사와 같은 전형적인 실행 등으로 구분하고 있다. 여기서 구체적인 연구 결과를 제시하고 있는 논문, 그 가운데서도 효과크기를 계산할 수 있는 연구물들만을 메타분석에 활용하게 된다. [그림 6-1]에서 볼 수 있듯이 메타분석도 문헌 고찰에서 시작한다. 그다음 단계에서 메타분석을 할 수 있는 연구물들을 추려 내어 통계적으로 연구를 통합하고 분석하게 된다.

외형상 메타분석을 이용한 것으로 보이는 연구가 폭발적으로 증가하고 있음에도 불구하고 메타분석은 의학 분야를 중심으로 확대된 것이 사실이다. 메타분석이 사

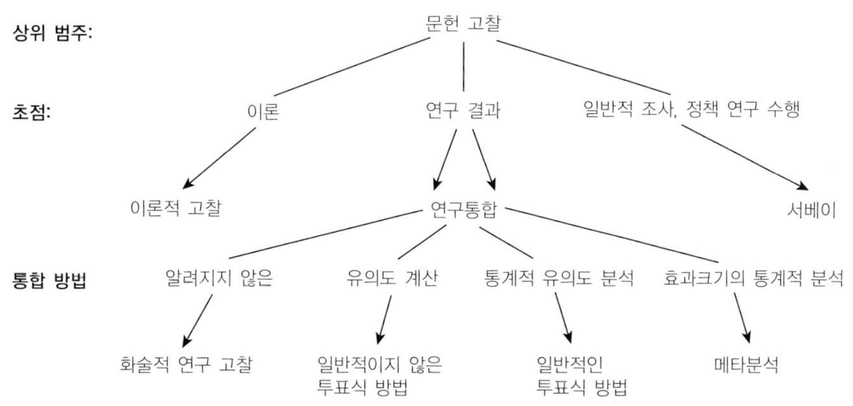

[그림 6-1] 문헌 고찰과 메타분석의 관계

출처: Card (2012).

표 6-2 메타분석에 대한 잘못된 믿음과 사실

잘못된 믿음	사실
메타분석은 생물의학 연구에서 시작되어 의학적 관점을 지녀야 한다.	메타분석은 원래 사회과학과 행동과학에서 시작하였고 광범위하게 의학 분야까지 사용되었다.
메타분석은 많은 연구가 필요하다.	메타분석은 2개의 이상의 연구만 있어도 수행할 수 있다.
메타분석은 표본크기가 많은 연구가 필요하다.	연구에서 표본크기는 적절한 결론을 내리기 위한 준거(criterion)가 아니다. 작은 표본에서 오는 오차를 막기 위한 검사와 교정(corrections)이 있다. 메타분석은 단일 표본설계에서도 사용될 수 있다[개별 환자 자료(IPD)로 잘 알려져 있다].
메타분석은 원래 연구(original study)에서의 타당도 문제를 극복할 수 있다.	개별 연구의 질적 수준과 타당도는 검토되고 분석될 수 있으며 보다 높은 타당도의 결과를 나타낼 수 있다. 그러나 메타분석이 원래 연구의 타당도를 높이지는 않는다(투입된 대로 산출된다는 원리).

출처: Littell, Corcoran, & Pillai (2008).

회과학 분야에서 널리 다루어지지 않고 소수 연구자만이 관심을 갖고 진행된 이유에 대해 리텔, 코코란 그리고 필라이(Littell et al., 2008)는 〈표 6-2〉와 같은 잘못된 믿음(myth)과 사실(fact)로 요약, 설명하고 있다.

2) 메타분석의 장단점

글래스(Glass, 1976)는 **메타분석의 특징**은 다음 세 가지로 요약, 정리하고 있다. 첫째, 메타분석은 계량적 통계방법을 사용하여 분석한다. 따라서 자료들을 통합하는 과정에서 원 자료를 그대로 사용하는 것이 아니라 요약통계를 사용하게 된다. 둘째, 효과크기를 계산하기 위해 어떤 종류의 연구 결과가 기대하는 결과와 차이가 있다는 이유로 분석 대상에서 제외시키지 않는다. 이것이 전통적 문헌 연구방법인 화술적 방법과 구별되는 점이다. 셋째, 메타분석을 통해 일반적인 결론을 찾을 수 있다. 즉, 각각의 단편적인 연구들 사이에 존재하는 작은 차이는 크게 고려하지 않아도 무방하다는 전제하에 일반화를 시도하게 된다. 결국 메타분석이란 단일 주제에 관해 상반된 결론이나 논쟁이 야기되었을 때, 현장으로부터 원 자료를 수집할 만한 시간적 여유가 없거나 경비와 노동력의 절약이 요구되는 상황, 또는 각종 학술 정보의 범람 속에서 체계적으로 요약된 지식이나 정보를 필요로 할 때 유용한 방법이라고 할 수 있다(오성삼, 2002).

이와 같은 특징을 지니고 있는 메타분석은 많은 장점과 함께 여러 한계점 역시 지니고 있다. 먼저, 장점을 정리해 보면 다음과 같다(오성삼, 2002; Rosenthal & DiMatteo, 2001). 첫째, 연구자는 본인이 주장하는 논리에 적합한 연구들만 선택적으로 인용하고 요약하는데, 이 과정에서 연구자의 주관 혹은 편견이 개입될 가능성과 인용한 연구들이 편향될 소지를 전혀 배제할 수 없게 된다. 그러나 메타분석은 보다 체계적이고 객관적인 방법으로 기존 연구들을 종합할 수 있도록 도와준다. 둘째, 하나의 연구 결과는 매우 미약하지만 같은 목적을 가지고 시행한 여러 연구들을 통합한 결과는 강력한 증거로 하나의 종합적인 수치와 결론을 제시한다. 셋째, 메타분석으로 통합된 연구 결과는 비교적 덜 편향된 연구 표본으로부터 얻는다. 넷째, 여러 연구에서 나온 정보를 종합하게 되면 통계적 검정력이 증가하게 된다. 다섯째, 메타분석은 반복적으로 수행된 여러 개별 연구들을 동일하고 비교 가능한 측정치로 환산하여 종합적인 결론을 이끌어 내는 과정에 따라 진행된다.

동시에 메타분석은 다음과 같은 한계점도 제기되고 있다. 첫째, 메타분석은 상이한 측정 방법, 조사 대상, 조작적 정의 등을 포함하는 연구들을 하나로 통합하기 때문에 연구 결과를 일반화하는 데 어려움이 발생할 가능성이 있다. 둘째, 분석 대상을 선정하는 과정에서 필연적으로 발생하게 되는 '출판 편향의 문제'이다. 만일 출판된 연구들만 분석에 포함시킨다면 연구자가 살펴보려는 현상과 관련된 모든 연구를 대표할 수 없다. 셋째, 대상 선정의 편향성을 제거하기 위해 미발표 논문까지 포함한다면 연구의 질이 떨어지는 논문들도 포함될 개연성이 증가한다. 넷째, 하나의 동일한 연구에서 여러 개의 통계치를 사용하는 것은 실제보다 결과를 과대 포장하게 될 가능성도 증가한다.

그렇지만 이와 같은 한계점이 메타분석의 장점이 될 수도 있다. 모든 연구는 한계가 있을 수밖에 없으며 어떤 연구이건 어떤 기준에서는 충족되지 않는 부분이 있기 마련이다. 메타분석에서는 통계적으로 유의하지 않은 연구 결과들을 통합하고 축적하는 과정을 거치면서 통계적 검정력이 높아지는 결과를 산출할 수 있게 된다(Ellis, 2010). 또한 이러한 메타분석의 한계점들은 전체적인 연구 흐름을 이해하는 데 장애 요소는 아니라는 주장도 있다(Marshall, Loi, & Na, 2004; Peterson, Albaum, & Beltramini, 1985).

3) 메타분석 절차 및 방법

메타분석이 이루어지기 위해서는 다음과 같은 몇 가지 전제 조건이 충족되어야 한다(오성삼, 2002). 첫째, 선행연구 결과들을 한데 모아 보다 신뢰할 수 있고 타당성 있는 결론을 도출해 내기 위한 통합 연구방법으로서의 메타분석을 하기 위해서는 무엇보다도 통합하고자 하는 주제와 관련된 선행연구물의 수가 충분하며 이 같은 연구물들을 수집하는 데 어려움이 없어야 한다는 점이다. 선정된 연구 주제와 관련하여 충분한 선행연구들을 수집할 수 없다면 표본 수의 부족으로부터 오는 검정력의 약화와 큰 결론을 위한 메타분석 본래의 취지를 상실하게 된다.

둘째, 메타분석에 사용될 선행연구의 연구 설계방식은 양적 연구여야 한다. 따라서 메타분석을 위해 선정된 주제와 아무리 관련이 있는 연구라 할지라도 그 연구 자체가 양적 연구가 아닌 질적 연구일 경우 메타분석의 대상에서 제외된다.

셋째, 실험집단과 통제집단의 평균치, 표준편차 및 사례 수나 유의도 등에 대한 정보가 제시되지 않더라도 t 검정, F 검정, 상관계수(r) 등에 의한 통계값이 제시된 경우라면 통계적인 변환공식에 의해 각종 통계값의 결과를 효과크기로 고쳐 사용해야 한다. 메타분석을 수행하기 위한 일반적인 절차도 다른 연구와 비슷하게 연구문제 또는 연구가설의 설정, 연구의 범위 선정 및 자료 수집, 분석 자료 부호화, 통계분석, 결과 해석에 이르는 일련의 과정을 거치게 된다.

(1) 메타분석 절차

메타분석을 수행하기 위해서는 통계적인 분석 이전에 앞서 거쳐야 할 여러 단계들이 있다. 메타분석 역시 다른 일반적인 연구와 비슷한 단계를 거치게 된다. 메타분석을 진행하기 위해 거치게 되는 단계를 정리하면 다음과 같다. 즉, 연구문제 또는 가설 설정, 분석 연구 자료의 범위 선정 및 수집, 연구 자료의 특성 파악 및 부호화(coding), 연구 결과의 메타통계분석, 분석 결과의 제시 및 해석, 메타분석을 통해 얻어진 결과를 기술하는 순서 등 일련의 과정이 바로 그것이다. 메타분석을 수행하기 위해 단계별로 고려해야 할 사항을 기술하면 다음과 같다(오성삼, 2002; Cooper, 2010).

표 6-3 전통적 연구 결과 분석과 메타분석의 비교

전통적 연구 결과 분석	메타분석
편의표본추출	체계적 표본추출
서술적 설명, 통계적 유의미성에 의존	계량적 분석 결과 제시(효과크기)
연구자의 주관성	객관성(명확한 기준, 원칙)
절차, 과정이 투명하지 않음	절차, 과정이 투명함
왜곡과 오류에 취약 (예: 출판 편향, 선별적 보고 오류, 확증 오류 등)	왜곡과 오류를 최소화 (예: 모수를 보다 정확하게 추정, 조절효과분석)

출처: 황성동(2014).

1단계: 연구문제 또는 가설 설정

메타분석을 실시하기 위해 가장 먼저 해야 할 일은 관심 있는 주제에 대한 연구문제나 가설을 설정하는 데서 출발한다. 여기서는 연구를 통해 밝혀내고자 하는 연구문제를 진술하거나 연구가설을 설정하게 된다. 더불어 관심 주제와 관련된 변수를 추출하고, 관련 연구와 관련되지 않은 연구를 구분하는 것도 이 단계에서 이루어진다.

2단계: 연구 자료의 범위 선정 및 수집

연구문제나 가설을 설정하고 난 이후에는 통합 연구를 위한 연구 논문을 수집하고 선정하는 단계가 필요하다. 메타분석의 성패는 얼마나 많은 양의 자료, 즉 연구 결과들을 수집했는가에 따라 좌우된다. 일반적으로 학술지에 게재된 연구만을 대상으로 메타분석을 실시하면 출판 편향의 문제가 발생할 수 있으므로(Hopewell, Clarke, & Mallett, 2005), 발표된 논문과 발표되지 않은 논문이 비슷한 수준으로 구성되는 것이 바람직하다(Rothstein & Hopewll, 2009). 어떤 연구물을 포함하고 포함하지 않을 것인가, 그리고 포함되지 않은 논문에 대해서는 배제 이유 등을 결정하고 명시할 필요성이 존재한다. 메타분석 연구나 체계적 연구에서는 어떤 논문을 분석 대상으로 하고, 또 어떤 논문은 제외할 것인지를 결정해야 한다. 메타분석 연구나 체계적 연구는 PRISMA(Preferred Reporting Items for Systematic Reviews and Meta−Analyses)라고 하는 보고 원칙(reporting guidance)에 따라 작성되는 것이 일반적이다(Moher, Liberati, Tetzlaff, & Altman, 2009). PRISMA에서 제시하고 있는 메타분석 대상 연구 선정 과정을 그림으로 표현하면 다음과 같다.

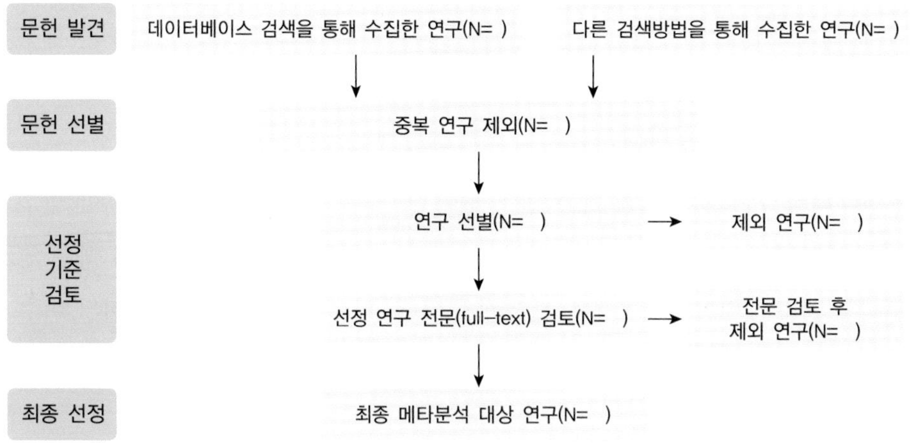

[그림 6-2] 메타분석 분석 대상 연구 선정 과정

3단계: 분석 대상 논문의 특성 분류

이 단계에서는 연구의 특징들을 파악하고 메타분석의 결과에 영향을 미칠 만한 변수나 특성들을 부호화한다. 부호화 작업에 주로 포함되는 속성은 연구 논문의 발표일자, 연구 대상의 연령계층, 남녀 간의 표집 비율, 표본크기 등이다. 그러나 이러한 부호화 작업을 할 때는 부호화하기 위한 분명한 준거가 있어야 한다. 연구 특성을 선정하여 부호화하는 작업에는 가급적이면 두 사람 이상의 평가자가 연구에 필요한 속성들을 분류하는 데 따른 평가자 간 일치도를 나타내 주는 것이 바람직하지만 필수적인 사항은 아니다.

4단계: 메타통계분석

이 단계는 연구 결과들을 통계적으로 분석하여 통합하는 단계이다. 기존에 발표되거나 미발표된 분석 대상 논문들의 수집이 끝나고 연구를 통해 규명하고자 하는 분석이 가능한 특성 변수들의 부호화가 끝나면 부호화된 자료를 가지고 통계분석을 시도하게 된다. 메타분석에서는 분석 대상이 되는 연구 결과를 효과크기라는 새로운 통계치로 표현한다. 효과크기의 대표적인 지수로 집단 간 차이를 나타내는 d나 g, 변수 간의 관계를 나타내는 r, 두 개의 이항변수 간의 관계를 나타내는 승산비(OR) 등이 있다. 이 단계는 크게 수집된 자료들이 메타통계분석이 요구하고 있는 기본 전제를 충족하고 있는지를 검토하는 단계와 각각의 선행 분석 결과들이 제시하고 있는 다양한 통계값으로부터 메타분석이 가능한 통계값으로 변환하는 단계, 그리고 변환된 통계값들을 이용하여 메타분석을 하는 세 단계로 나눌 수 있다. 효과크기 병합, 동질성 검증, 출판 편향, 조절변수나 메타회귀분석에 의한 연구 결과 간 차이 분석 등을 실시하는 것도 메타통계분석 단계에서 이루어진다.

5단계: 분석 결과의 제시 및 해석

메타분석을 위한 다섯 번째 단계는 메타분석을 통해 나온 분석 결과들을 제시하고 그에 따른 해석을 하는 단계이다. 개별 효과크기나 연구 결과를 결합하고 연구 결과 간의 차이를 검증하는 것이 이 단계에서 이루어진다. 누적된 연구 결과나 효과크기의 정도, 방향에 대해 요약, 기술하는 것도 메타분석에서는 무엇보다 필요하다고 할 수 있다. 메타분석에서 통합된 효과크기는 코헨(Cohen, 1988)이 제시하는 기준에 따라 크다, 중간, 작다 등으로 해석하는 경우가 일반적이다.

표 6-4 효과크기 해석

구분	*r*	*d*
작은 효과크기	0.1	0~0.3
중간 효과크기	0.3	0.4~0.8
큰 효과크기	0.5	0.8~

출처: Cohen (1988).

이상과 같은 메타분석의 절차를 그림으로 표현하면 다음과 같다.

1단계	연구문제, 연구가설 설정	연구문제 또는 연구가설 설정
2단계	연구 자료의 범위 선정 및 수집	분석 대상 논문 수집 분석 대상 자료 선정 기준 체계적 문헌 흐름도 작성
3단계	분석 대상 논문의 특성 분류	연구자료 특성 선택 자료 처리 및 분석방법 부호화 매뉴얼, 부호화표 개발
4단계	메타통계분석	자료 입력 및 결과 내용 수정 입력 자료를 효과크기로 통계적 변환 독립성 검정 효과크기 동질성 검정 효과크기 산출 및 해석 신뢰구간 선정
5단계	분석 결과의 제시 및 해석	효과크기 해석 결과 제시 형태 선택(*d*, *r*, *OR* 등) 출판 편향 제시(깔때기 그림, 안전성 계수 등)

[그림 6-3] 메타분석의 일반적 절차

(2) 메타분석 수행 방법

① 효과크기

메타분석을 실시하기 위해서는 분석 대상이 되는 기존의 선행연구 결과에서 다양한 형태로 제시하고 있는 통계값을 하나의 통일화된 효과크기로 변환하지 않으면 안 된다. **효과크기**는 각기 다른 통계치 또는 측정도구에 기초한 결과들을 하나의 공통된 계수로 변환하는 과정 또는 변환한 지수이다. 결국 효과크기란 메타분석이 가능하게 해 주는 단위라고 할 수 있으며, 분석 대상이 되는 선행연구의 다양한 형태의 결과들을 통합 혹은 비교가 가능하도록 공통의 단위로 변환시켜 놓은 것이라고 할 수 있다(오성삼, 2002). 메타분석에서 사용되는 지수인 효과크기는 측정 척도에 대한 집단 간 표준화된 평균 차이(standardized mean difference, 예: Cohen's *d*, Hedges' *g* 등)를 나타내는 효과크기(*ESsm*), 변수 간의 관계를 나타내는 상관계수(correlation coefficient)의 효과크기(*ESr*) 그리고 두 개의 이항변수 간의 관계를 나타내는 승산비(odds-ratio: *OR*)의 효과크기(*ESor*) 등으로 다양하다. 이 밖에도 R^2나 η^2, ω^2 등도 효과크기로 사용할 수 있으나, 이들은 메타분석을 위한 효과크기로는 적절하지 않다(Cheung, 2015). 이들 개개의 지수는 개념적으로 관찰된 효과크기를 표준화하였다는 점에서 동일한 선상에서 비교가 가능하며, 서로 다른 효과크기로 변환할 수 있다. 이와 같이 효과크기는 효과의 정도를 나타내는 지수(예: Cohen's *d*, Pearson's *r*)를 의미하기도 하고, 어떤 연구 대상에 실험이나 처치가 가해졌을 때와 그렇지 않았을 때를 비

표 6-5 효과크기 유형

데이터 형태	효과크기	메타분석의 효과크기
연속형 일원 데이터	• 표준화된 평균 차이(Cohen's *d*) • 교정된 표준화된 평균 차이(Hedges' *g*)	*d* *g*
연속형 이원 데이터	• 상관관계계수(*r*)	*r*
이분형/이항 데이터	• 이벤트 발생 비율(Risk Ratio) • 승산 비율(Odds Ratio) • 이벤트 발생 비율 차이(Risk Difference)	*RR* *OR* *RD*

교하여 어느 정도의 효과가 나타나는가를 알려 주는 구체적인 효과크기 값(예: 처치 X의 효과크기는 .50, 처치 Y의 효과크기는 .25 등)을 나타내기도 하는 다의적인 개념이다(Kelley & Preacher, 2012; Nakagawa & Cuthill, 2007).

② 독립성 문제

메타분석에서 이용되는 연구는 한 연구에서 1개의 효과크기를 제시할 수도 있으나 일반적으로 여러 개의 효과크기를 담고 있는 경우가 많다. 하나의 연구에서 여러 개의 효과크기가 산출되더라도 메타분석을 진행하기 위해 통합될 때 독립된 연구에서 얻은 효과크기처럼 다루어지고 있다. 실제 하나의 연구에서 같은 연구 대상에서 얻은 효과크기는 독립적이라고 할 수 없다. 그러나 메타분석에서는 같은 연구에서 산출된 효과크기에 각각 1개의 자유도를 부여함으로써 독립적이지 않은 자료를 독립적인 자료로 다루고 있다는 데 문제가 있다. 이와 같은 문제에 대해 각각의 효과크기가 같은 연구에서 나온 경우라도 효과크기 자체를 연구의 단위로 보는 것이 메타분석이므로 크게 우려할 바는 아니라는 주장도 있으나(오성삼, 2002), 한 연

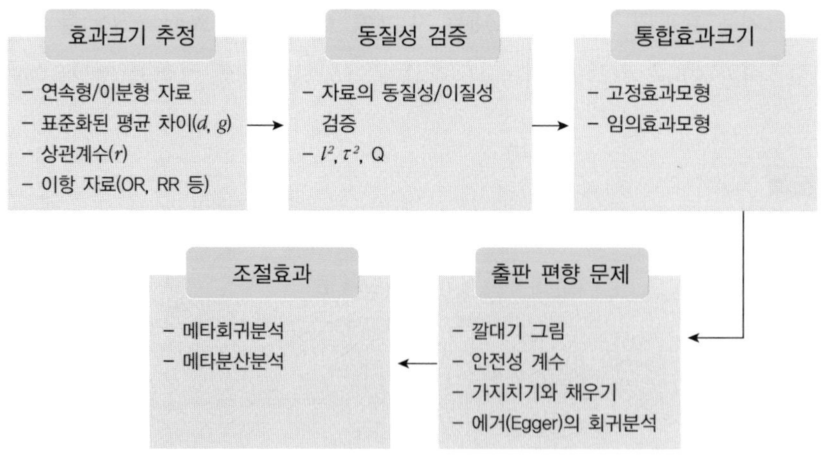

[그림 6-4] 메타분석 수행 방법

구에 여러 개의 효과크기가 있을 경우 그 연구물에 포함된 효과크기는 과대 혹은 과소 편향될 수 있으므로 전체 효과크기를 제시할 때는 효과크기 수가 아닌 연구물 수로 제시하는 것이 바람직하다. 독립성 문제를 해결하기 위한 방법으로 쿠퍼(Cooper, 2010)는 분석 단위의 이동(shifting unit of analysis)을 제시하고 있다. 분석 단위의 이동은 한 연구에 여러 개의 효과크기가 있을 경우 효과크기의 평균과 같이 대푯값을 이용하여 한 연구에 하나의 효과크기를 담고 있는 것으로 계산하는 방법이다. 다시 말해, 전체 효과크기는 메타분석에 활용된 연구 편수를 기준으로 산출하고 하위 집단 분석 시에는 메타분석에 포함된 효과크기 수대로 효과크기를 산출하게 된다.

③ 동질성 검증

통합효과 및 해당 신뢰구간을 추정하고 통합효과에 대한 가설 검증을 실시하기 위해 메타분석에서 주로 사용하는 통계적 모형으로는 두 가지가 있다. 그 방법은 각 모수들의 변화량을 연구 내의 변동량에 의해서만 설명하는 **고정효과모형**(fixed effect model)과 연구 간의 변동량을 추가로 고려하는 **임의효과모형**(random effect model)이다. 메타분석에서 고정효과모형과 임의효과모형은 평균 효과크기를 계산하는 방식과 관련이 있다. 이와 같은 문제를 고려해야 하는 이유는 메타분석이 서로 다른 연구물들을 가지고 효과크기를 통하여 비교하는 것으로 흔히 '사과와 오렌지를 섞어 놓고 비교한다'는 비판에서 출발한다. 이는 서로 다른 연구를 섞어 놓고 비교하는 것이 문제가 된다는 관점인데, 이를 보완하기 위해 메타분석을 위한 연구물들이 동일한 모집단을 설명할 수 있다는 것을 증명하는 방법 중의 하나가 동질성(homogenity) 검증이다. 즉, 동질성이 보장되지 않으면 메타분석의 의미가 없을 수도 있기 때문에 이는 메타분석에서 반드시 이루어져야 한다.

개별 효과크기라면 Excel이나 SPSS 등과 같은 통계 프로그램을 이용하여 산출할 수 있다. 그러나 동질성 검증은 자동으로 계산할 수 없으므로 연구자의 추가적인 계산이 필요하다. 동질성 검증은 코크란(Cochrane)의 Q값이나 τ^2(tau-square), I^2 등으로 파악할 수 있는데, 주로 검토되는 동질성 검증 값은 I^2이다. 동질성 검증은 이질성 검증과 같은 것으로 간주되는데, I^2이 25% 이하이면 이질성이 낮은 편이고 25~75%이면 중간 정도, 75%를 넘으면 이질성이 매우 높은 것으로 해석한다(Higgins, Thompson, Deeks, & Altman, 2003). I^2은 계산하기 용이하고 메타분석에 포함되는 연구 수에 좌우되지 않을 뿐만 아니라 해석이 직관적이고 적용 범위가 넓다는 이점이 있다(Higgins et al., 2003). 이런 점에서 I^2은 평균 효과크기의 변동을 해석하는 데 있어 Q값을 보완하는 유용한 지표이다(Turner & Bernard, 2006).

④ 출판 편향

출판 편향(publication bias)은 출판된 연구가 관심 있는 연구 주제와 관련한 모든 연구 결과를 대표하지 않을 때 발생한다. 출판 편향은 메타분석에 연구가 이중적으로 포함되거나 연구의 효과크기가 지나치게 높거나 낮은 것을 만드는 출판물이 있는 것을 검증하는 것을 가리킨다. 출판 편향은 메타분석에서 잠정적으로 내적 타당도를 위협하는 요인이고, 결과를 분석하고 해석하는 데 신중하게 고려되어야 한다. 적지 않은 기존 메타분석 연구에서 출판 편향과 관련된 지수를 계산하는 데 어려움이 있어 제시하지 않는 경우가 많지만(서미옥, 2011), 메타분석을 하는 데 있어 반드시 다루어야 할 통계 중의 하나이다.

다른 연구와 마찬가지로 메타분석을 활용한 연구에서도 여러 가지 **오류**(bias)가 발생할 소지가 있다. 그 유형으로는 언어적 오류, 접근성 오류, 친숙도 오류, 결과보고 오류, 비용 오류 등이 있다(황성동, 2014; Rothstein, Sutton, & Borenstein, 2005). 출판 편향은 이와 같은 오류에서 기인하는 모든 것이라고 할 수 있다. 이 때문에 메타분석에서 출판 편향은 피할 수 없는 문제이기도 하다.

현재까지 출판 편향 여부를 확인하기 위한 다양한 방법이 소개되었으나 출판 편향의 문제를 확인할 수 있는 하나의 완벽한 방법은 존재하지 않는다(Borenstein, 2005). 여러 가지 출판 편향을 보정하기 위한 방법이 개발, 제시되는 것도 바로 이러한 이유 때문이기도 하다. 출판 편향의 존재 여부는 가지치기와 채우기(trim and fill: Duval & Tweedie, 2000), 깔때기 그림(funnel plot: Egger, Smith, Schneider, &

표 6-6 메타분석에서의 오류 유형과 출판 편향

오류 유형	설명
언어적 오류 (language bias)	특정 언어로 출간된 연구 결과만을 선별적으로 포함시킴으로써 발생하는 오류. 국내 연구자라면 한글과 주로 영어로 출간된 연구 결과만을 포함시키는 경우도 여기에 해당
연속형 이원 데이터 (availability bias)	연구자가 접근하기 쉬운 연구 결과를 선별적으로 포함시키는 오류
친숙도 오류 (familiarity bias)	자신의 학문 분야의 연구 결과만을 선별적으로 포함시키는 오류
결과보고 오류 (outcome-reporting bias)	연구자가 연구 결과를 선별적으로 보고하는 경우. 즉 통계적으로 유의한 연구 결과가 그렇지 않은 연구 결과보다 더 잘 보고되는 경향이 있음으로 발생하는 오류
비용 오류 (cost bias)	무료 또는 저비용으로 이용 가능하나 연구 결과를 선별적으로 포함하는 경우 발생하는 오류

Minder, 1997), 에거(Egger)의 회귀분석(Egger's regression analysis: Egger, Smith, & Altman, 2003) 등을 통해 확인할 수 있다. 퍼거슨과 브래닉(Ferguson & Brannick, 2012)의 연구에 따르면, 심리학 관련 연구 데이터베이스인 PsycINFO를 중심으로 2005년에서 2009년까지 5년간 수행된 메타분석 연구에서 출판 편향 문제는 가지치기와 채우기(24%), 안전성 계수(22%), 출판된 연구의 효과크기와 미출판 연구의 효과크기 비교(21%), 깔때기 그림(5%), 에거의 회귀분석(5%) 등을 통해 확인되고 있는 것으로 나타났다. 출판 편향 문제와 관련하여 로스타인과 동료들(Rothtein et al., 2005)은 약 50%는 그 영향이 미미한(minimal) 수준이고, 약 45%는 보통(modest), 나머지 약 5%만이 심각한(severe) 수준으로, 메타분석 연구에서 출판 편향으로 인한 연구 결과의 신뢰성 문제는 크지 않다는 연구 결과를 제시하고 있다.

표 6-7 출판 편향 확인 방법

데이터 형태	설명
깔때기 그림	출판 편향을 계산하는 가장 널리 이용되는 방법 중의 하나. 깔때기 그림에서 효과크기를 중심으로 양쪽으로 균등하게 분포하고 있으면 출판 편향이 없는 것으로 판단할 수 있고, 균등하지 못하고 치우침이 있는 분포가 보이면 출판 편향이 있는 것으로 판단하게 됨. 깔때기 그림은 시각적으로 즉시 편향 여부를 확인할 수 있다는 장점이 있긴 하지만 주관적일 수 있다는 제한점이 있음.
안전성 계수 (fail-safe N)	안전성 계수는 메타분석을 통해 산출되는 효과크기가 0으로 나오기 위해 필요한 연구 논문의 수를 계산하는 방식. 하지만 이 방법은 누락된 연구의 평균 효과크기에 따라 N에 대한 추정이 매우 다양하게 산출된다는 취약점이 있음. 안전성 계수는 실질적인 유의성이 아니라 통계적 유의성에 초점을 두고 있으므로 출판 편향을 확인하는 방법으로는 적절하지 않다는 비판이 많이 제기되고 있음.
오윈(Orwin)의 안전성 계수	오윈(Orwin, 1983)은 앞서 설명한 안전성 계수와는 달리, 통계적 유의미성보다는 좀 더 실제적인 것에 초점을 맞추고 있고, 누락된 연구들의 효과가 0이라고 가정하지 않음. 연구자가 실제적으로나 이론적으로 숨겨진 연구의 효과크기의 정도를 추측하여 계산할 수 있도록 하였기 때문에 오윈의 방법은 연구자가 원하는 수준에 따라 얼마나 숨겨진 연구가 필요한지 계산할 수 있음.
켄달(Kendall)의 타우(τ)	개별 효과크기와 표준오차 간의 순위상관(rank-correlation)을 통해 출판 편향을 확인하는 방법. 출판 편향이 없는 경우, 효과크기와 표준오차와의 상관관계는 유의하지 않음. 이 방법은 상대적으로 검증력이 낮고 보수적이라는 특징을 지님
에거(Egger)의 회귀분석방법	실제 효과크기와 표준오차와의 상관을 통해 효과크기 분포의 비대칭성을 수치화하는 방법. 출판 편향이 없는 경우, 표준화된 효과크기와 정확도[Precision; 표준오차의 역(inverse)]를 통해 추정된 회귀절편은 0과 유의한 차이를 보이지 않음. 순위상관을 활용한 방법보다 검증력이 높다는 특징이 있으나, 개별 사례 수가 충분하지 않거나 편향이 심각한 수준이 아닌 경우는 검증력이 낮게 나타남.
가지치기와 채우기	가지치기와 채우기는 출판 편향이 메타분석 결과에 영향을 주는지와 편향을 제거하였을 때 효과크기가 어떻게 변화하는지를 추정하는 방법. 본래의 효과크기와 보정된 효과크기의 차이가 출판 편향과 누락된 연구가 메타분석 결과에 얼마나 영향력이 있고 그 결과가 얼마나 믿을 만한지 추정하는 민감한 분석으로 사용될 수 있음.

출처: 이종호(2013), 황성동(2014)의 자료를 저자가 재구성함.

3. 메타분석 사례

1) 표준화된 평균 차이 효과크기

(1) 데이터 입력

평균 차이 분석, 즉 t 검증을 이용한 연구 결과를 살펴보면, 두 집단의 평균, 표준편차, 표본크기가 제시되는 경우가 일반적이다. 엑셀 프로그램을 이용하여 결과값을 입력한 후 csv 형태로 저장하여 분석에 활용한다.[1]

study	m1	s1	n1	m2	s2	n2
d0014	3.57	1.47	249	2.09	1.23	249
d0075	3.80	0.67	150	2.38	0.95	150
d0092	4.57	1.42	83	2.43	1.50	83
d0109	4.61	0.99	136	4.99	0.97	136
d0247	4.31	1.27	25	3.51	1.11	25
d0312	3.22	0.56	34	2.98	0.68	45
d0316	3.50	1.06	140	3.20	1.08	140

	A	B	C	D	E	F	G
1	study	m1	s1	n1	m2	s2	n2
2	d0014	3.57	1.47	249	2.09	1.23	249
3	d0075	3.8	0.67	150	2.38	0.95	150
4	d0092	4.57	1.42	83	2.43	1.5	83
5	d0109	4.61	0.995	136	4.99	0.974	136
6	d0247	4.31	1.27	25	3.51	1.11	25
7	d0312	3.22	0.56	34	2.98	0.68	45
8	d0316	3.5	1.06	140	3.2	1.08	140
9	d0336	2.83	0.98	160	1.98	0.83	160
10	d0396	4.25	0.7	54	2.97	0.78	55
11	d0446	3.95	0.05	153	3.89	0.05	170
12	d0461	3.3	0.63	204	3.36	0.64	202
13	d0490	2.25	0.63	167	2.19	0.64	167

[그림 6-5] 실험집단과 통제집단의 평균, 표준편차, 표본크기

(2) 표준화된 평균 차이 효과크기 계산 방법

표준화된 평균차의 효과크기는 통합 연구를 수행함에 있어 연속형 자료를 사용하여 측정된 두 집단을 비교할 때 사용된다. 분석 대상 논문이 집단 간(실험집단과 비교집단) 비교를 실시하는 데 있어 연속형 자료를 통해 측정된 경우 사용하는 방법이다.

1 이 사례는 두 집단 비교, 즉 독립표본 t 검증일 때 사용되는 방법이며, 쌍체비교나 단일집단 비교 등에 따라 데이터 입력 형태는 차이를 보인다. 마찬가지로, 일원배치분산분석(One-way ANOVA), 이원배치분산분석(Two-way ANOVA) 등에 따라 효과크기 산출식은 다르다. 통계값에 따른 효과크기 산출식은 메타분석의 이론서(예: 오성삼, 2002; Lipsey & Wilson, 2001)를 참조하기 바란다.

이와 같은 효과크기를 구하기 위해서는 연구에서 사용된 실험집단과 통제집단의 평균 점수들 간의 차이를 표준편차로 나눈 지수를 산출해야 한다. 표준화된 평균차 효과크기와 그 분산, 표준오차는 〈표 6-8〉과 같은 공식을 통해 구할 수 있다.

표 6-8 표준화된 평균 차이 효과크기 산출식

구분	두 집단	t 또는 F값이 제시된 경우
효과크기	$d = \dfrac{\overline{X}_1 - \overline{X}_2}{5_{pooled}}$	$d = t\sqrt{\dfrac{n_1 + n_2}{n_1 n_2}}$
통합표준편차	$s_{pooled} = \sqrt{\dfrac{(n_1 - 1)S^2_1 + (n_2 - 1)S^2_2}{n_1 + n_2 - 2}}$	$d = \sqrt{\dfrac{F(n_1 + n_2)}{n_1 n_2}}$

평균 효과크기를 계산하기 위해서는 먼저 가중치를 구해야 한다. 메타분석에서 각 연구의 효과크기를 결합할 때는 각 연구의 표본크기에 근거한 가중 평균을 사용하여 제시하게 된다. 즉, 표본크기가 큰 대규모 연구는 소규모로 진행된 연구보다 더 많은 가중치를 부여받게 된다.

표 6-9 가중치와 평균 효과크기 계산

가중치	$W_i^* = \dfrac{1}{V^{*Y_i}}$	표본이 큰 경우 가중치가 크다
평균 효과크기	$M = \dfrac{\sum_{i=1}^{k} W_i^* Y_i}{\sum_{i=1}^{k} W_i^*}$	$V_{M^*} = \dfrac{1}{\sum_{i=1}^{k} W_i^*}$ $SE_{M^*} = \sqrt{V_{M^*}}$ $LL_{M^*} = M^* - 1.96 \times SE_{M^*}$ $UL_{M^*} = M^* + 1.96 \times SE_{M^*}$

(3) R을 이용한 표준화된 평균 차이 통합효과크기 계산

앞에서 제시한 12개 연구 결과 사례에 대한 효과크기를 R을 이용하여 계산해 보았다. R에서 주로 사용하는 메타분석 패키지는 'meta'와 'metafor'가 있는데, 여기서는 사용하기 조금 더 편리한 'meta'를 이용한 메타분석을 실시하는 방법을 이용하였다. 'meta'에서 평균과 표준편차가 제시된 연속형 데이터의 경우 명령어는 'metacont'이다. R을 이용하여 'meta' 패키지를 설치하고 데이터 분석에 이르는 명령문은 다음과 같이 표현할 수 있다.

```
> setwd("C:/R")
> install.packages("meta")
> library(meta)

> mydata <- read.csv("ESd.csv")
> mydata

> meta1 <- metacont(n1, m1, s1, n2, m2, s2,
                  sm="SMd", study, data=mydata)
> meta1
```

이러한 과정을 거쳐 얻을 수 있는 결과는 다음과 같다. 분석 사례 수는 12개이며, 고정효과모형에 의한 통합효과크기는 $d = .635$, 임의효과모형은 $d = .749$이다. 동질성 검증 결과 $I^2 = 96.5\%$, Q = 317.84, $p < .0001$이므로 이 사례는 이질적이라고 볼 수 있다.

```
        COR            95%-CI %W(fixed) %W(random)
A0001 0.7850 [ 0.7261; 0.8325]      10.3       10.1
A0002 0.6300 [ 0.5225; 0.7178]       7.5        9.9
A0003 0.4100 [ 0.2892; 0.5179]      10.3       10.1
A0004 0.2330 [ 0.0906; 0.3660]       9.1       10.0
A0018 0.4160 [ 0.2912; 0.5269]       9.6       10.0
A0021 0.4370 [ 0.3079; 0.5503]       8.7       10.0
A0027 0.2410 [ 0.1498; 0.3281]      21.8       10.4
A0048 0.1790 [ 0.0129; 0.3355]       6.9        9.8
A0049 0.0210 [-0.1545; 0.1952]       6.3        9.8
A0050 0.0500 [-0.0946; 0.1925]       9.4       10.0

Number of studies combined: k = 10

                        COR           95%-CI     z  p-value
Fixed effect model   0.3688 [0.3299; 0.4065] 17.12 < 0.0001
Random effects model 0.3705 [0.1932; 0.5243]  3.94 < 0.0001

Quantifying heterogeneity:
tau^2 = 0.0916; H = 4.31 [3.52; 5.28]; I^2 = 94.6% [91.9%; 96.4%]

Test of heterogeneity:
      Q d.f.  p-value
 167.23    9 < 0.0001

Details on meta-analytical method:
- Inverse variance method
- DerSimonian-Laird estimator for tau^2
- Fisher's z transformation of correlations
```

[그림 6-6] 표준화된 평균 차이 효과크기 산출 결과

2) 상관관계 효과크기

(1) 데이터 입력

상관계수는 효과크기 산출에서 가장 널리 이용되는 형태이다. 특히 상관관계를 이용한 효과크기 계산 방법은 다른 방법에 비해 복잡하지 않고 두 변수 간의 일정한 방향성을 파악하기 용이하다는 점에서, 그리고 해석하기 용이하다는 점에서 많이 이용되고 있다(Ellis, 2010; Rosenthal & DiMatteo, 2001). 상관계수를 이용한 효과크기의 경우 데이터 입력 형태도 어렵지 않다. 개별 연구물과 그에 대한 상관계수 값(r), 그리고 표본크기를 입력하는 것으로 통합효과크기를 계산하기 위한 작업은 모두 끝마

치게 된다. 이후 아래 다음의 D열 이후는 조절변수의 효과를 보기 위한 것이라고 할 수 있다.

study	r	n
A0001	0.785	205
A0002	0.630	150
A0003	0.410	205
A0004	0.233	182
A0018	0.416	191
A0021	0.437	173
A0027	0.241	430
A0048	0.179	139

	A	B	C	D	E
1	study	r	n		
2	A0001	0.785	205	12호감성	31의도
3	A0002	0.630	150	01신뢰성	32행동
4	A0003	0.410	205	01신뢰성	32행동
5	A0004	0.233	182	02전문성	22메시지태도
6	A0018	0.416	191	02전문성	32행동
7	A0021	0.437	173	11매력성	21광고태도
8	A0027	0.241	430	13유사성	31의도
9	A0048	0.179	139	99객관성	31의도
10	A0049	0.021	126	03진실성	32행동
11	A0050	0.050	186	11매력성	21광고태도

[그림 6-7] 상관계수 데이터 입력 형태

(2) 상관관계 효과크기 계산 방법

상관계수란 두 집단이 측정 결과가 얼마만큼 상호 관련이 있는가의 정도를 하나의 지수로 나타낸 것을 의미한다. 상관관계의 가장 일반적인 형태는 피어슨(Pearson)의 적률 상관계수로서 'r'로 표현한다. 이러한 상관계수(Pearson r)로 표현된 연구 결과들을 메타분석하는 가장 전형적인 방법은 상관계수 r의 평균을 구하거나 상관계수 r을 피셔(Fisher)의 z로 변환하여 이의 평균치를 구한 다음, 재차 피어슨의 r로 전환하여 제시하는 것이다. 보렌스타인과 동료들(Borenstein et al., 2009)에 의하면 통계값이 상관계수로 제시된 연구 결과들을 통합 분석하는 경우 상관계수의 분산은 공식 $Vr=(1-r^2)^2/\text{n}-1$을 통해 구할 수 있는데, 그 분산은 상관관계에 크게 영향을 받기 때문에 일반적으로 상관계수 자체를 사용하지 않는다. 따라서 상관계수(r)를 피셔(Fisher)의 z로 전환한 후, z값을 이용하여 분석하고 나중에 다시 상관계수로 전환하여 분석 결과를 내놓는 방식을 따른다.

표 6-10 상관관계 효과크기 산출식

구분	효과크기 계산	분산 계산
피셔의 z 전환	$ES_{zr} = 0.5 \times \text{In}\left(\frac{1+r}{1-r}\right)$	$V_z = \frac{1}{n-3}$, $SE_z = \sqrt{V_z}$
통합상관계수	$r = \frac{e^{2z}-1}{e^{2z}+1}$	

(3) R을 이용한 상관계수 통합효과크기 계산

상관관계 데이터도 앞서 살펴본 표준화된 평균 차이 데이터와 동일한 과정으로 분석하게 된다. 상관계수가 입력된 데이터는 다음과 같이 불러온다. 상관관계 데이터에서 효과크기 계산은 피셔의 z로 전환한 후 상관관계를 분석하게 되는데, 이때 명령어는 'metacor'를 활용한다.

```
> correlation <- read.csv("correlation.csv")
> correlation

> meta3 <- metacor(r, n, sm="ZCOR",
              studlab=paste(Name), data=correlation)
> meta3
```

이러한 명령어를 이용하여 산출된 결과는 [그림 6-8]과 같다. 예제 사례 수는 10개이며 동질성 검증 결과, 매우 이질적인 것으로 나타났다($Q = 167.23$, $p < .0001$, $I^2 = 94.6$). 통합효과크기는 $r = .371$로 코헨의 효과크기 해석 기준에 따르면 중간 정도의 수준을 보이고 있었다.

지금까지 R을 이용하여 연구 결과에 제시된 통계값 형태에 따른 통합효과크기 산출 과정에 대해 약술하였다. 이 밖에도 매우 직관적인 방법으로 메타분석과 관련된 다른 문제, 이를테면 출판 편향 문제를 확인할 수도 있다.

```
          COR            95%-CI %W(fixed) %W(random)
A0001 0.7850 [ 0.7261; 0.8325]      10.3       10.1
A0002 0.6300 [ 0.5225; 0.7178]       7.5        9.9
A0003 0.4100 [ 0.2892; 0.5179]      10.3       10.1
A0004 0.2330 [ 0.0906; 0.3660]       9.1       10.0
A0018 0.4160 [ 0.2912; 0.5269]       9.6       10.0
A0021 0.4370 [ 0.3079; 0.5503]       8.7       10.0
A0027 0.2410 [ 0.1498; 0.3281]      21.8       10.4
A0048 0.1790 [ 0.0129; 0.3355]       6.9        9.8
A0049 0.0210 [-0.1545; 0.1952]       6.3        9.8
A0050 0.0500 [-0.0946; 0.1925]       9.4       10.0

Number of studies combined: k = 10

                        COR           95%-CI     z  p-value
Fixed effect model   0.3688 [0.3299; 0.4065] 17.12 < 0.0001
Random effects model 0.3705 [0.1932; 0.5243]  3.94 < 0.0001

Quantifying heterogeneity:
tau^2 = 0.0916; H = 4.31 [3.52; 5.28]; I^2 = 94.6% [91.9%; 96.4%]

Test of heterogeneity:
      Q d.f.  p-value
 167.23    9 < 0.0001

Details on meta-analytical method:
- Inverse variance method
- DerSimonian-Laird estimator for tau^2
- Fisher's z transformation of correlations
```

[그림 6-8] 상관계수 효과크기 산출 결과

4. 메타분석과 빅데이터 그리고 시뮬레이션

오늘날의 사회 현상은 사회과학의 고유 영역이 될 수 없음을 극명하게 제시한다. 기술의 발달은 자연과학과 사회과학의 학문적 경계를 허물기에 충분하다. 학문 간의 협력을 강조하던 학제적(interdisciplinary) 접근이 아니라 **초학문적**(transdiciplinary) 접근이 필요한 시대이다. 사회과학, 좁게는 광고, PR, 커뮤니케이션 연구에서도 종합적인 접근법이 요구되고 있으며, 커뮤니케이션 연구의 폭과 깊이, 이론의 확장을 위해서는 새로운 과학적 방법론에 대한 관심이 필수적이다.

이 장에서는 우선 **학제적 통합**을 통해 우리의 지식을 더욱 굳건히 할 수 있을 것이라는 가정하에 그 하나의 출발점으로 메타분석이라는 방법론을 소개하고 다루었다. 여기에 언급한 것 외에도 메타분석만 놓고 보더라도 여전히 천착해야 할 과제가 남아 있기도 하다. 사회과학 분야에서 많이 쓰이는 방법론인 회귀분석의 회귀계수를 종합하는 문제, 메타분석과 구조방정식을 결합하는 문제, 단일대상연구에 대한 메타분석, 다층(multi-level) 자료를 활용한 메타분석 등에 대해서도 관심을 기울일 필요가 있다.

학제적 연구, 과학적 방법론에 대한 끊임없는 탐구와 천착이 지속되어야 하는 이유는 앞으로 우리가 알아야 할 바를 예측하는 데 필요하기 때문이다. 특정 연구 분야에서 축적된 연구 결과물에 머무르지 않고 이들을 통합하려는 시도도 불확실한 미래의 불투명성을 조금이라도 줄여 보기 위한 노력이 승화된 형태라고 할 수 있다. 미래가 불확실하다는 것은 앞으로 일어날 사건이 둘 이상이고, 각 사건이 발생할 확률을 하나의 수치로 나타낼 수 없음을 의미한다. 메타분석을 통해 기존 연구를 통합하거나 빅데이터 분석을 통해 수많은 사람들의 생각과 의견을 확인하는 것도 복잡한 사회 현상의 연관관계를 밝히고 예측력을 높이기 위한 활동인 셈이다.

과학기술의 발달과 통계학의 만남은 불확실성 그 자체에 직면하고 이를 해결하기 위한 분야로까지 확대되었다. 시뮬레이션은 불확실성이 필연적으로 존재하는 사회 현실과 상황에서 어떠한 의사결정을 내리고 전략을 구사하는 것이 가장 바람직할 것인가를 예측하는 방법이다. 시뮬레이션은 불확실성에 둘러싸인 개인이나 조직의 문제를 해결하는 데 활용할 수 있는 과학적 방법론이다. 기업이 당면하고 있는 경영활동이나 위기(risk) 대처와 극복은 물론, 보건, 행정, 게임 등 불확실성이 필연적인 모든 문제에 시뮬레이션이 적용될 수 있다. 시뮬레이션은 현실의 모방(imitation)이다. 앞으로 우리가 알아야 할 것은 과거 또는 현재의 행태를 가상적으로 복제한 후, 어떠한 선택을 하고 전략을 구사하는 것이 바람직할 것인가를 제안하는 과학적 절차이다. 이는 미래의 불확실성 또한 확률분포로 추정될 수 있고, 분포의 구체적 형태는 난수를 이용해 나타낼 수 있기 때문이다.

메타분석, 빅데이터 분석, 시뮬레이션 분석은 어떻게 보면 직접적인 관련성은 크지 않다. 다만, 이들 모두 우리가 지금까지 알고 있는 바를 바탕으로 앞으로 알아야 할 바가 무엇인지, 그리고 어떻게 전략적으로 대응해야 하는가를 제시하는 유용한 방법론이라는 점에서 공통점을 지닌다. 그 가운데 자리 잡은 통계의 무서운 힘에 대해서도 유념하지 않으면 안 된다. 데이터 사이언티스트는 방대한 데이터를 기계적으로 집적 · 관리하는 능력을 갖춘 자를 의미하지 않는다. 오히려 복잡하고 서로 얽혀 있는 사회 현상에 대해 지금까지의 쌓아 올린 지식과 경험에 바탕을 두고 미래를 예견하는 일이 더 필요하다. 다만, 주된 활용 범위에 따라 메타분석은 학문 영역에서는 이론의 발전에 더 큰 관심을 기울이고, 빅데이터 분석은 실무 영역에서 사람들의 실제 행동을 바탕으로 앞으로의 행동이 어떻게 나타날 것인가에 더 초점을 맞춘다고 할 수 있다. 시뮬레이션은 전략적이고 가장 합리적인 의사판단을 위해 고려해 볼 수 있는 다양한 경우의 수를 상정하고 이를 바탕으로 예측하는 것을 중심으로 한다는 점에 가장 큰 차이가 있다고 할 것이다.

제7장

컨조인트 분석

전홍식(숭실대학교 경영학부 교수)

1. 컨조인트 분석
2. 광고 콘셉트 개발을 위한 컨조인트 분석
3. 담뱃갑 건강 경고 및 금연광고에 관한 연구 사례
4. 온라인 콘텐츠 이용에 관한 연구 사례
5. 마치며

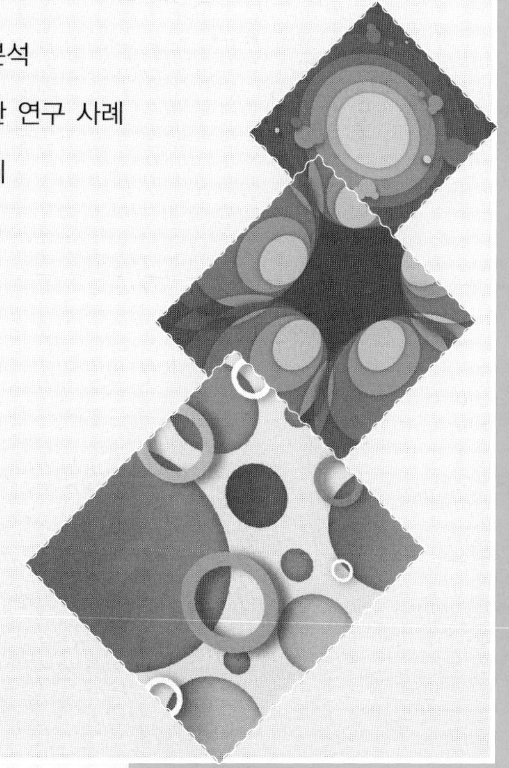

◈◇◈

소비자는 물건을 선택할 때 어떤 물건을 선호하게 될까? 컨조인트 분석(conjoint analysis)은 소비자의 선호도를 측정하는 방식으로, 1970년대에 마케팅 분야에 도입되어, 신제품 개발 등의 마케팅 분야 및 의사결정 분야에서 다양하게 사용되고 있다(Green & Srinivasan, 1990). 또한 마케팅 분야를 넘어, 컨조인트 분석은 광고의 다양한 분야에서 적용되고 있다. 이 장에서는 실질적인 연구 사례 등을 바탕으로 컨조인트 분석에 대한 기본적인 개념을 살펴보고, 광고학이나 마케팅 분야에 컨조인트 분석이 어떻게 활용될 수 있는지에 대해 살펴보고자 한다.

1. 컨조인트 분석

1) 컨조인트 분석의 개념

최근 다양한 분야에서 빅데이터 분석을 활용한 수요 예측이 활발해지고 있다. 특히 마케팅 분야에서 빅데이터 분석을 통해 소비자의 제품이나 서비스에 대한 수요와 선호를 예측하고, 고객 맞춤형 제품이나 서비스를 제공하는 전략을 구사하고 있다. 또한 광고 분야에서도 빅데이터를 활용하여 광고를 제작하고 있는데, '불스원샷'의 광고가 빅데이터를 분석해 만든 광고의 예이다. 광고에서 모델 마동석은 유재석에게 "재석 씨가 광고하는 불스원샷, 나 엔진오일도 갈았는데 꼭 갈아야 돼?"라고 묻는다. 이는 엔진오일과 불스원샷이 무엇이 다른가에 대한 질문이 SNS에 많이 올라 온다는

[그림 7-1] 불스원샷 광고

출처: google.

데이터 분석에 근거하여 제작되었다(뉴스 1, 2018)([그림 7-1 참조]).

컨조인트(conjoint)는 consider와 jointly의 합성어로, 컨조인트 분석은 실험설계에 의해 구성된 다속성 자극물(multi-attribute stimuli)에 대한 소비자의 선호도를 분석하는 방법이다(김영욱, 이혜진, 2015; Green, Tull, & Albaum, 1988). 즉, 컨조인트 분석을 활용해 "제품(예: 서비스, 정책, 아이디어)을 구성하는 여러 가지 속성(attribute or factor)과 각 속성의 수준(level)을 동시에 고려하여, 소비자의 선호도 혹은 반응을 측정하여 분석한다."(신윤정 외, 2007, p. 29)

이로써 소비자가 어떤 속성을 중요하게 여기는지에 대한 속성의 순위와 상대적인 차이를 파악할 수 있고, 각 속성의 수준들에 대한 선호도를 측정할 수 있다. 또한 소비자가 각 속성에 부여하는 상대적 중요도(relative importance)와 각 속성 수준의 부분 가치인 효용(utility)을 산출하여 소비자의 선호도를 파악한다. 소비자가 가장 선호하는 속성 및 수준들의 조합도 예측 가능하게 하고(신윤정 외, 2007; 장승익, 2009), 새로운 제품이나 서비스가 어느 정도의 시장 점유율을 갖게 될지, 새로운 정책이나 아이디어가 어느 정도의 지지율을 갖게 될지를 예측할 수 있게 된다(신윤정,

김부용, 현용진, 2007).

컨조인트 분석은 소비자가 실험(설문) 과정에서 제시한 다속성 프로파일을 종합적으로 평가하여 각 프로파일에 대한 선호도를 응답한다. 즉, 소비자들로 하여금 속성들이나 속성의 수준에 대한 단편적인 선호도를 응답하게 하는 기존의 설문조사 방식과는 달리, 컨조인트 분석은 소비자들로 하여금 모든 속성과 각 속성의 모든 수준을 동시에 고려한 상황에서 선호도를 응답하게 한다(신윤정 외, 2007). 이는 실제 구매상황과 유사하게 종합적인 프로파일이 제시되는 상황에서 소비자의 선호도를 측정함으로써, 소비자 스스로도 각 속성 및 차원에 대한 선호도를 구분하여 인식하지 않고, 보다 현실에 가까운 평가를 제공한다고 볼 수 있다(김영욱, 이혜진, 2015).

예를 들어, 가격은 100만 원과 200만 원, 크기는 14인치와 17인치의 노트북을 생산한다고 가정해 보자. 이때 소비자가 선택할 수 있는 대안은 4가지(100만 원 & 14인치, 100만 원 & 17인치, 200만 원 & 14인치, 200만 원 & 17인치)이다. 컨조인트 분석은 이 4가지의 대안을 소비자에게 제시하여 소비자가 노트북의 가격과 크기라는 속성에 대해 가지는 상대적인 중요도와 효용을 측정할 수 있다. 예로, 한 소비자가 100만 원의 17인치 노트북과 200만 원의 14인치 노트북 중, 200만 원의 14인치 노트북을 더 선호한다면, 이 소비자는 상대적으로 노트북의 크기가 선호도를 결정하는 높은 효용을 가진다고 볼 수 있다.

컨조인트 분석은 다양한 분야에서 이용되고 있다. 마케팅에 관련된 연구가 많은 비중을 차지하고 있지만, 광고 콘셉트 개발(장승익, 2009), 헬스커뮤니케이션(김영욱, 이혜진, 2015; 신윤정, 김부용, 현용진, 2007), 온라인 콘텐츠 이용(이정우, 이문규, 최홍준, 2007; 임정수, 2013a, 2013b), 광고 제도 개선(변상규, 김재철, 2010; 장승익, 천현숙, 마정미, 2015), 정책 의사결정(김수원, 김성철, 2017; 변상규, 2009)과 같은 다양한 분야에서 적용되고 있다. 〈표 7-1〉은 컨조인트 분석을 이용한 선행연구의 예이다.

표 7-1 컨조인트 분석을 이용한 국내 연구의 예

주제	연구자	연구 제목
마케팅	강하나, 진현정(2015)	창작뮤지컬의 콘텐츠 제공 및 홍보에 대한 소비자 선호 분석
	권호영, 이종원(2002)	효율적 채널 상품 구성을 위한 수용자 분석
	김민석, 김원준, 김민기, 강재원(2017)	사용자 선호기반 웨어러블 디바이스의 수용성 연구: 스마트 워치를 중심으로
	김성섭, 김보균, 박제온(2006)	컨조인트 분석을 이용한 커피전문점의 선택 속성 분석 및 브랜드 자산가치 측정
	박선영, 유승훈(2012)	스마트 TV에 대한 소비자 선호 분석
	배정섭, 조광민, 곽민석(2013)	컨조인트 분석을 활용한 프로야구 팬들의 실망요인 분석
	신동명, 김보영(2014)	컨조인트 분석을 통한 디지털 음악콘텐츠 서비스의 소비 속성별 가치 추정
	안성식, 박기용, 양주환(2005)	컨조인트 분석을 이용한 패밀리 레스토랑의 성공요인에 관한 연구
	이광균, 이주형(2013)	수요자 선호도 분석을 통한 미분양 아파트 마케팅 전략
	이동한, 우종필, 윤남수(2012)	컨조인트 분석을 이용한 프랜차이즈 커피전문점 소비자 선택 속성 및 시장 세분화
	진현정, 금석헌(2011)	소비자의 친환경농산물 구매에 있어서 가격변수의 중요도 및 영향인자에 관한 분석
	채인숙 외(2002)	컨조인트 분석을 통한 피자 브랜드 선택 속성의 중요도 분석
	허영지, 고재윤(2012)	컨조인트 분석을 이용한 프리미엄 마켓에서의 생수 선택 속성에 관한 연구
온라인 프라이버시	최미영, 이상용(2008)	온라인 프라이버시 침해 우려에 관한 컨조인트 분석: 한국에서의 사례
	백승익, 최덕선(2015)	개인정보 노출에 대한 인터넷 사용자의 태도에 관한 연구

광고, 헬스커뮤니케이션	김영욱, 이혜진(2015)	담뱃갑 경고 그림의 효과적인 속성 조합에 관한 연구: 컨조인트 분석을 통한 국내환경 중심 분석
	신윤정, 김부용, 현용진(2007)	컨조인트 분석방법론에 의한 담배 포장의 금연 인식 유발 효과 분석
	장승익(2009)	컨조인트 분석을 활용한 금연광고 크리에이티브 전략 연구
	장택원(2009)	AHP 법과 컨조인트를 활용한 중요도 결정법에 대한 방법적 고찰
광고, 방송 제도 개선	장승익, 천현숙, 마정미(2015)	컨조인트 분석을 활용한 방송광고 제도 개선 방안 연구
	김수원, 김성철(2017)	새 정부의 ICT · 미디어 관련 정부 조직 개편 방향에 대한 연구: 국민들의 인식을 중심으로
	변상규(2009)	디지털 케이블방송 기술정책에 대한 수용자 후생효과 연구
	변상규, 김재철(2010)	방송을 통한 간접광고 도입의 경제적 타당성 분석: 시청자 후생을 중심으로
온라인 콘텐츠, 온라인 사이트 이용	이정우, 이문규, 최홍준(2007)	온라인 콘텐츠의 컨조인트 분석: Video on Demand 서비스 사례를 중심으로
	임정수(2013a)	텔레비전 콘텐츠 VOD에 대한 이용자 선호도와 속성변인의 컨조인트 분석
	임정수(2013b)	최신 영화 VOD 이용자의 선호도에 대한 컨조인트 분석
	장택원(2012)	인터넷 상거래 사이트 선택 요인에 관한 연구: 제품 관여도의 조절 효과를 중심으로

2) 컨조인트 분석 설계

컨조인트 분석 절차는 [그림 7-2]와 같이 요약된다.

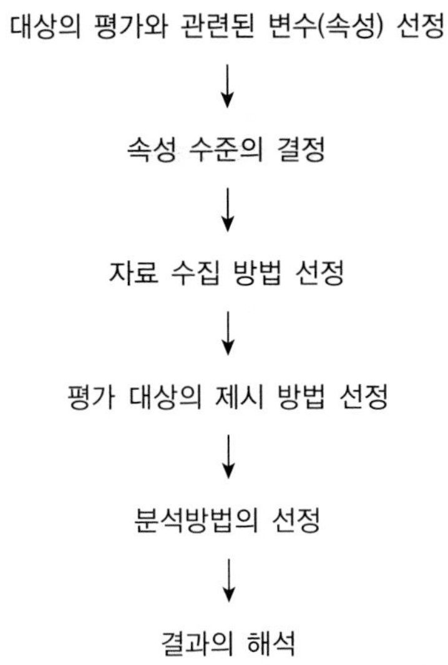

[그림 7-2] 컨조인트 분석 절차

출처: 이정우, 이문규, 최홍준(2007).

〈표 7-2〉은 컨조인트 분석 단계를 설명하는 표이다.

표 7-2 컨조인트 분석 단계

단계	방법적 대안
1. 선호 모델 (preference model)	벡터 모델, 이상 점(ideal point) 모델, 부분가치 기능 모델, 혼합 모델
2. 데이터 수집 방법	전 프로파일 제시법(full profile), trade-off tables
3. 자극 구성	부분요인설계(fractional factorial design), 다변량 분할에 의한 무작위 표집, pareto-optimal design
4. 자극 제시 방법	언어로 제시(카드 형태), 문단으로 제시, 사진이나 그래픽으로 표현, 직접 모형 제시
5. 종속변인 측정 척도	평점 척도, 순위 척도, 비교 척도, 총합 비교 척도 등
6. 평가 방법	다중회귀분석, nonmetric, MONANOVA, PREFMAP, Logit, probit 등

출처: Green & Srinivasan (1990): 장택원(2009, 2012)에서 재인용.

컨조인트 분석 단계를 살펴보기 위해, 장택원(2012)의 연구를 예로 살펴보자. 연구는 소비자가 인터넷 상거래에서 중요시 여기는 요인들이 무엇인지를 조사하기 위하여 컨조인트 분석을 사용하였는데, 소비자가 인터넷 쇼핑몰 사이트에서 제시하는 다양한 정보들 중에서 어떠한 내용을 중요시하는지에 대한 분석을 하였다. 첫 번째로, 인터넷 상거래 사이트에서 제시되는 요소들을 선정하였다. 〈표 7-3〉에서 볼 수 있듯이, 6개의 속성(요인)과 각 요인의 수준이 수집되었다.

표 7-3 인터넷 상거래 사이트 평가를 위한 요인들과 요인별 수준

요인	요인별 수준
인터넷 오픈 마켓에서 평가하는 인터넷 상거래 사이트 평가	① 우수 표시 ② 우수 표시 없음
가격 조건	① 할인 가격 제시 ② 할인 가격 미제시
배송비 조건	① 배송비 무료 ② 배송비 유료
만족도 제시 여부	① 만족도 제시 ② 만족도 미제시
후기 건수	① 후기 건수 상대적으로 많음 ② 후기 건수 상대적으로 적음
후기 신뢰도	① 후기가 믿을 만함 ② 후기가 믿을 만하지 못함

출처: 장택원(2012).

이렇게 수집된 최종 요인과 수준은 모든 요인과 수준을 동시에 고려하여 평가하는 전 프로파일 제시법(full profile method)를 통해 제시되었다. 〈표 7-3〉의 모든 요인과 수준을 조합하면, 2(사이트 평가 2종류)×2(가격 조건 2종류)×2(배송비 조건 2종류)×2(만족도 제시 여부 2종류)×2(후기 건수 2종류)×2(후기 신뢰도 2종류)로 총 64가지 조합의 프로파일이 나온다. 하지만 이렇게 프로파일의 수가 많은 경우에는 응답자가 순위를 매기는 데 부담이 크기 때문에, 덜 중요한 프로파일은 무시하고, 중요한 프로파일만을 가지고 응답자가 순위를 매기게 하는 방법을 채택하게 된다. 이렇게 프로파일의 수를 줄이고 단순화하는 부분 요인 설계(fractional factorial design) 방식을 사용한다. 부분 요인 설계는 직교 배열(orthogonal array)을 이용하여 최소의 조합을 응답자들에게 제시하고, 추후에 이 조합들을 평가하여 전체 조합에 대한 평가를 얻어 내게 된다(장택원, 2012). 장택원(2012)의 연구는 직교배열을 이용하여, 15개의 프로파일을 추출하였다. 응답자들에게 〈표 7-3〉의 조합이 적힌 자극물을 보여 주었고, 해당 조합 각각에 대하여 사이트에 들어가서 구매할 의향을 7점 척도로 평가하게 하였다(1점: 구매할 의향이 거의 없음, 7점: 구매할 의향이 많음).

2. 광고 콘셉트 개발을 위한 컨조인트 분석

선행연구에 따르면, 컨조인트 분석은 광고연구에 유용하게 사용되고 있다(Stanton & Reese, 1983). 많은 광고연구의 데이터들은 참여자들의 서열화된 응답(ordinal responses)을 포함하고 있으며, 광고는 다속성 자극물의 형태를 띠고 있고, 측정 변수들이 서로 연관되어 있거나 상관관계가 있기 때문에 컨조인트 분석에 적합하다(장승익, 2009; Stanton & Reese, 1983). 외국의 경우, 최적의 광고 콘셉트를 평가하려는 목적으로 컨조인트 분석이 이용되고 있는데, 병원 광고(Tscheulin & Helmig, 1998), 관광지 광고(Decrop, 2007), 담뱃갑의 금연 경고 메시지 연구(Liefeld, 1999) 등이 그 예이다.

하지만 국내에서는 신제품 개발, 가격 결정 등에 관한 경영학 또는 마케팅 분야에서 컨조인트 분석을 많이 활용하는 데 반해, 광고 콘셉트 개발과 같이 광고에 관련된 연구 분야에서는 컨조인트 분석의 활용이 미흡하다. 그러나 앞에서 언급했듯이, 컨조인트 분석은 광고연구에 활용하기에 유용한 분석 수단이 될 수 있기에, 컨조인트 분석을 통한 광고 콘셉트 개발에서부터 광고 콘셉트 평가까지의 과정을 살펴보고, 컨조인트 분석을 적용한 광고연구들을 살펴보고자 한다.

1) 광고 콘셉트 개발을 위한 정성적 연구

광고 콘셉트 개발을 위한 1단계는 소비자의 언어와 니즈를 정성적으로 파악하는 단계이다. 광고 콘셉트 개발을 위한 1단계 연구 모형은 [그림 7-3]와 같다(장택원, 2018). 이 단계는 소비자가 원하는 것이 무엇인지를 파악하고, 광고 콘셉트와 관련된 내용들을 질적으로 추출해 내는 과정이라 할 수 있다. 초점 집단 인터뷰(Focus group interview: FGI)를 통해, 소비자의 다양한 의견을 수집하여 콘셉트 속성(요인, factors)들과 수준(levels)을 결정하게 된다(장택원, 2018).

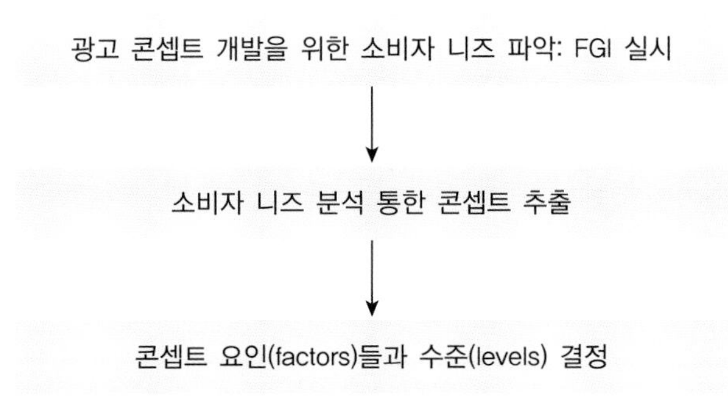

[그림 7-3] 단계 광고 콘셉트 개발을 위한 연구 모형

출처: 장택원(2018).

2) 광고 콘셉트의 대안 평가

2단계는 1단계에서 추출된 광고 콘셉트의 대안들을 바탕으로 해당 대안들의 세부 수준들을 추출해 내는 단계이다. 2단계 연구 모형은 [그림 7-4]와 같다. 이 단계는 "1단계에서 추출된 광고 콘셉트들을 바탕으로 컨조인트 분석을 위한 확률적 평가 대

안들을 마련하고 이것을 직접 소비자들에게 평가 받게 하는 과정"이다(장택원, 2018, p. 51).

이 단계에서는 1단계에서 얻어진 콘셉트 속성들과 수준들의 조합으로 컨조인트 분석을 위한 프로파일 카드를 작성한다. 소비자들은 광고 콘셉트의 조합을 설문을 통해 평가하게 되고, 이 평가된 결과를 바탕으로 소비자들이 어떠한 광고 콘셉트를 중요하게 생각하고, 어떠한 속성과 수준들의 조합이 선호도가 높은지를 분석할 수 있다. 소비자들의 평가를 통해 수집된 데이터는 컨조인트 분석을 통해 각 광고 콘셉트의 속성들의 중요도와 해당 속성 안에 포함되어 있는 수준들의 효용치를 구하는 데 이용될 수 있다(장택원, 2018). 이 효용치는 광고 콘셉트 대안 중 소비자들이 선호하는 순서대로 대안들의 순위를 매길 수 있고, 선호도를 산출할 수 있다.

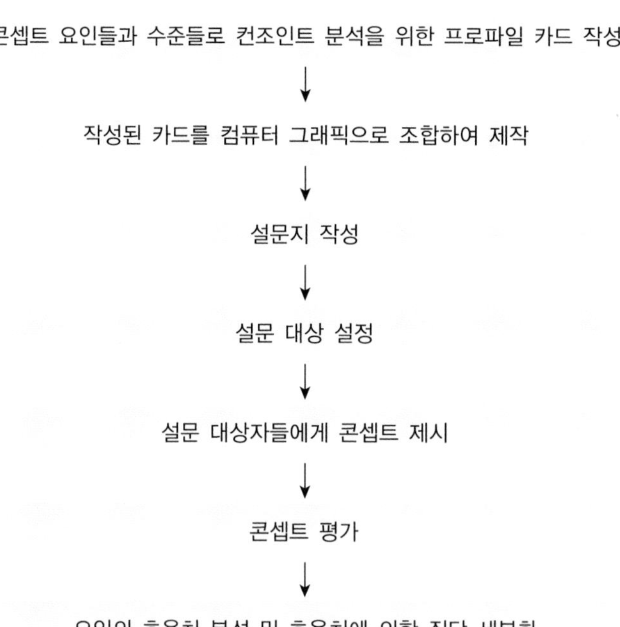

[그림 7-4] 2단계 광고 콘셉트 평가 모형

출처: 장택원(2018).

3. 담뱃갑 건강 경고 및 금연광고에 관한 연구 사례

1) 담뱃갑 건강 경고 메시지 및 금연광고에 관한 연구

담뱃갑 건강 경고 그림 또는 문구와 같은 담뱃갑 건강 경고 메시지는 다속성 자극물이므로, 컨조인트 분석이 유용하게 사용될 수 있다(김영욱, 이혜진, 2015; 신윤정 외, 2007; Liefeld, 1999). 기존 양적 연구(예: 실험을 통해 담배 포장의 경고 문구 내용 및 글자 크기, 경고 그림 등의 속성 각각에 대해 사람들의 평가, 믿음, 태도, 의도 등을 묻는 것)와 질적 연구(예: 초점 집단 인터뷰)를 통해 사람들의 반응을 분석하는 것)는 담배 포장 각각의 속성들이 사람들의 금연 의도에 영향을 미친다는 것을 가정하고 있다(신윤정 외, 2007). 하지만 사람들이 실제로 담뱃갑 건강 경고 메시지에 노출되었을 때 이 속성들이 각각 독립적으로 영향을 미치는 것이 아니라, 종합적으로 금연 의도에 영향을 미친다(신윤정 외, 2007). 따라서 컨조인트 분석은 사람들이 모든 속성과 각 속성의 수준을 결합한 프로파일들을 동시에 고려한 상황에서 응답하게 하는 특성이 있기 때문에, 담뱃갑의 어떤 속성이 사람들의 금연 의도를 높이는지를 종합적으로 파악할 수 있게 해 준다(신윤정 외, 2007; Liefeld, 1999).

예를 들어, 라이펠트(Liefeld)의 연구는 담배 포장의 속성과 수준을 〈표 7-4〉와 같이 구분하였다. 담배 포장의 건강 경고가 차지하는 면적, 트레이드 마크 혹은 로고의 유무, 건강 경고의 내용, 그림 유무 등 4개의 속성과 각 속성의 수준이 성인 흡연자와 청소년의 금연 인식 유발 효과에 미치는 영향을 조사한 결과, 건강 경고가 차지하는 면적이 클수록, 건강정보의 내용이 감성적일수록, 그림을 포함할 때 금연 인식 효과가 큰 것으로 나타났다. 또한 속성 중요도의 경우 건강 경고의 내용, 그림의 유무, 면적의 순으로 나타났다(Liefeld, 1999).

표 7-4 라이펠트(1999)의 컨조인트 분석에서 사용된 담배 포장의 속성과 수준

속성	수준
건강 경고가 차지하는 면적	① 35% ② 50% ③ 60%
트레이드 마크 혹은 로고	① 있음 ② 없음(브랜드 명만 있음)
건강 경고 내용	**① 사실적인 경고 문구 내용 및 그림** 〈경고 문구 내용〉 올해 작은 도시에 해당하는 수만큼의 사람들이 흡연으로 인해 사망할 것입니다. 경고: 흡연으로 인해 매해 45,000명의 캐나다인이 사망합니다. 당신은 45,001번째의 사망자가 될 수 있습니다. 〈그림 내용〉 살인, 음주, 자동차 사고, 자살, 흡연으로 인한 사망자 수를 비교하는 막대 그래프 그림 **② 감성적인 그림을 가진 개인적인 메시지** 〈경고 문구 내용〉 경고: 담배는 50개의 발암물질을 포함하고 있습니다. 〈그림 내용〉 경고 표기가 부착된 살충제, 암모니아, 페인트 모음 그림 **③ 강한 감정을 자극하는 그림과 경고 내용**

건강 경고 내용	〈경고 문구 내용〉 흡연은 아기를 죽게 합니다. 경고: 아기 근처에서 흡연하면 유아돌연사를 유발합니다. 〈그림 내용〉 고통스런 표정을 지닌 아기가 누워 있는 그림 **④ 감성적인 내용을 가진 사실성이 약한 그림** 〈경고 문구 내용〉 흡연은 구강암을 가져옵니다 경고: 흡연은 침이 입속 세균을 없애는 것을 어렵게 합니다. 흡연은 또한 구강암, 잇몸병, 치아 손실의 위험을 증가시킵니다. 〈그림 내용〉 병든 잇몸과 썩은 이를 가진 구강 그림
그림 유무	① 있음 ② 없음

출처: 신윤정 외(2007).

2) 담뱃갑 경고 그림에 관한 연구 사례

김영욱과 이혜진(2015)의 연구를 통해 광고 메시지 효과가 컨조인트 분석을 통해 어떻게 측정되는지 그 과정을 살펴보도록 하자. 김영욱과 이혜진은 담뱃갑에 사용되는 경고 그림이 소비자의 금연 효과에 어떠한 영향을 미치는지에 관한 조사를 하였다. 경고 그림의 프로파일을 구성하는 속성 및 수준은 〈표 7-5〉와 같이 구분되었다.

최종 선정된 속성 및 속성별 수준은 응답자가 모두 동시에 고려하고 평가하는 전 프로파일 제시법을 통해 제시되었다. 3(내용 3가지)×2(소구 형태 2가지)×3(크기

표 7-5 담뱃갑 경고 그림을 구성하는 속성 및 수준

속성	속성별 수준
내용	① 질병 위협 ② 사회 맥락 위협 ③ 외모 손상 위협
소구 형태	① 공포 소구 ② 혐오 공포 소구
크기	① 전체 면적의 30%, ② 50%, ③ 70%
배경색과의 조합	① 대비 조합(배경색과 구분 명확) ② 조화 조합(배경색과 구분 모호)

출처: 김영욱, 이혜진(2015)에서 재구성함.

3가지)×2(색채 조합 2가지)의 총 36개의 프로파일을 구성하였으나, 부분 요인 설계를 통해 프로파일의 개수를 축소하였다. 그 결과, 최종 9개의 프로파일이 선정되었다. 최종 선정된 9개의 프로파일은 〈표 7-6〉과 같다.

표 7-6 최종 선정된 9개의 프로파일 구성

No.	내용	소구 형태	크기	배경색과의 조합
1	외모 손상 위협	혐오 공포 소구	70%	조화 조합
2	외모 손상 위협	공포 소구	30%	대비 조합
3	사회 맥락 위협	공포 소구	70%	대비 조합
4	사회 맥락 위협	공포 소구	50%	조화 조합
5	사회 맥락 위협	혐오 공포 소구	30%	조화 조합
6	질병 위협	공포 소구	70%	조화 조합
7	질병 위협	공포 소구	30%	조화 조합
8	외모 손상 위협	공포 소구	50%	조화 조합
9	질병 위협	혐오 공포 소구	50%	대비 조합

출처: 김영욱, 이혜진(2015).

최종 선정된 9개의 프로파일은 응답자들에게 카드 형식으로 모두 제시되었고, 순위 측정 방식을 이용해 응답자에게 가장 선호되지 않는 프로파일의 순위를 정하도록 하였다(김영욱, 이혜진, 2015). 결과로, 금연 효과 인식에 대한 각 속성들의 상대적 중요도를 살펴본 결과는 다음과 같다(〈표 7-7〉 참조).

표 7-7 금연 효과 인식, 비구매 효과 인식, 낙인 효과 인식에 영향을 미치는 담뱃갑 속성 중요도

구분	속성 중요도			
	내용	소구 형태	크기	배경색과의 조합
금연 효과 인식	42.28%	7.95%	16.2%	33.56%
비구매 효과 인식	40.83%	12.09%	16.93%	30.15%
낙인 효과 인식	32.4%	5.3%	22.85%	39.44%

출처: 김영욱, 이혜진(2015)에서 재구성함.

〈표 7-7〉에서 볼 수 있듯이, 금연 효과 인식과 비구매 효과 인식에 대한 속성의 중요도는 내용, **배경색과의 조합**, 크기, 소구 형태의 순으로 나타났다. 하지만 낙인 효과 인식에 대한 속성의 중요성은 조금 다른 양상으로 나타났는데, 배경색과의 조합이 가장 높은 중요도로 나타났고, 내용, 크기, 소구 형태의 순으로 나타났다.

또한 각 속성의 하위 차원에 대한 부분 가치를 살펴보면, 〈표 7-8〉의 결과가 나타난다. 〈표 7-8〉을 해석해 보면, 금연 효과 인식과 비구매 욕구 인식에서 내용은 질병 위협, 외모 손상 위협, 사회 맥락 위협 순으로 높은 부분 가치를 가졌다. 소구 형태에서는 혐오 공포 소구를 함께 사용한 경우가 공포 소구만 사용하는 경우보다 높은 부분 가치를 가졌다. 크기는 클수록 높은 부분 가치가 나타났으며, 배경색과의 조합은 대비 조합이 조화 조합보다 더 높은 부분 가치를 가짐을 알 수 있다.

표 7-8 담뱃갑 경고 그림 속성의 차원별 부분 가치

속성 및 차원		금연 효과 인식	비구매 욕구 인식	낙인 효과 인식
내용	질병 위협	.79	.8	-.13
	사회 맥락 위협	-1.2	-1.19	-.76
	외모 손상 위협	.41	.38	.88
소구 형태	공포 소구	-.19	-.29	-.13
	혐오 공포 소구	.19	.29	.13
크기	30%	-.43	-.5	-.25
	50%	.09	.17	-.46
	70%	.34	.33	.7
배경색과의 조합	조화 조합	-.79	-.73	-1.00
	대비 조합	.79	.73	1.00

출처: 김영욱, 이혜진(2015)에서 재구성함.

4. 온라인 콘텐츠 이용에 관한 연구 사례

컨조인트 분석은 온라인 콘텐츠에 대한 소비자의 선호도에 영향을 미치는 요인을 분석하는 데에 이용될 수 있다(이정우, 이문규, 최홍준, 2007; 임정수, 2013a, 2013b). 선행연구들을 살펴봄으로써, 다양한 뉴미디어상에서의 콘텐츠에 대한 소비자의 선호도를 조사하는 연구에 적용할 수 있을 것이다.

임정수(2013a)의 연구에 따르면, 초점 집단 인터뷰를 통해, 이용자의 텔레비전 콘텐츠 VOD의 선호도에 영향을 미치는 속성으로 프로그램의 최근성, 채널 브랜드, VOD 시청에 이용한 기기, 요금 등 네 가지 속성이 선정되었다. 〈표 7-9〉는 텔레비전 콘텐츠 VOD 서비스의 속성과 속성별 수준을 보여 준다. 총 36개의 조합 중 부분요인 설계를 통해 9개의 최종 프로파일을 선정하였다.

표 7-9 텔레비전 콘텐츠 VOD 서비스의 속성과 속성별 수준

속성	속성별 수준
최근성	① 방영 중 ② 종영
채널 브랜드	① 지상파 3사 ② 종편 혹은 CJ 계열 채널
이용기기	① 텔레비전 ② PC ③ 모바일(스마트폰 혹은 태블릿)
요금	① 300원 ② 700원 ③ 1,200원

출처: 임정수(2013a).

컨조인트 분석 결과, 〈표 7-10〉의 속성들의 중요도와 부분 가치를 도출하였다. 속성의 중요도를 보면, 텔레비전 콘텐츠 VOD의 선호도에 있어서, 요금이 가장 높은 중요도를 보였고, 이용기기, 채널 브랜드, 최근성 순으로 나타났다. 또한 부분 가치를 살펴보며, 방영 중인 프로그램이 종영한 프로그램보다 효용이 컸고, 지상파 3사의 프로그램이 종편 혹은 CJ 계열 채널보다 효용이 크게 나타났다. 이용기기 면에서는 텔레비전, PC, 모바일의 순으로 효용이 나타났고, 요금 면에서는 300원의 효용이 가장 컸고, 1,200원의 효용이 가장 낮게 나타났다(임정수, 2013a).

표 7-10 텔레비전 콘텐츠 VOD의 선호도에 영향을 미치는 속성의 중요도와 부분가치

속성	수준	부분가치	중요도
최근성	종영	.136	13.583
	방영 중	.136	
채널 브랜드	종편 혹은 CJ 계열 채널	-.341	19.267
	지상파 3사	.341	

이용기기	모바일	-.163	27.162
	PC	.024	
	텔레비전	.187	
요금	300원	.699	39.988
	700원	.040	
	1,200원	-.740	
상수		4.173	

출처: 임정수(2013a).

5. 마치며

컨조인트 분석은 제품의 디자인이나 콘셉트 평가에 자주 활용되고 있다(장택원, 2009). 하지만 이 장에서는 컨조인트 분석이 마케팅 분야에 국한되지 않고, 다양한 커뮤니케이션 분야와 미디어 콘텐츠에 적용 가능함을 보여 준다. 다양한 포맷의 미디어 콘텐츠가 생겨나고, 소비자의 선호도가 급변하는 요즘, 소비자의 선호도를 파악하는 것은 더욱 중요한 문제가 되었다. 따라서 다양한 미디어 콘텐츠와 광고 분야에서 컨조인트 분석을 이용한 연구가 활발해지기를 기대한다. 또한 이러한 연구 결과는 광고 콘셉트 개발이나 미디어 콘텐츠의 활용, 더 나아가 정책 결정과 같은 실무에 실질적인 도움이 될 것을 기대한다. ■

제8장

옥외광고 효과 측정 기법

천용석(한국옥외광고센터 선임연구원)

1. 옥외광고의 동향과 변화
2. 옥외광고 효과 측정의 한계와 기술적 진보
3. 모바일 빅데이터의 이해
4. 모바일 빅데이터를 활용한 옥외광고 접촉인구 산출 알고리즘
5. 머신러닝과 아이트래킹을 활용한 옥외광고 주목률 측정
6. 마치며

◈◇◈

옥외광고에 대해서 학술적으로나 산업계에서는 이미 '옥외광고'라는 용어 대신 OOH(Out Of Home) 광고라는 용어를 사용하고 있다. 이러한 용어의 변화는 소비자가 집 밖에서 접하는 모든 매체가 옥외광고에 해당한다는 것을 의미한다. 그렇다면 'OOH 광고는 얼마나 정확히 광고효과를 측정할 수 있는가?' 이 물음에 답을 찾기 위해서 수십 년 동안 많은 학자와 산업계 종사자들이 고민해 왔다. 다행히도 최근에 들어서야 빅데이터에서 그 해답을 찾을 수 있었다. 이 장에서는 빅데이터와 머신러닝 분석 기법을 활용해 OOH 광고의 과학적이고 객관적인 효과 측정 방식을 소개하고자 한다.

1. 옥외광고의 동향과 변화

최근 옥외광고 시장의 메가트렌드는 옥외광고 산업의 디지털 트랜스포메이션(digital transformation)과 빅데이터를 통한 과학적 효과 측정이다. 특히 디지털 사이니지(digital signage)를 활용한 옥외광고는 기존의 아날로그 미디어와는 달리, 생생한 디스플레이와 대(大)화면을 통해서 그 실용성과 최첨단 기술력을 선사한다. 이는 소비자와 미디어의 상호작용을 통해 소비자에게 새로운 경험을 선사할 수도 있다. 이는 단순히 광고의 외형적 변화에만 국한되지 않는다. 산업의 체질이 바뀌면서 옥외광고를 바라보는 산업의 시선도 점차 달라지고 있다. 특히 옥외광고에 대한 과학적 효과 측정에 대한 요구가 많아지면서 기존 방식과는 다른 새로운 접근방식이 시도되고 있다.

1) 옥외광고 산업의 동향

옥외광고 시장은 2015년부터 본격적으로 디지털 전환이 시작되면서 크게 변화하고 있다. 2015년 2조 8,777억 원 규모의 아날로그 옥외광고 시장은 2019년 2조 7,545억 원 규모로 점차 줄어드는 추세를 보이는 반면, 2015년 3,286억 원 규모의 디지털 옥외광고 시장은 2019년 5,976억 원 규모로 점차 증가하는 추세를 보이고 있다. 이러한 변화는 옥외광고에 있어서 디지털 트랜스포메이션이 점차 빠르게 일어나고 있는 것을 보여 주는 단적인 예이다.

이 밖에도 많은 사람들이 모이고 스쳐 가는 공간인 공항이나 기차 · 지하철 역사에 설치된 광고물의 디지털 전환 속도가 빠르게 진행되고 있다. 지하철 역사 광고의 경우 해당 지방자치단체의 환경 개선 욕구와 교통공사의 디지털 선호 경향에 따라 기존의 아날로그 미디어가 다양하고 새로운 형태의 디지털 미디어로 빠르게 교체되고 있다. 1~4호선의 디지털 포스트, 5~8호선의 스마트정보안내시스템, 대구지하철 역사의 스마트브랜드존 등이 대표적인 디지털 전환 사례로 손꼽히고 있다.

공공장소 이외에도 쇼핑몰과 대형마트, 스포츠시설(야구장, 배구장 등), 전시 · 공

[그림 8-1] 옥외광고 시장의 아날로그와 디지털 광고의 매출 변화(단위: 억 원)

출처: 천용석, 정우수(2018).

연장, 극장 로비 등에 DID(Digital Information Display)나 키오스크 형태의 신규 디지털 사이니지가 구축되고 있다. 스마트폰의 대중화로 인해 외부에서 접하는 기존 아날로그 광고는 더 이상 소비자의 시선을 사로잡을 수 없다는 산업계의 판단에 따라 점차 모바일-커머스 연동 광고에 대한 시도가 지속되고 있다. 매장에서는 메뉴 표시와 판매하는 물건에 대한 광고에 디지털 사이니지를 활용하고 있다. 디지털 메뉴보드(전자메뉴판)는 기존의 메뉴보드와는 달리, 수준 높은 제품 이미지와 정보를 동영상으로 보여 줄 수 있으며, 매장 내 DID를 통해서는 당일 현장에서 실시하는 프로모션을 매장에 체류하고 있는 소비자들에게 실시간으로 광고할 수 있다.

[그림 8-2] 디지털 메뉴보드(좌)와 매장 내 DID(우)

최근에는 단순히 광고를 집행하는 목적을 넘어서고 있는데, 옥외광고물 자유표시구역(강남구 코엑스 일대)에서는 대형 디지털 사이니지(크라운과 K-pop 스퀘어)를 연계한 월드컵 중계, 영화제, 공연 이벤트 등 다양한 엔터테인먼트 경험을 선사하기도 한다. 광고 미디어로만 여겨졌던 디지털 사이니지가 불과 몇 년 전부터는 우리가 인식하지 못하는 순간에 이미 우리의 일상생활 속으로 빠르게 파고들고 있다. 이는 디지털 사이니지가 더 이상 광고 미디어에서 그치는 것이 아니라 ICT 융합 서비스 솔루션으로서 그 역할을 하고 있다는 것을 방증하는 것이다. 옥외미디어의 이러한 역할 변화에 따라 그 효과를 측정하기 위한 방법도 더욱 과학적으로 변하게 되었다.

2) 옥외광고 효과 측정 방식의 변화

옥외광고 산업이 변화됨에 따라 옥외광고의 효과 측정에 있어서 실무적 활용가치가 높은 자료에 대한 요구가 점차 증대되었으며, 좀 더 과학적이고 검증된 자료를 요구하기 시작했다. 옥외미디어를 활용한 광고는 타 미디어(TV, 신문, 인터넷, 모바일 등)를 활용한 광고에 비해 과학적인 효과 측정 방식의 도입이 다소 어려운 것이 사실이다. 옥외미디어는 타 미디어와 다르게 다양한 주변 환경적 요소를 고려해야 하고, 다년간의 지속적인 데이터 축적과 트래킹(tracking)이 수반되어야 하기 때문에 단기간에 실효성 있는 자료가 산출되지 않는다는 단점을 가지고 있다. 옥외광고의 노출효과를 측정하기 위해서는 광고물 주변의 유동인구를 알아야 하는데, 주변 유동인구를 측정하기 위해서는 그 장소에서 사람의 수를 세거나(people counting) 특정한 방법을 이용해서 추정(Fermi Estimate)해야 했다. 이러한 방식은 일정 시간이나 한정된 장소에 대해서는 유효하지만 옥외광고에 노출되는 불특정 다수를 상대로 측정하는 것에는 한계가 존재한다.

그러나 최근 모바일 빅데이터를 이용해 유동인구를 산출하는 다양한 연구가 진행되면서, 이러한 방식이 옥외광고 효과 측정에도 적용되고 있다. 옥외광고의 효과를 측정하기 위한 첫 번째 단계인 옥외광고물 주변 유동인구를 산출하기 위해서 모바일 통신사가 수집하는 기지국 데이터나 WiFi 데이터를 활용해 특정한 위치 주변의 유동인구를 산출할 수 있는 것이다. 또한 아이트래킹(eye tracking)을 통한 홍채의 이동을 트래킹하여 소비자가 옥외광고를 보았는지에 대한 실측이 가능함에 따라 머신러닝 기법을 적용해 옥외광고에 대한 주목을 예측할 수도 있다. 이러한 기술들은 현재 실제 옥외광고에 적용 가능한 수준까지 도달해 있으며, 앞으로는 특정 사례가 아니라 표준화된 산출 방식과 지표를 만들어 보급하고자 하는 시도가 진행 중이다.

2. 옥외광고 효과 측정의 한계와 기술적 진보

1) 옥외광고 효과 측정의 선행연구와 한계점

광고매체에 대한 명확한 효과 측정은 전체 광고업계뿐만 아니라 옥외광고 산업에서도 숙원사업으로 고려되고 있다. 옥외광고 효과 관련 연구를 시기별로 구분한 권규승과 한상필(2010)에 따르면 국내에서 **옥외광고 효과 측정 연구**는 총 3단계로 나눌 수 있다. 1단계는 대형 옥외광고물을 대상으로 개발 광고물의 실제 측정 및 설문조사를 통한 옥외광고의 인지효과를 측정하였고, 2단계는 옥외광고물 효과 측정을 위해 다양한 변인의 상대적 효과를 중심으로 진행되었다. 비교적 최근 진행된 연구인 3단계에서는 2단계의 연구 결과를 기반으로 옥외광고 효과 측정 모델을 개발하여 옥

표 8-1 국내 옥외광고 효과 측정에 관한 시기별 연구 분류

구분	연구자(연도)	연구 제목	주요 연구 내용
1단계	김재홍(1995)	옥외광고 효과 측정을 위한 실증 연구	대형 옥외광고물을 대상으로 개별 광고물의 실제 측정 및 설문조사를 통하여 옥외광고의 인지효과를 측정함
	서범석(1996)	OHM의 광고효과에 관한 연구	
	박상연(1997)	옥외광고 효과에 관한 연구	
2단계	서범석(2001)	옥외광고 효과 측정 모델에 관한 연구	옥외광고물 효과 측정 모델 개발을 위해 옥외광고 효과 측정을 위한 다양한 변인의 상대적 효과에 관한 연구
	서범석(2006)	KAA 옥외광고 효과 측정 모형의 현실 적용에 관한 연구	
	박현수(2006)	옥외광고 효과 조사 실시방안	
3단계	심성욱(2007)	옥상광고 효과에 관한 연구	2단계의 옥외광고물 효과 측정을 위한 변인 연구를 기반으로 본격적으로 옥외광고 효과 측정 모델을 개발하여 옥외광고물에 적용함
	심성욱, 신일기, 주대홍(2007)	스키장 광고효과에 관한 연구: 노출, 태도, CPM	
	심성욱, 양병화(2007)	옥외광고 효과 측정 개선방안 연구	

출처: 권규승, 한상필(2010)에서 재인용.

외광고물에 적용하는 단계로 고려했다.

2010년 이전까지만 해도 옥외광고 효과를 측정함에 있어서 노출효과에 대한 접근이 많았다. 실제로 광고물이 설치되어 있는 현장에 나가서 실측하는 방식으로 연구가 이루어졌다. 그러나 2010년 후속연구들의 경우 대부분이 노출보다는 커뮤니케이션 효과에 치중했다. 신현신과 이항(2010)은 제품의 개성을 살린 크기, 디자인의 레이아웃 등과 옥외광고의 재인효과에 대한 연구를 수행했으며, 이수연(2012)은 옥외광고에 대해 텍스트를 통한 소구 유형과 비주얼(이미지)을 통한 소구 유형으로 구분해 각각의 광고효과를 검증하고자 했다. 권중록(2010)은 인구학적인 요인이나 디자인 요소가 옥외광고의 광고효과에 미치는 영향을 살펴본 연구를 수행했다.

이와 같이 옥외광고의 명확한 효과 측정을 위해 다양한 연구자들이 노력을 기울여 왔지만, 옥외광고 효과 측정을 위한 다음의 두 가지 가정에 대한 해묵은 논란은 극복하지 못한 한계로 인식되어 왔다. 첫째, 옥외광고가 설치된 공간에 얼마나 많은 사람 또는 차량 등이 존재하는가와 같은 유동인구(통행량), 다시 말해 노출량에 대한 측정의 체계성에 문제가 존재한다. 유동인구를 측정하는 과정에서 많은 아이디어가 사용되었는데, 가장 많이 사용된 방법이 직접 현장에 나가서 유동인구를 파악하는 것이었다. 국내에서는 옥외광고에 대한 효과 측정 연구가 본격적으로 시작된 1990년대 중반에 주로 사용되었으며, 그 이후 2000년대에 들어서면서 차량의 이동에 대해서 한국도로공사, 경찰청, 자치단체별 교통정보센터 등 국가 기관에서 집계하고 발표하는 교통데이터를 활용하기 시작했다. 다만, 이러한 공공기관의 정보는 광고 집행에 대한 효과 측정을 목적으로 하고 있지 않기 때문에 광고물 중심의 노출량을 알기 어려우며, 마케팅 활용도가 매우 낮아 적합한 데이터로서의 신뢰성을 확보하기 어렵다. 아직까지도 옥외광고 매체사가 제시하는 대다수 매체소개서에서는 매체의 효과를 소개하는 페이지에 공공기관에 제공하는 차량 이동량에 가중치를 곱하거나 현장에서 일일이 유동인구를 세어서 앞서 소개한 페르미 추정법[1]을 적용한

1 단위 면적당 인원으로 전체 방문객 수를 추정하는 것으로 한번에 파악하기 힘든 숫자를 어림수로 산출할 때 사용하는 방법

방식으로 유동인구를 제시하고 있다. 둘째, 통행량 측정을 통해 설치된 옥외광고에 얼마나 높은 주목도를 보일 것인가로 주목도에 대한 객관적 측정의 이슈가 존재했다. 옥외광고 주변의 유동인구 중 실제로 몇 명의 오디언스(audience)가 그 광고를 봤는지를 측정하는 것인데, 방송매체로 따지자면 주목률에 해당한다. 결론적으로, 옥외광고 효과 측정의 가장 핵심은 여러 국가 또는 기관에서 활용되고 있는 지표인 DEC(Daily Effective Circulation)[2]를 어떻게 산출하는가에 대한 문제이다(심성욱, 양병화, 2007).

옥외광고의 효과 측정에서 노출효과에 대한 연구가 어려운 이유는 크게 두 가지 요소로 정리할 수 있겠다. 첫 번째 이유는 광고물이 설치되어 있는 환경적인 요소가 크다고 할 수 있다. 특히 지주광고나 옥상광고 등의 경우 대부분이 도로 주변에 설치되어 있어 도보나 차량으로 이동하는 유동인구를 정확히 측정하기 어렵다는 단점을 지닌다. 유동인구나 노출인구 수는 광고효과를 측정함에 있어서 광고의 도달률(reach)을 비롯해 비용효율성인 CPM(Cost Per Mille)을 산출하는 데 있어서 가장 기본적인 데이터가 된다. 따라서 광고물이 설치되어 있는 위치 환경에서 광고에 노출되는 인구 수를 알 수 있다는 것만으로도 광고효과 측정에 있어서 정확도 있는 값을 산출할 수 있는 기본이 된다 할 수 있다. 또한 광고물이 존재하는 주변 환경에는 광고를 주목하는 데 방해가 될 수 있는 요인들이 다수 존재하고 있다. 교통표지판, 가로수, 건물 등 주변 시설물로 인한 혼잡도가 크게 작용하고 있다.

옥외광고의 객관적인 광고효과 측정이 쉽지 않은 두 번째 이유는 광고물 자체에 있다. 다시 말해, 광고의 형태가 비정형이라는 특징을 가지고 있기 때문이다. 비교적 정형화된 광고 면적이나 형태를 지니는 타 매체의 광고와는 달리, 옥외광고는 그 크기와 형태, 재질(소재)이 다양해 특정한 기준을 설정하기 어렵기 때문이다.

2 옥외광고의 주변을 하루에 얼마나 많은 사람과 차량이 지나가는지를 의미하는 지표

[그림 8-3] 여러 가지 형태의 비정형 옥외광고

2) 옥외광고 노출 유동인구 산출 방식의 기술적 진보

불특정 다수의 소비자에게 광고메시지를 전달하는 옥외광고의 경우, 유동인구 정보는 매우 핵심적이고 중요한 광고효과 측정 지표로 활용될 수 있다. 옥외광고 매체 **주변 유동인구를 산출하는 데 사용되어 왔던 방법**들은 다음과 같이 크게 4가지 정도로 요약될 수 있다.

첫째, 조사원 실측 방법이다. 이는 해당 지역에 조사원이 직접 나가 유동인구를 일일이 실측하는 방법이다. 박현수와 서범석(2008)은 옥외광고물 설치지역을 지나가는 교통량을 산출하기 위한 목적으로 오후 2시 이후 30분간 해당 지역을 통행하는 차량의 수를 실측하였다. 권규승과 한상필(2010)은 옥외광고 효과 측정을 위한 모델 개발을 위해서 옥상광고물이 잘 보이고 통행자들이 계속 유입되는 지점 1~4곳에서 3시간에 한 번씩 1일 6회 도보 유동인구를 측정하였으며, 평일 하루와 일요일 이틀간 하루 15분 동안 실측한 결과를 합산하여 도보 유동인구의 어림값을 산출하였다. 차량 유동인구는 6시부터 24시까지 3시간 단위로 총 6회에 걸쳐 처음 15분간 측정한 값을 합산하여 산출하였다. 그러나 조사원 실측 방법은 몇 가지 단점이 있다. 우선, 조사원을 고용하여 특정 지역, 특정 시간에 투입하여야 하기 때문에 상당히 많은 노동력, 시간, 비용이 필요하다. 또한 조사원 실측값 자체가 실시간으로 수집된 자료가 아니기 때문에 정확한 값이라고 보기 어려운 점이 있다. 따라서 앞서 살펴본 여러 사례들과 같이 제한된 시간 동안 임의로 실측한 결과를 바탕으로 어림값을 추정하는 정도로 국한될 수밖에 없다.

둘째, 공공기관 등이 수집 및 보유하고 있는 2차 자료를 활용하는 방법이다. 이러한 자료들 중에는 지역별 유동인구 현황이나 교통수단별 승객 현황, 대중교통 승·하차 현황 등이 있다. 김근형(2016)은 제주도 지방정부가 제공한 지역 유동인구 정보를 2차 자료로 활용하여 제주도의 관광행태를 분석한 바 있다. 김관호 등(2013)은 스마트카드 전자거래 자료를 2차 자료로 활용하여 서울 시민들의 지하철 이용 행태를 분석하기도 하였다. 그러나 2차 자료 활용 방법도 OOH 광고 지역 유동인구를 산출하는 데 있어서 매우 정확하고 신뢰할 만한 방법이라고 보기는 어렵다. 기본적으로 이러한 자료들은 OOH 광고매체를 중심으로 특정 지역과 특정 시간에 측정된 데이터가 아니라 대부분이 대중교통수단(버스, 지하철 등)을 이용한 자료이기 때문이다. 예를 들어, 2차 자료에서 유동인구를 집계한 지점과 측정하고자 하는 OOH 광고가 설치된 지점과의 물리적 거리가 멀거나 다른 제3의 외부적인 요인이 영향을 미친다면 OOH 광고 주변 유동인구를 산출하는 데 있어서 공공에서 제공하는 2차 자료를 이용하는 것이 적절치 못할 수도 있다.

셋째, 최근 기술의 발달로 말미암아 OOH 광고 주변 유동인구를 산출할 수 있는 대안으로 논의되기 시작한 것이 바로 카메라 인식기술을 적용한 방법이다. 이러한 방법은 OOH 광고 주변 또는 광고물 자체에 유동인구를 인식하고 계측할 수 있는 카메라 장치를 설치함으로써 실현 가능하다. 김기용과 윤경로(2016)는 디지털 사이니지의 노출효과 측정을 위해 카메라 감시영상 기술을 활용하여 유동인구를 측정하는 방식을 소개하고 이를 실증하였다. 카메라 인식 시스템을 이용하여 배경과 사람을 구분하고, 이러한 정보를 바탕으로 OOH 광고 주변을 통행하는 유동인구 수를 계측한 것이다. 이러한 방법은 앞서 살펴본 유동인구 산출 방식에 비해 객관성과 정확성이 확보될 수 있지만, 아직 기술적으로 해결해야 할 문제들(다수의 사람이 겹쳐서 통행하는 경우 정확한 유동인구를 산출할 수 없는 문제 등)이 존재하고, 무엇보다도 현행 「개인정보 보호법」을 위반할 수 있는 부분이 있기 때문에 아직 우리나라에서는 현실적인 적용이 요원한 상황이라는 점이 치명적인 한계라고 할 수 있다.

[그림 8-4] 카메라 감지영상 기술을 활용한 유동인구 측정 방법
출처: 김기용, 윤경로(2016).

앞서 3가지 방식의 단점들을 보완하고 지속 가능한 실측 자료로 활용이 가능한 방식이 바로 모바일 빅데이터를 활용하는 방식이다. 최근 모바일 빅데이터를 이용한 유동인구 추정 연구가 활발히 진행되고 있다. 스마트폰을 통한 모바일 빅데이터를 활용하면 광고물 주변의 유동인구를 파악해 볼 수 있으며, 이를 통해 도달률(reach), 빈도(frequency) 등의 효과 지표를 얻기 위한 기초자료인 노출량 측정이 가능하다. 또한 길 찾기 도구인 실시간 내비게이션에서 생산되는 빅데이터를 활용해 광고물 주

변의 이동 패턴 및 행태를 분석해 볼 수 있다. 통계청에 따르면, 국내 휴대전화 보급률이 2014년 기준으로 1.13대/인으로 국민 1인당 1대 이상의 휴대전화를 가지고 있는 것으로 나타났으며, 김경태 등(2015)의 유동인구 추정 시 통신 자료의 활용에 관한 연구에 따르면 휴대전화의 통신데이터와 통계청의 주간 인구지수의 비교에서 매우 높은 일치성을 확인했다. 류성일(2017)은 LTE 위치 기반 라이프 로그 분석 연구에서 기지국으로부터 수집된 위치 정보를 활용하여 수도권의 출퇴근 이동행태 및 교통 흐름을 분석한 바 있다. 이러한 관점에서, 광고물 주변에 위치한 통신사 기지국으로부터 수집된 스마트폰의 모바일 빅데이터를 분석해 유동인구와 소비자 특성을 파악할 수 있다. 국내 한 통신사의 경우 휴대전화의 통신데이터는 5분마다 실시간으로 기지국에 수집되며 전국을 50m×50m 단위의 셀(cell)로 분할하여 각 셀마다 인구분포 중 주거자, 근무자, 이동자 등을 구분할 수 있다. 실제 사례로 통신사 기지국 기반 정보의 분석을 통해 진해 군항제 관광객을 분석하기도 했으며, 이러한 방법은 통계청의 유동량 관련 국가승인통계의 기초자료로 활용되고 있다.

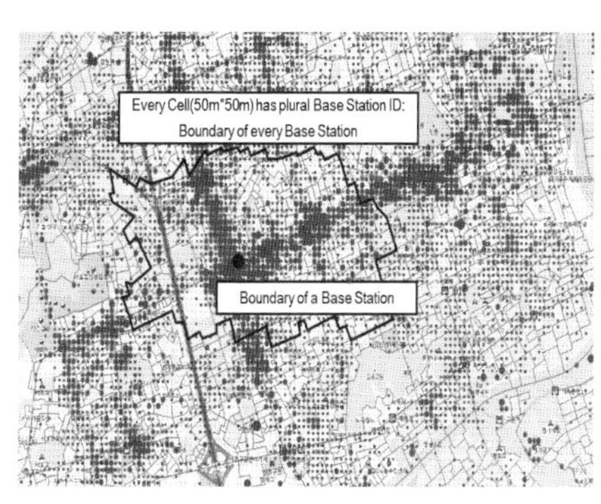

셀 단위 기지국 ID 기록

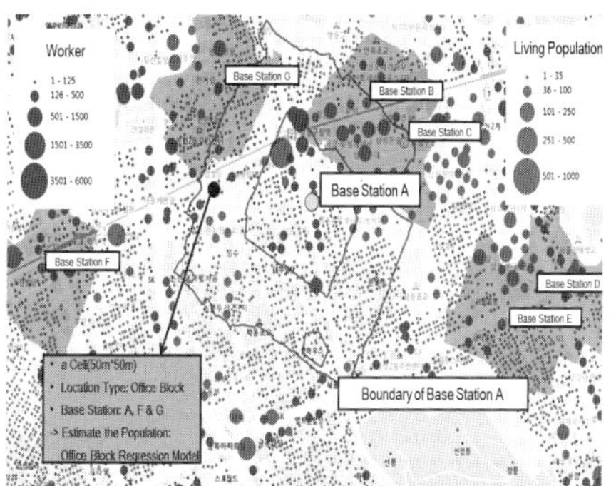

기지국 단위 유동인구 분석

[그림 8-5] 모바일 기지국 데이터를 이용한 주변 유동인구 분석

출처: SK텔레콤.

3. 모바일 빅데이터의 이해

옥외광고 효과 측정의 쟁점은 특정 옥외광고가 설치된 장소에 얼마나 많은 사람들이 있으며(유동인구), 이들 중 얼마나 많은 사람이 광고를 보았는가(주목률)이다. 또한 이러한 인구를 어떠한 특성으로 나눌 수 있는가(소비자 특성 분류)이다. 통신사의 모바일 빅데이터를 활용하면 광고물 주변의 유동인구와 그들이 어떤 소비자 특성을 갖는지를 확인할 수 있다.

모바일 빅데이터는 크게 기지국(LTE) 데이터와 WiFi 데이터로 구분될 수 있다. 우선, 기지국 데이터는 기본적으로 무선이동통신 사업자(SK텔레콤, KT, LG유플러스)가 보유하고 있으며, 서비스 제공 업체와 사용자 단말기 간 LTE 전파가 송출 및 수신되면서 축적된다. 이렇게 축적된 데이터의 크기는 일평균 4TB(테라바이트) 정도이며,

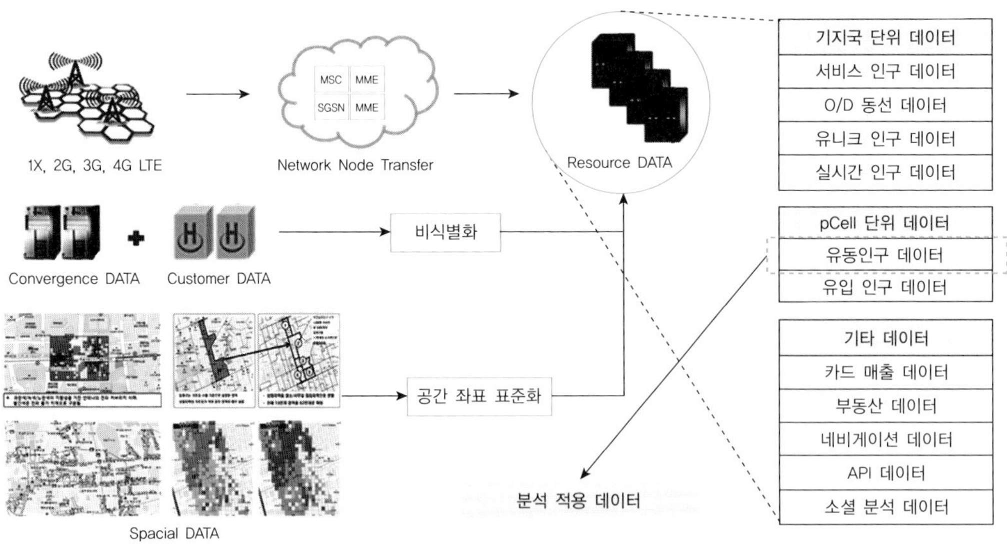

[그림 8-6] 기지국 데이터를 이용한 분석 데이터 수집 과정

출처: SK텔레콤.

1년이면 1.4PB(페타바이트)의 데이터가 쌓인다.

기지국을 통해 수집된 개인의 모바일 데이터는 비식별화와 공간 좌표 표준화를 통해 리소스 데이터로 수집된다. 이렇게 수집된 기초 데이터는 다시 셀 단위로 유동인구를 재분배한다. 이때 특정한 개인을 중복으로 카운트할지 혹은 중복을 배제(유니크)하고 카운트할지 결정할 수 있으며, O/D(origin/destination) 동선을 중심으로 이동 경로를 파악할 수도 있다. 또한 카드 매출, 부동산 데이터를 접목해 광고물이 위치한 주변의 상권분석을 함께 진행할 수도 있다.

기지국 데이터를 이용한 유동인구 측정 방법은 옥외광고 분야가 아니라 유동인구 측정이 필요한 다른 분야에서 먼저 개발되기 시작했다. 윤준수 등(2014)은 빅데이터 기술과 GPS 데이터를 기반으로 특정 대상의 이동경로와 패턴을 분석한 바 있으며, 김관호 등(2013)은 스마트카드 빅데이터를 이용한 서울시 지하철 이동패턴 분석연구를 통해 스마트카드 전자거래 빅데이터로부터 Zone들을 발견하고 동시에 Zone들 간의 관계를 설명하는 클러스터링 기반의 이동패턴 분석 기법을 제안하였다.

반면, WiFi 데이터는 여러 장소에 설치된 중계기와 개별 단말기 간 WiFi 전파가 송출 및 수신되면서 축적된다. 김경태 등(2015)의 연구에서는 사용자들의 위치에 대한 정보가 포함되어 있는 모바일 빅데이터를 활용하여 유동인구를 산출하는 방법을 실제로 시도하였다. 연구 결과, 모바일 빅데이터를 활용하여 산출한 유동인구 수가 통계청에서 집계하는 유동인구 자료와 높은 상관성을 가지고 있는 것으로 확인되어 이러한 방법의 신뢰도와 타당도를 검증하였다. 이형진 등(2017)의 연구에서는 WiFi 감지 기술을 활용하여 학교 내 유동인구를 산출하는 방식을 제안하였다. 모바일 단말기의 WiFi 기능이 활성화되어 있는 경우 해당 단말기는 주변에 접속 가능한 WiFi AP(Access Point)가 있는지 탐지하기 위해 주기적으로 전파를 발송한다. WiFi 감지 기술은 이러한 전파를 기계적으로 감지하는 장치를 통해 특정 지역에서 활성화되어 있는 무선이동통신 단말기의 수를 계측하고, 이러한 단말기의 수를 토대로 해당 지역을 통행하는 유동인구를 산출하는 방식이라고 할 수 있다.

또한 모바일 기기를 개통할 때 소비자가 제공하는 가입 정보(성, 연령, 거주지, 직장 등)는 유동인구를 소비자의 특성에 따라 분류할 수 있으며, 이를 타기팅 광고에 활용할 수 있다. 가령 특정 광고물 주변에 40대 남성의 유동인구가 많을 경우 이들이 주목할 만한 광고를 집행하도록 제안할 수 있다.

개인의 모바일 데이터를 사용하는 것에 대해서 혹자들의 경우 개인의 정보를 열람하거나 이동경로를 파악하는 개인정보 유출로 볼 수 있다는 문제를 제기하는데, 기본적으로 기지국에서 수집된 데이터는 개인을 식별할 수 있는 정보를 제거한 비식별 정보 데이터만을 적용한다. 대신 비식별 구분자인 서비스 ID를 사용하며, 인구계층별 군집화 데이터를 분석 원본 데이터로 적용하기 때문에 개인을 특정할 수는 없으므로 개인정보 유출에 대한 이슈는 없다.

4. 모바일 빅데이터를 활용한 옥외광고 접촉인구 산출 알고리즘

1) 옥외에 설치된 광고물의 접촉인구 산출: 기지국 데이터 활용 방식

옥외에 설치된 광고물의 경우 기지국을 이용해 모바일 데이터를 수집하고 옥외광고의 특성을 이용해 수집된 데이터를 가공하는 과정을 거친다. 이러한 일련의 프로세스를 로직 또는 알고리즘이라 하고, 이러한 과정이 정교할수록 옥외광고에 접촉한 유동인구의 산출이 정확해진다. 기지국 데이터를 옥외광고 효과 측정에 적용하기 위해서는 전국의 기지국을 통해 수집된 데이터를 pCell 단위(50m×50m)로 계산하고, 이를 1시간 단위의 유동인구 데이터로서 1일을 기준으로 보면 시간당 유동인구로 해석할 수 있다. 이렇게 계산된 유동인구 데이터는 시 · 공간적 중복을 가진 데이터로서, 산출 값은 노출 빈도 수로 정의할 수 있으며 시 · 공간적 알고리즘의 변화에 따라 그 값을 유니크한 유동인구로도 계산할 수 있다.

기지국 데이터를 이용한 옥외광고 접촉인구의 산출 과정을 대략적으로 소개하자

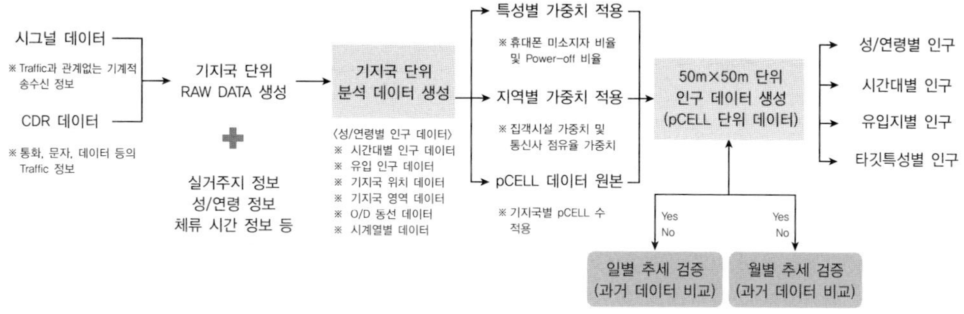

|그림 8-7| 기지국 데이터를 이용한 옥외광고 접촉인구 산출 과정

면 다음과 같다. 기지국 데이터는 기본적으로 Traffic과 관계없는 기계적 송수신 정보인 '시그널 데이터'와 통화, 문자, 데이터 등의 Traffic 정보인 CDR 데이터로 구분되는데 이러한 데이터를 통합해 기지국 단위의 Raw Data를 생성한다. 이러한 데이터에 가입자의 실거주 정보, 성/연령 정보, 특정 공간의 체류 시간 정보 등을 접목해 기지국 단위의 분석 데이터를 생성한다. 분석 데이터는 다시 특성별 가중치, 지역별 가중치 등을 적용해 pCELL 단위의 데이터를 생성하고 이를 옥외광고 특성과 결합해 성별/연령별/시간대별/유입지별/타깃특성별 인구로 특정화해 산출하게 된다.

2) 옥내에 설치된 광고물의 접촉인구 산출: WiFi 센싱 데이터 활용 방식

옥내에 설치된 광고물의 경우 기지국 데이터를 통해서는 정확한 접촉인구를 산출해 내기 어렵다. 옥내에 설치된 광고물은 층간의 유동인구가 구분되어야 하는데 기지국의 경우 데이터 수집 반경이 수 km에 달하기 때문에 실제로 광고에 노출된 사람인지 아닌지를 알 수 없다. 따라서 다른 방식의 접촉인구 산출 방식이 필요하다.

좁은 지역의 유동인구를 산출하기 위해서 사용할 수 있는 방식은 WiFi 센싱 기술이다. 일반적으로 WiFi 데이터는 공유기와 같은 단말기 형태를 가지고 있으며, 이를 광고물에 설치해 광고물 주변을 지나가는 사람들이 소지한 모바일 기기의 WiFi 신호를 수집한다. WiFi 센서를 통해 통신자료를 수집한 후 이를 접촉인구로 계측하는 과정은 총 4단계로 구성되는데, 먼저 각 개인이 소지하고 있는 단말기의 고유번호라고 할 수 있는 리얼 MAC을 수집한다. 이는 개인이 소지한 무선단말기의 WiFi 기능이 커져 있는 상태에서 WiFi 센서와 스마트폰과의 패킷 이동 시 수집되는 MAC 주소를 의미한다. 리얼 MAC은 각 스마트폰의 고윳값이므로 중복된 사례(재방문인구 또는 상주인구) 없이 유동인구를 산출할 수 있게 해 준다. 또한 리얼 MAC의 경우 무선이동 통신사의 고객정보와 연동하여 기본적인 인구통계학적 속성(예: 성별, 연령 등)을 보다 정확하게 분석할 수 있다.

그러나 광고물 주변을 통행하는 모든 사람들이 자신의 스마트폰의 WiFi 기능을 켜고 다니는 것은 아니기 때문에(예: LTE만 사용하는 경우) 이러한 경우에는 리얼 MAC이 아닌 가상 MAC 자료를 수집한다. 각 단말기의 가상 MAC 자료는 이동통신사(예: SKT, KT, LGU⁺ 등) 또는 운영체제(예: 안드로이드, IOS 등)와 상관없이 수집 가능하다.

가상 MAC의 경우 사례 수에 대한 집계만 가능하고 각 사례에 대한 고윳값을 알기 어려워 해당 사례가 어떤 특정한 사람을 고유하게 의미하는 것인지 파악하는 것은 불가능하기 때문에 유니크한 값을 산출하기에는 다소 무리가 따른다. 이를 보완하기 위해서 가상 MAC 데이터 가운데 중복된 사례를 파악하고 제거하기 위해 동일한 센서에서 수집되는 중복의 가상 MAC 사례를 제거하거나 시간상 인접하게 감지된 동일 가상 MAC 자료는 일정 시간 동안 동일한 스마트폰의 패킷 정보가 감지된 것으로 파악하여 중복 사례로 상정하고 제거한다.

마지막으로, 특정 공간에 설치된 여러 개의 센서에서 중복으로 수집된 가상 MAC 자료의 제거로, 여러 개의 센서에서 동일하게 감지된 가상 MAC을 하나의 정보로 인식하고 처리한다.

이형민 등(2019)은 [그림 8-8]과 같은 WiFi 센싱 기술을 통해서 실내에 설치된 옥외광고에 노출된 접촉인구를 산출한 바 있으며, 아이트래킹 기술을 접목해 접촉한 인구 중 실제로 해당 옥외광고를 주목한 유효접촉인구를 산출하기도 하였다. 이

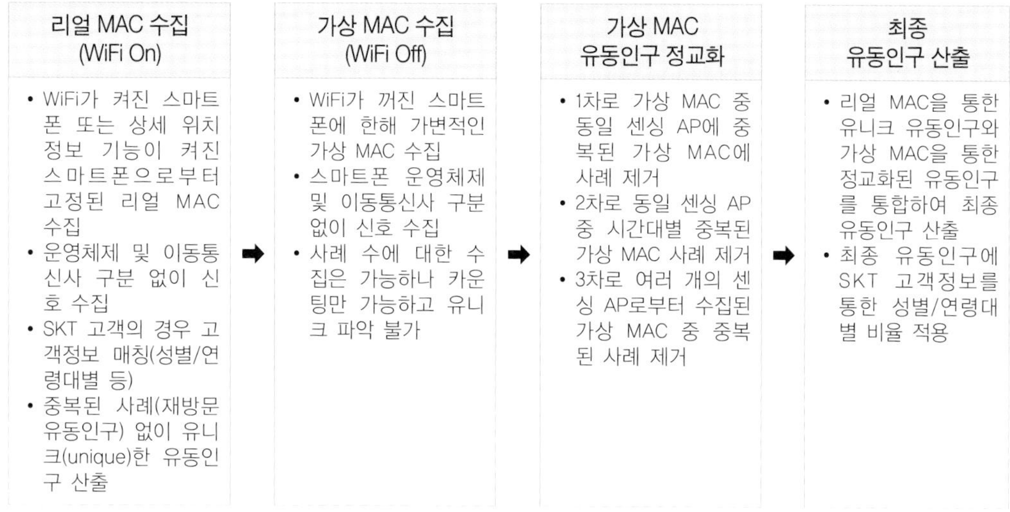

[그림 8-8] WiFi 센싱 데이터를 이용한 옥외광고 접촉인구 산출 알고리즘

출처: 이형민, 김신엽, 천용석(2019).

를 통해서 방송매체나 인터넷매체 등의 광고 효율성 지표인 CPM까지 산출할 수 있었다.

3) 모바일 빅데이터를 이용한 옥외광고 접촉인구 산출 예시

모바일 빅데이터를 이용해 옥외광고 효과 측정을 최초로 시도한 예시로, 2017년 국내 이동통신사의 모바일 데이터를 이용해 실제 고속도로변에 설치된 빌보드 광고에 대한 접촉인구를 산출한 과정과 결과를 소개하고자 한다. 도로변에 설치된 빌보드 광고는 옥외에 설치된 대표적인 옥외광고이다. 도로변의 특성상 도보자보다는 도로를 주행하는 차량에 탑승한 사람이 광고의 주요 타깃이라고 할 수 있다. 이런 경우 모바일 데이터를 이용해 산출하는 유동인구 중에서 차량을 타고 빠르게 이동하는 사람들을 선별해야 한다. 이러한 옥외광고의 특성을 고려해 모바일 데이터를 가공할 기본 조건을 설정해 주어야한다.

먼저, 고속도로 특성상 차량이 도로상에 진입하고 나가는 지점이 정해져 있다는 특성을 통해 차량의 IN-OUT 위치를 중심으로 구간을 설정한다. 이는 광고에 노출되는 오디언스를 정확히 측정하기 위한 첫 번째 설정이다.

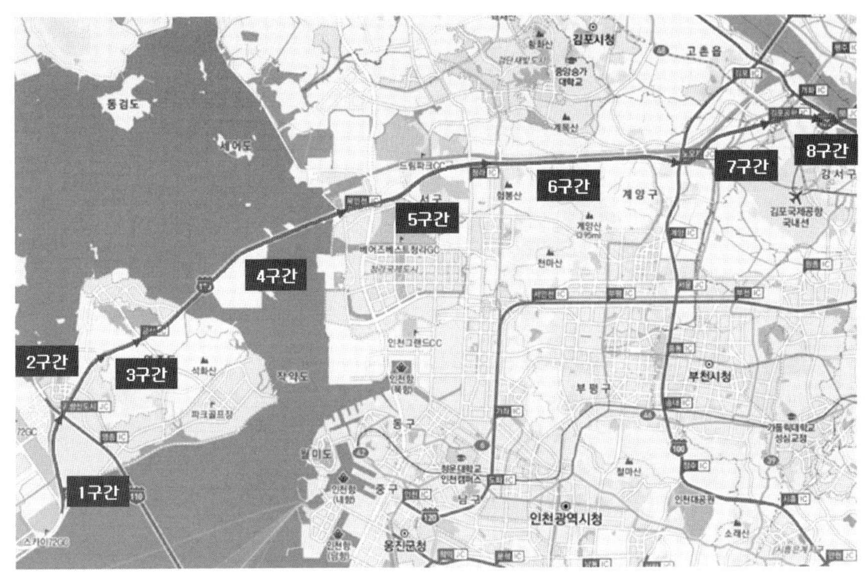

구간번호	START	END
1구간	신불IC	공항신도시JC
2구간	공항신도시JC	공항입구JC
3구간	공항입구JC	금산IC
4구간	금산IC	북인천IC
5구간	북인천IC	청라IC
6구간	청라IC	노오지JC
7구간	노오지JC	김포공항IC
8구간	김포공항IC	88JC

[그림 8-9] 인천국제공항고속도로의 차량 IN-OUT 구분을 위한 구간 설정

출처: 김효규, 서범석, 천용석(2017).

다음으로 기지국을 통해 수집된 개인들의 데이터 중에서 차량으로 이동하는지 아니면 단순히 광고물 주변에서 체류하고 있는지를 알기 위해서 개인들의 이동속도를 측정해서 체류자와 통과자를 구분한다. 이는 앞서 도로변 빌보드 광고의 주요 타깃이 차량을 타고 이동하는 사람이라는 전제 조건을 만족하기 위해서 체류자를 구별해야 하기 때문이다. 체류자의 경우 광고물 주변에서 살고 있거나 일을 하는 사람(광고물 주변 특성상 논밭이 있는 경우가 있음)을 광고 접촉인구에서 제외하기 위함이다.

표 8-2 도로변 빌보드 광고의 접촉인구 산출 전제 조건 설정

[illegible]	[illegible]
도로구간 설정	• 옥외 광고물 중심이 아닌 차량이동의 IN-OUT 위치(IC, JC 등)를 중심으로 도로구간을 설정함 • 모든 도로구간에서는 차량 통행량은 같다고 산정함
통신 데이터 설정	• 통신 데이터의 경우 15분 단위로 통신 트래픽으로 데이터가 구축되어 있음 • 15분이라는 한계가 현재는 존재하나 향후에는 측정 시간을 단축시킬 수 있음
도로구간 설정값 속도 측정	• 설정된 도로구간의 차량 통행을 구분하기 위하여 각 도로구간의 평균속도를 계산하여 실제 차량이 통과하는 시간을 계산함 • 체류자와 통과자를 구분하는 용도로 활용
도로구간 분류	• 15분 단위 데이터를 보완하기 위하여 도로구간을 나들목(IC: Interchange) 기준으로 도로라인 분류작업 진행

출처: 김효규, 서범석, 천용석(2017)에서 재편집함.

〈표 8-2〉의 기본 설정에 따라 광고물 주변의 유동인구를 측정하기 위한 이동통신 빅데이터의 분석 프로세스는 다음과 같다. 먼저, 산출하고자 하는 도로구간을 관할하는 지역의 이동통신 데이터를 추출하고 추출된 데이터를 도로구간별로 구분한 후 도로구간별 체류 인원을 선별한다. 다음으로 각 도로구간별 1개 구간을 이용한 인원(체류자)과 2개 이상 구간을 이용한 인원(통과자)을 분류하여 데이터를 산출한다. 이를 분류하는 이유는 도로변 빌보드 광고의 경우 고속도로 주변에 있기 때문에 도보자가 아닌 차량을 타고 이동하는 사람(통과자)을 대상으로 하는 광고이므로 2개

이상의 구간의 기지국에서 체크된 인원(통과자)이 실질적인 유동인구로 산출될 수 있기 때문이다. 또한 2개 구간 이상을 이용한 인원은 이동 방향에 따라서 도로의 상행선/하행선을 구분할 수도 있다. 또한 각 도로구간의 평균속도를 내비게이션 데이터와 접목해 체류시간을 계산하고 통과 인원과 그 구간 체류 인원으로 분류하여 통과 인원만 추출하는 로직을 강화한다. 예를 들어, 1개의 도로구간에서 평균속도가 30km/h이고 구간 길이가 5km이면 이 도로구간에서의 평균 체류 시간은 10분이며, 15분 단위 데이터로 15분 이상 체류한 인원은 해당 도로구간에서 제외하는 방식으로 통과 인원을 산출할 수 있다. 다음으로 유동인구로 산출된 인원 중에서 휴대전화 가입 시 기록한 인구통계학적 데이터를 근거로 성별과 연령별을 구분하여 세분화된 데이터를 산출한다. 마지막으로, 1개 구간만 이용한 인원의 경우 해당 도로구간을 이용한 인원인지 아니면 타 도로(국도 및 일반도로)를 이용한 인원인지 일반적으로

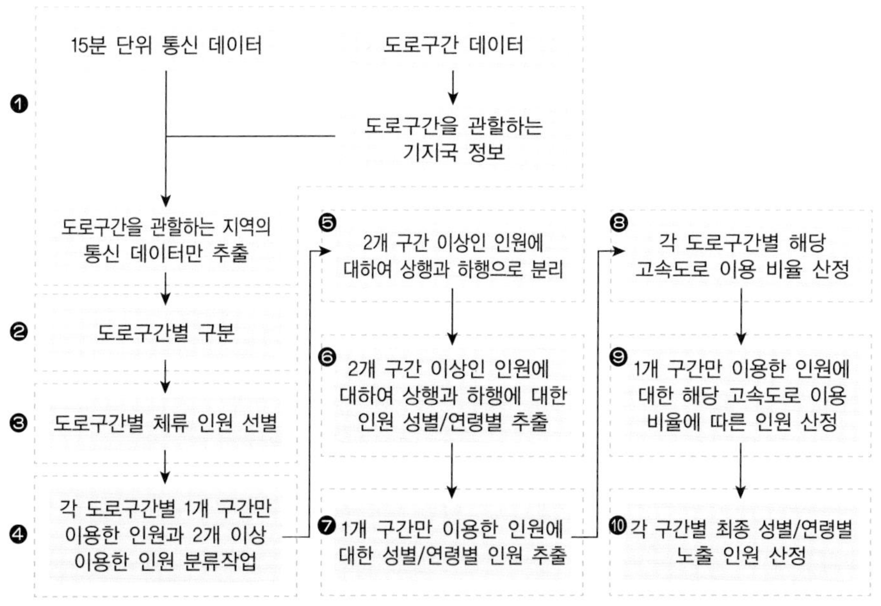

[그림 8-10] 도로변 빌보드 광고의 접촉인구 산출 알고리즘

출처: 김효규, 서범석, 천용석(2017).

는 구분이 어려워 T-MAP 내비게이션 통행량을 기준으로 해당 도로구간과 인근 도로구간의 통행량을 비율로 산정하여 1개 구간만 이용한 인원을 배분하는 기준으로 사용한다.

앞과 같은 알고리즘을 적용해서 도로변 빌보드 광고의 접촉인구를 산출한 결과, 인천국제공항고속도로변의 빌보드 광고에 노출된 일평균 접촉인구는 4만 2,407명이며, 상행선 방향으로 2만 1,225명, 하행선 방향으로 2만 1,182명으로 나타났다. 성별로는 남자가 2만 6,401명(62.3%), 여자가 1만 6,006명(37.7%)으로 남자가 여자보다 약 1.65배 더 많은 것으로 나타났다.

표 8-3 인천국제공항고속도로변 빌보드 광고의 일평균 접촉인구 산출 결과(단위: 명)

구간명	합계	상/하행선 구분		성별 구분	
		상행선	하행선	남자	여자
2구간	25,123	10,869	14,254	15,338	9,785
3구간	29,461	15,260	14,201	18,044	11,416
4구간	42,486	22,489	19,997	26,072	16,414
5구간	51,422	27,056	24,366	31,934	19,488
6구간	62,852	32,063	30,790	38,956	23,896
7구간	43,099	19,612	23,487	28,063	15,036
평균	42,407	21,225	21,182	26,401	16,006
비율	100.0%	50.1%	49.9%	62.3%	37.7%

* 1구간과 8구간은 통과자와 체류자의 구분이 불분명하기 때문에 제외

출처: 김효규, 서범석, 천용석(2017).

5. 머신러닝과 아이트래킹을 활용한 옥외광고 주목률 측정

최근 소비자의 시선 경험과 행태를 조사하기 위한 방법으로 아이트래킹 기법을 많이 사용하고 있다(김신엽, 2016; 김신엽 외, 2017; 김지호, 2010; 천용석, 2014; Glenstrup & Engell-Nielsen, 1995).

아이트래킹 기법은 피험자의 눈 주변에 시선 및 홍채의 움직임을 측정할 수 있는 기계를 설치함으로써 관련 자료를 수집하고 분석하는 방법이다. 사람의 시각은 안구 내벽(망막)에 배치된 시각세포를 통해 이루어지는데, 이 시각세포의 분포는 망막에 고르게 분포하지 않으며, 매우 해상도가 높은 일부 구역과 상대적으로 해상도가 낮은 주변 구역으로 이루어진다. 해상도가 높은 구역을 황반 또는 중심와(fovea)라고 부르는데, 이 영역의 크기는 통상적으로 시야상 1~2도 이내의 크기로 매우 작다. 그러므로 사람이 대상을 보고자 할 때는 안구를 움직여 이 대상의 상(image)이 중심와에 위치하도록 맞추게 되는데, 이 중심와의 위치는 동공(눈동자, pupil)의 광학적 축과 대략 일치하므로 외부에서 동공의 위치를 관찰함으로써 중심와의 위치를 추정할 수 있고, 최종적으로 이를 통하여 현재 중심와에 맺혀 있는 상의 위치, 다시 말해 현

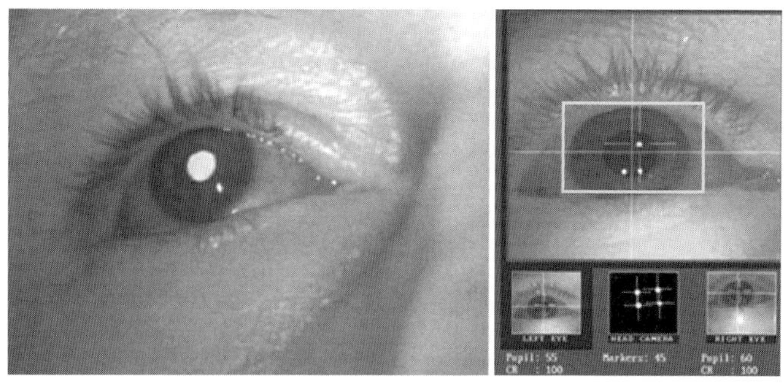

[그림 8-11] 눈을 찍은 영상으로부터 눈동자의 중심(홍채)을 찾는 과정

출처: 천용석(2014).

재 보고 있는 대상을 추정할 수 있는 것이다. 시선을 추적하는 방법으로는 전통적으로 안구를 움직이는 근육의 전기신호를 탐지하는 방법, 각막에 반사되는 빛을 분석하는 방법, 전자기 유도를 이용한 공막탐지코일법 등이 있으나, 최근에는 기술의 발달로 인하여 홍채를 촬영한 비디오를 분석하는 비디오 분석법이 널리 활용되고 있다.

외부에서 자유롭게 활동하는 상황에서 시선을 추적하기 위해서는 고글형 아이트래킹 장치(eye tracker)를 활용하게 되는데, 안경 형태의 프레임에 설치된 두 개의 소형 카메라를 이용하여 하나(시야카메라, scene camera)는 전방 시야를 촬영하고, 또 하나는 눈(눈 카메라, eye camera)을 촬영하여 이를 실시간 또는 사후 분석하여 시선을 추적한다.

해외의 경우를 보면 미국 교통정보국(Traffic Audit Bureau for Media Measurement: TAB)에서는 2009년부터 수용자 시선 행태 측정 기법을 활용한 유효 광고 도달 청중을 측정하는 '아이즈 온(Eyes On)'이라는 방법을 활용하고 있고, 호주 옥외미디어협회(OMA: Outdoor Media Association)는 수용자 시선 행태 측정 기법을 사용하여

[그림 8-12] 아이트래킹 장비와 착용 모습, 결과를 시각화한 모습

출처: Brain & Research 홈페이지.

OOH 광고 노출 청중 수와 수용자들의 광고 주목 확률을 정량적으로 측정하고 있다. 국내의 경우 비교적 최근 아이트래킹 기법을 활용한 옥외광고 효과 측정이 시도되고 있다. 예를 들어, 김지호(2010)는 편의점 내 POP(Point of Purchase) 광고효과를 분석하는 데 아이트래킹 기법을 활용하였다. 천용석(2014)은 아이트래킹을 이용해 도로변 빌보드 광고에 대한 효과를 검증했으며, 김신엽 등(2017)은 디지털 OOH 광고 옥상 설치형과 건물 벽면 부착형을 대상으로 수용자 시선 행태 실험을 실시한 후 피험자의 주목 행태를 시선 점유와 시선 고정으로 세분화하여 제시하였다.

아이트래킹을 통한 데이터는 홍채의 움직임을 실시간으로 체크하기 때문에 단기간의 영상으로도 많은 데이터를 확보할 수 있다. 이렇게 수집된 데이터는 피험자의 특성에 대한 데이터 테이블, 옥외광고 특성에 대한 데이터 테이블, 홍채 인식에 대한 데이터 테이블을 통합해 빅데이터로 분석할 수 있다. 이 과정에서 **머신러닝**(기계학습)을 활용할 수 있다. 간단히 말하자면, 홍채가 광고물을 주목하는 현상을 이벤트라고 볼 때, 이벤트가 일어나는 것과 그렇지 않은 것을 판별하는 분석이다.

옥외광고는 다른 매체의 광고와는 달리 광고물의 크기, 위치, 형태 등 물리적인 특성이 다양하고, 광고물을 접하는 환경 역시 비정형화되어 있기 때문에 주목이라는 이벤트가 일어나는 데 다양한 독립변수가 적용된다. 종속변수를 광고물에 대한 주목

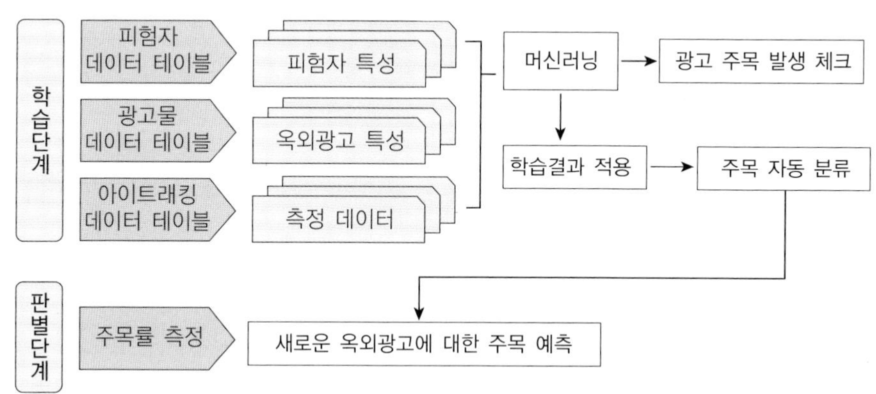

[그림 8-13] 머신러닝을 이용한 옥외광고 주목 예측

이 일어나는 이벤트의 유무로 설정할 경우, 이에 대한 독립변수들의 설명력을 측정하기 위해서는 로지스틱 회귀분석(logistic regression), 의사결정나무(desiton tree), 랜덤 포레스트(random forest)를 이용한 분석 알고리즘을 사용할 수 있다. 반면에 주목이 일어나는 이벤트를 예측하기 위해서는 최근 다양한 분야에서 적용되고 있는 머신러닝 기법인 인공신경망(artificial neural network)이나 SVM(support vector machine) 등을 활용할 수 있다.

6. 마치며

앞서 언급했듯이, **디지털 트랜스포메이션**은 단순히 옥외광고물 외형만의 디지털화를 의미하지 않는다. 산업 전체 패러다임의 변화를 야기한다. 다시 말해, 옥외광고 산업이 디지털 기반의 산업으로 새롭게 재편되는 것이다. 이 과정에서 옥외광고는 기존의 외적인 규모(광고 면의 넓이)와 시인성(식별의 용이성)의 개념만을 중시하는 단계에 머물러 있지는 못할 것이다. 기존의 옥외광고는 광고물로서 오로지 광고내용만을 전달하는 단일 목적을 가졌었다면, 향후에는 디지털 기반으로 다양한 디지털 콘텐츠를 실어 나를 수 있는 온전한 '미디어'로서의 역할을 수행하게 될 것이다. 이는 앞으로 어떤 콘텐츠를 어떤 방식으로 어떤 사람들에게 전달할 것인가를 끊임없이 고민해야 한다는 것을 의미한다.

옥외광고 산업에 오랜 기간 종사해 온 사람이라면 한남대교 남단의 현대자동차 야립광고와 신사동 사거리 후지필름 네온광고가 왜 늘 그 자리에 있는지 알 것이다. 그만큼 옥외광고는 랜드마크 효과가 중요하게 작용하는 산업이었다. 이러한 이유로 옥외광고의 집행단가에 있어서 적정한 가격이 책정되지 못했고, 광고대행에 있어서 투명한 거래가 이루어지기 어려웠다. 이는 옥외광고의 과학적인 효과 측정이 정교화되지 못한 원인이기도 했다.

디지털 트랜스포메이션은 지금까지 어찌할 수 없었고 당연하게 여겼던 관행들을 단절(disruption)시킬는지도 모른다. 디지털 옥외광고 시대가 점차 다가오면서 대기업과 언론사의 옥외광고 시장 진입이 가속화되고 있다. 정체되어 있던 옥외광고 산업이 크게 요동치고 있는 것이다. 확실한 것은 그 움직임은 이미 시작되었으며, 빅데이터를 통한 옥외광고 산업의 변화는 그 누구도 가로막을 수 없다는 것이다. ■

제9장

빅데이터 활용에서 개인정보 침해와 보안 및 윤리

정유미(한양대학교 창의성과 인터랙션 연구소 연구원)

1. 빅데이터의 활용 양상
2. 빅데이터와 개인정보침해에 관한 쟁점들
3. 개인정보 보호를 위한 노력과 논쟁들
4. 마치며

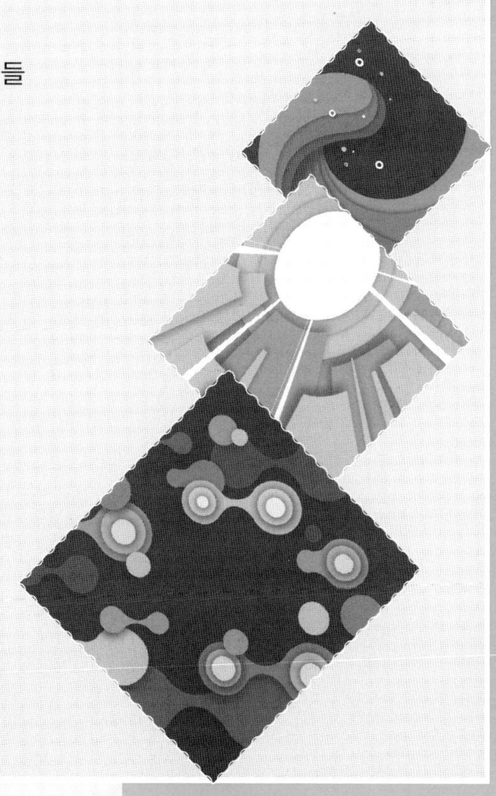

◈◇◈

내가 조금 전 관심 있게 찾아보았던 상품이 전혀 연관성이 없는 다른 웹사이트 한편에서 광고되고 있거나 온라인 쇼핑몰에서 상품을 검색하고 있을 때 추천 상품들이 줄줄이 제시되는 것은 이제 너무나도 자연스러운 일이다. 온라인 맞춤형 광고나 추천 시스템(recommender system)은 빅데이터를 활용한 광고 및 마케팅 전략의 대표적인 사례들 중 하나이다. 그 효과성에 대한 논의는 별개로 제쳐 두고서라도 빅데이터와 관련된 기술이 광고 및 마케팅 분야에서 핵심적인 요소로 부각되고 있음은 자명한 사실이다.

성공적인 마케팅 전략을 세우거나 광고 캠페인을 제작하기 위해서는 적절한 표적시장을 선정하고 제대로 분석하는 것이 매우 중요한데 이를 위해서는 사전 조사 및 연구가 필수적이다. 기존의 소비자 표본을 대상으로 한 마케팅 조사방법은 한정된 표본을 대상으로 하기 때문에 모집단을 대표하는 자료를 얻기에는 분명 한계를 가질 수밖에 없다. 물론 표본을 이용한 질적, 양적 연구방법론은 조금 더 과학적이고 통제된 자료를 만들어 낼 수 있다는 이점 때문에 현재도 많이 활용되고 있지만 더 많고 더 다양한 시장 정보에 대한 갈증은 항상 존재했다.

빅데이터는 기존 조사방법이 가지고 있던 이러한 한계에 새로운 대안을 제시해 주었다. 일차적으로 기업이 보유하고 있는 방대한 양의 판매정보 및 고객정보를 처리하고 분석하는 것을 넘어서 **소셜 네트워크 서비스**(SNS)나 다른 온라인 플랫폼에서 실시간으로 수집 가능한 정보들은 시장의 흐름을 파악하고 소비자를 이해하는 데 매우 효과적일 수 있다. 국내 데이터산업 시장의 규모도 2015년 13조 3,555억 원 규모에서 2018년 15조 1,545억 원 규모로 꾸준히 성장하는 것을 보면 빅데이터 활용에 대한 기대감과 그 성과가 산업계 전반에서 매우 긍정적임을 알 수 있다(한국데이터산업진흥원, 2018).

하지만 소비자, 즉 개인에 대한 정보를 다룬다는 것, 그것도 소비자 입장에서는 가늠하기도 힘든 많은 양의 정보를 기업이 보유한다는 것은 필연적으로 개인정보침해 가능성에 대한 논쟁을 불러일으킨다. 소비자 개개인의 특성을 파악하여 상품을 추천하거나 광고를 제시하는 알고리즘은 그 기능적인 측면만을 고려했을 때 소비자들에게도 도움이 될 수도 있는 시스템이지만 맞춤형 광고가 처음 선보였을 때 소비자들은 해당 사이트가 자신들의 관심사를 어떻게 알아냈는지, 어떤 개인정보를 가지고 있으며 이를 상업적으로 어떻게 이용하고 있는지에 대해 의구심을 가지며 개인정보침해 가능성에 대해 불안감을 보이기도 했다. 실제로 온라인 맞춤형 광고에 대한 이용자의 인식을 살펴본 연구에 따르면, 응답자의 과반수 정도가 맞춤형 광고에 대해 불쾌한 감정을 느낀다고 대답하였고, 사생활 침해 가능성에 대한 두려움을 표시한 응답자는 70%를 상회하였다(김재휘, 부수현, 2010).

이러한 불안감은 개인정보라는 민감한 주제와 관련한 심리적 요인뿐 아니라 수없이 반복되어 온 개인정보 유출사건에 대한 경험, 또한 빅데이터를 보유한 기업에 대한 낮은 신뢰도 등과도 무관하지 않을 것이다. 정부에서는 개인정보 유출로 인한 피해를 줄이기 위해 「개인정보 보호법」 등 관련 제도의 개정을 통하여 소비자가 자신의 정보에 대한 통제권을 더 가질 수 있는 방향으로 정책을 만들어 가고 있지만 산업계에서는 빅데이터 산업의 발전을 저해하는 요소로 개인정보 보호 이슈 및 관련된 법제의 엄격성을 많이 언급하고 있다. 비단, 광고 및 마케팅 분야뿐 아니라 의료, 금융 등 많은 분야에서 효율적이고 효과적인 시스템을 구축할 수 있게 하는 빅데이터에 대한 규제를 완화시켜 달라는 목소리와 개인정보 보호가 우선이기 때문에 더 강력한 규제를 가해야 한다는 의견이 팽팽하게 대립하고 있다.

제9장에서는 광고 및 마케팅 분야에서 빅데이터가 활용되고 있는 양상을 간단히 살펴보고, 빅데이터 활용 과정에서 발생하는 개인정보 침해 및 보안과 관련된 이슈들 그리고 앞으로 나아가야 할 방향 등에 대해서 논의해 보고자 한다.

1. 빅데이터의 활용 양상

1) 조사 및 연구 자료

빅데이터는 광고 및 마케팅 분야에서 다양한 형태로 활용되고 있지만 여기서는 크게 두 가지로 분류해 보고자 한다. 첫째, 마케팅 전략을 세우거나 광고 캠페인을 계획할 때 연구 자료로서 활용되는 빅데이터가 그것이고, 둘째, 시스템 알고리즘의 일부로서의 빅데이터 활용이다. 조사 및 연구 자료로써 빅데이터의 활용은 타깃시장 분석, 현황 분석 등 캠페인 전략을 수립하거나 기존 전략의 수정, 관련 연구의 기초 자료로써 빅데이터를 활용하는 것이다. 이를 위해 기업 내부에서 축적되어 온 자료는 물론이고 각종 언론매체와 SNS 등에서 방대한 자료를 수집하여 분석하는 과정이 필요하다.

빅데이터를 활용하여 마케팅 전략과 광고 캠페인에 큰 성공을 거둔 대표적인 기업이 코카콜라이다. 코카콜라는 빅데이터라는 개념이 나타나기 훨씬 전인 1920년대부터 각 매장의 고객 선호도, 만족도, 판매 추이 등을 기록해 왔고 이 판매 자료들을 바탕으로 판매 전략을 세우고 신제품 개발에까지 활용하였다. 현재 코카콜라는 각종 소셜미디어에서 코카콜라가 언제 어떤 상황에서 누구에게 언급되고 있는지를 지속적으로 모니터링하고 있으며, 이렇게 수집된 방대한 양의 자료를 분석하여 발 빠르게 대응할 수 있는 마케팅의 자료로 활용하고 있다. 가령 코카콜라와 관련하여 우호적이지 않은 키워드가 많이 나타나면 그 지역이나 특정 연령층을 대상으로 한 마케팅을 강화한다든지, 코카콜라와 관련해 건강 이슈가 많이 언급되면 설탕을 줄인 신제품을 개발한다든지 하는 식이다.

최근 여러 브랜드에서 선보인 한정판 마케팅 또한 소셜미디어에 나타나는 트렌드를 따른 전략이라고 할 수 있다. SK플래닛 소셜 분석 시스템의 분석 결과에 따르면 2014년부터 2016년까지 '한정판'과 관련된 단어가 언급된 빈도 수는 매년 64%가 증

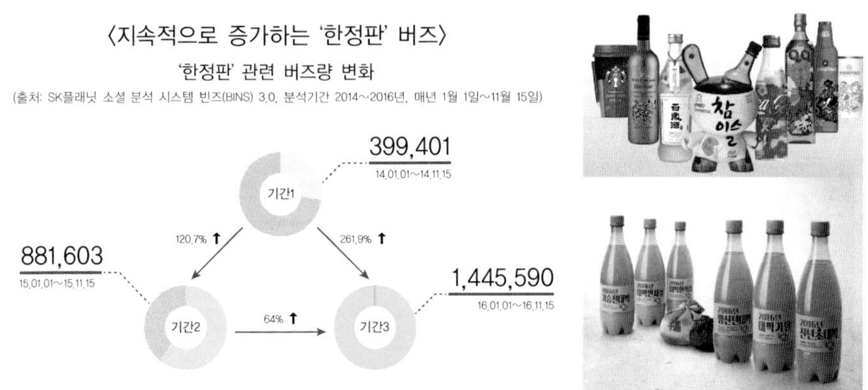

[그림 9-1] 한정판 관련 버즈량과 한정판 상품들

출처: 그래프는 서헌주(2016)에서 재인용; 사진은 각각 마시즘(masism)과 매일경제에서 인용함.

가할 정도로 하나의 트렌드를 형성하였는데 코카콜라 역시 트렌드에 맞는 다양한 한정판 제품을 광고하면서 브랜드의 가치를 끌어올렸다(서헌주, 2016).

2) 알고리즘과 빅데이터

빅데이터를 이용한 두 번째 활용 양상은 컴퓨터 알고리즘 구축이다. 인공지능 기술과 데이터 구축 시스템 등의 발전으로 컴퓨터 알고리즘은 정치, 교육, 의료 등 분야를 막론하고 인간의 의사결정 과정을 대체하고 있다(Lee, 2018). 알고리즘이란 특정 문제를 해결하기 위해 구성된 공식 또는 명령어들로 이루어진 논리적 과정을 의미하는데, 광고 및 마케팅 분야에서는 맞춤형 광고 알고리즘과 상품 추천 시스템 등이 많이 활용되고 있다. 이는 소비자의 누적된 소비 패턴을 분석하여 적절한 제품을 제안하거나 관심 있는 제품에 대한 광고를 제시하는 등 데이터 수집과 분석, 결과 제시 등 일련의 과정을 시스템적으로 처리하는 마케팅 방법이다.

[그림 9-2]는 추천 시스템의 원리를 간략하게 보여 주고 있다. 같은 상품을 구매

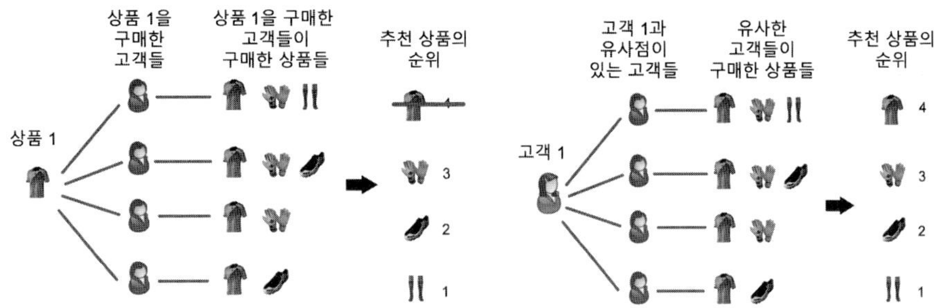

[그림 9-2] 추천 시스템의 원리

출처: Tao, Cheung, She, & Lam (2014).

한 고객들이 구입한 다른 상품들을 추천한다거나, 유사한 특성을 가진 고객들이 구매한 상품들을 추천하는 방식으로 추천 시스템이 작동하게 된다. 아마존(Amazon.com)은 대표적으로 추천 시스템을 도입하여 사업에 성공을 거둔 사례이며, 페이스북(Facebook)은 고객 로그 분석을 통한 개별화된 광고를 제공하는 알고리즘을 개발하여 적용하고 있다.

빅데이터를 기본 조사 및 연구 자료로 활용하는 경우가 전반적인 시장에 대한 이해를 포함하여 시장과 소비자 그룹을 조금 더 세분화된 집단으로 나누는 데 목적이 있다면, 알고리즘을 이용한 마케팅 전략은 표적 그룹의 세분화를 넘어서 개별 소비자마다 전략적으로 다른 메시지를 전달하기 위한 목적이 있다.

빅데이터는 이러한 전략이 실현 가능하도록 수많은 정보를 제공해 주지만 어떠한 목적에 맞게 형성된 자료가 아니기 때문에 정형화되지 않았으며 불필요한 정보도 많이 담고 있다. 따라서 방대한 양의 누적 데이터에 대해 **수집**(scraping/crawling), **처리**(mining), **분석**(analyzing), **저장**(storing) 등의 일련의 과정을 거치게 되는데, 설사 같은 자료를 가지고 있다고 하더라도 각 과정을 어떻게 처리하느냐에 따라 그 결과는 매우 다르게 나타날 수 있다. 각 단계마다 개발자 혹은 기획자의 판단이 들어가게 되며 이 과정에서 때로는 의도치 않게 혹은 의도적으로 개인정보가 유출되거나 재구성되어 악용되기도 한다.

2. 빅데이터와 개인정보침해에 관한 쟁점들

빅데이터는 광고 홍보 및 마케팅 분야에 분명 새로운 장을 열어 주었다. 하지만 분명 짚고 넘어가야 할 문제가 **개인정보침해**와 관련된 이슈들이다. 페이스북은 지속적으로 프라이버시와 관련한 스캔들에 휘말리고 있으며, 아마존 또한 인공지능 디바이스와 관련한 프라이버시 논의에서 자유롭지 못하다. 국내에서도 고객의 정보가 해킹을 당한다거나, 관리자의 잘못된 판단으로 개인정보가 유출되는 등 개인정보침해와 관련한 사건들이 계속 발생하고 있다. 다양한 경로로 수집된 빅데이터에 포함되는 자료들은 이름, 주소, 주민등록번호와 같은 식별정보뿐만 아니라 개인의 정치적 성향, 라이프스타일, 이념 등 때로는 식별정보보다 더 중요할 수도 있는 정보를 포함하기도 해 필요에 따라 그 가치가 매우 높을 수 있다.

문제는 소비자의 입장에서는 자신들의 정보가 어떻게 수집되고 사용되는지에 관한 투명성을 약속받고 자신의 정보에 대해 통제권을 가지는 것에 한계가 있다는 것이다. 이 불확실성은 개인정보침해 가능성에 대한 우려로 나타난다. 2015년 실시된 한국미디어패널조사에서 응답자의 38%가 인터넷 사용 시 개인정보침해에 대해 우려스럽다는 응답을 했으며 특히 SNS 사용자들 사이에서는 약 50%의 이용자가 개인정보침해에 대해 우려스럽다는 반응을 보였다(김윤화, 2016). 이는 소셜미디어를 사용하긴 하지만 자신들의 정보가 어디서 어떻게 사용될지 모른다는 것에 대한 불안감을 내비치고 있는 것이다.

실제로 빅데이터 활용과정에서 발생할 수 있는 개인정보침해는 그 유형이 다양한데 소비자 입장에서는 개인정보침해 여부를 예측하기도 어려울 뿐만 아니라 실제로 사건이 발생한다고 해도 개별적으로 대응하기엔 어려운 것이 사실이다. 다음은 빅데이터의 활용양상에 따라 발생할 수 있는 개인정보침해 유형에 대한 사례들이다.

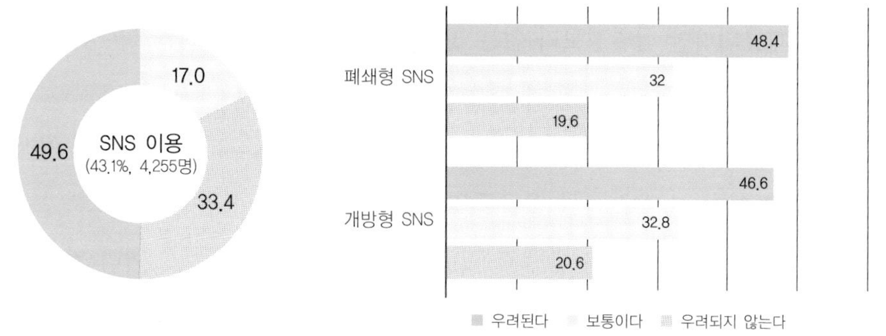

[그림 9-3] 소셜미디어 사용자들의 개인정보침해 우려

출처: 김윤화(2016)의 내용을 재구성함.

1) 합법적으로 공개된 빅데이터와 개인정보침해 위험

빅데이터를 이용한 광고 및 마케팅에서 가장 기본이 되는 것은 막대한 양의 자료를 모으고 필요에 맞게 자료를 가다듬는 일이다. 이를 위해서 소셜미디어, 신문기사 등 이미 공개된 자료를 많이 이용하기도 한다. 일부 소셜미디어에서 공개된 자료는 정보를 제공한 당사자가 불특정 다수에게 공개되어도 괜찮다는 전제를 가지고 올린 자료라고 인식되기 때문에 신문기사와 마찬가지로 별도의 제약 없이 사용할 수 있는 자료이다. 일반적으로 사용자들은 민감한 정보는 공개하지 않거나 소수의 친구들에게만 공개하는 등 자신들의 정보를 컨트롤하고 있다고 여겨지기 때문에 공개된 자료에는 개인정보침해 위험이 적다고 인식된다. 하지만 이렇게 공개된 자료라고 해서 개인정보침해 위험에서 자유롭지는 않다. 소비자들이 제공하는 정보는 그들이 생각하는 것보다 더 많은 정보를 담고 있기 때문이다. 가령, 한 명의 소비자가 다양한 채널을 통해 공개한 정보를 조합하는 것만으로도 그 소비자에 대한 많은 징보를 알 수 있다.

카네기멜론 대학의 아퀴스티(Acquisti) 교수가 이끄는 연구팀은 각기 다른 경로로 입수한 정보들을 조합할 때 어떤 결과를 얻을 수 있는지에 대한 실험 결과를 보여 주었다. [그림 9-4]와 같이 온라인상에서 개인을 식별할 수 있는 정보가 제공되는 자료와 정보가 제공되지만 식별정보가 없는 곳의 접합점을 찾아 정보를 긁은 뒤 그 정보를 바탕으로 더 많은 정보를 유추해 내는 알고리즘을 이용했다.

연구팀은 실험 참가자들의 얼굴을 웹캠으로 찍은 후 pittpatt이라는 얼굴 인식 소프트웨어를 통하여 사진에 찍힌 얼굴들을 페이스북에서 찾아냈다. 페이스북 프로파일을 분석하여 이들의 생일과 출생지 및 관심 분야 등을 알아냈고, 여러 가지 정보들을 조합해 소셜 시큐리티 번호(SSN), 즉 주민번호와 같은 개인의 고유 번호를 추측하는 알고리즘을 통해 참자들의 SSN 번호까지 유추해 냈다. 해당 얼굴 인식 프로그램으로 약 42%에 이르는 참가자들의 페이스북 프로파일을 찾아냈고 이 가운데 약 30%에 해당하는 참가자들의 SSN의 일부를 유추해 냈다(Acquisti, Gross, & Stutzman, 2014). 실험 참가자의 일부가 SSN이 없는 외국인 학생이었다는 점을 감안하면 30%도 꽤 높은 수치라고 할 수 있다. 물론 이것은 목적을 가지고 한 실험의 결과이지만 누군가가 악용할 목적을 가지고 공개된 각기 다른 정보를 조합한다면 상당히 많은 개인정보를 취합할 수 있다는 경각심을 알려 주는 연구 결과이다.

[그림 9-4] 개인의 비식별 자료와 식별 자료를 조합하여 추가 정보를 유추해 내는 과정

출처: Acquisti, Gross, & Stutzman (2014)의 실험내용을 바탕으로 구성함.

2) 익명성이 보장된 빅데이터와 개인정보침해 위험

연구 목적으로 사용되는 데이터는 기본적으로 개인을 식별할 수 있는 정보를 모두 삭제하거나 비식별화하여 사용된다. 광고 및 마케팅 분야에서 사용되는 자료도 개개인의 동의를 받은 개인정보를 사용한다고 할지라도 결과를 외부와 공유할 때는 식별할 수 있는 개인정보를 모두 비식별화해야 하며, 내부적으로도 철저한 보안을 통해 관리된다. 이러한 **익명성** 보장은 식별정보가 포함된 연구 자료를 다룰 때 개인정보침해를 막기 위한 가장 기본적인 방침이다. 하지만 이렇게 익명성을 보장하여 관리되는 데이터라도 하더라도 데이터 처리과정에서 그 익명성은 깨질 수 있다는 것이 증명되었다.

글로벌 온라인 스트리밍 업체인 넷플릭스(Netflix)는 지난 2006년부터 2009년까지 Netflix Prize라는 대회를 열어 넷플릭스가 가지고 있는 영화 평점 예측 시스템의 예측률보다 높은 예측율의 알고리즘을 개발하는 팀에게 상금 1만 달러를 걸었다. 넷플릭스 측은 실험 데이터로 5만 명 정도의 가입자들이 100만 개가 넘는 영화에 남긴 평점 데이터를 공개했다. 이 데이터에는 가입자 코드, 영화, 영화 평점, 평점을 준 날짜 등이 포함되어 있었고 데이터를 공개하기 전 해당 데이터에서 식별 가능한 개인정보를 모두 제거하여 익명성이 보장된 데이터를 공개하였다.

하지만 2008년 텍사스 대학의 두 연구자에 의해 해당 데이터의 익명성이 깨질 수 있음이 증명되었다. 그들은 넷플릭스가 제공한 데이터를 인터넷상의 다른 데이터들과의 조합을 통해 유저들을 식별해 낼 수 있었으며 식별된 정보를 바탕으로 유저들의 정치적 성향과 같은 다른 민감한 정보도 찾아낼 수 있음을 보여 주었다(Narayanan & Shmatikov, 2008). 그 후 넷플릭스가 제공한 데이터에 의해 자신들의 성 정체성이나 개인정보가 공개되었다고 주장하는 일부 가입자들이 넷플릭스를 상대로 소송을 걸었고 결국 2010년에 예정되었던 두 번째 대회는 취소되었다.

이는 앞선 실험연구와 마찬가지로, 그것이 공개된 정보이든 익명성이 보장된 정보이든, 개인들의 정보가 한곳에 집중되어 있는 것이 아니기 때문에 마음만 먹으면 여러 가지 정보의 조합을 통해 개인정보를 찾아낼 수 있다는 것을 보여 주었다.

3) 소비자의 동의를 통해 얻어진 빅데이터의 활용과 프라이버시 침해

현재 우리나라에서는 기업들이 판촉 및 제품 홍보를 목적으로 소비자의 정보를 이용할 때는 각 항목별로 소비자의 동의를 얻도록 하고 있다. 동의를 얻게 되면 해당 소비자에게 광고 메일 등을 보낼 수 있다. 또한 소비자가 특정 쇼핑몰에서 물건을 구매할 때 구매기록과 검색기록은 동의 여부에 따라 혹은 특별한 동의 없이 해당 쇼핑몰에서 보유할 수 있다. 하지만 이렇게 실질적 혹은 암묵적 동의하에 수집한 정보라 하더라도 그 활용 용도에 따라서는 소비자들에게 불안감을 안겨 주기도 한다.

마케팅 분야에서 개인정보침해 사례로 자주 언급되는 미국의 대규모 마켓체인 중 하나인 타깃(Target)의 쿠폰 발송 사례는 사실 개인정보침해라고 보기에 무리가 있는 부분이 있다. 타깃은 고객들의 구매리스트를 기반으로 하여 고객들이 앞으로 필요할 것이라고 생각되는 품목에 대해 할인쿠폰을 발송했다. 수년간 고객들에게 발송해 온 쿠폰 발송 서비스를 좀 더 개별화한 전략으로 바꾼 것이다. 이들이 고안한 알고리즘은 임신여부 예측 알고리즘으로 임신 초기에 필요한 물건들을 구매한 고객에게 임신 가능성에 대한 점수를 부여하고 높은 점수, 즉 임신했을 가능성이 높은 고객들에게 기저귀와 같은 육아용품의 할인쿠폰을 발행해 주는 것이었다. 알고리즘의 분석 결과에 따라, 한 고객 앞으로 육아용품의 할인쿠폰이 발송되었는데 이 고객은 고등학생이었고, 이치에 맞지 않는 쿠폰을 받은 학생의 부모가 타깃으로 항의전화를 하였다. 타깃 측에서는 알고리즘 분석 결과 자동적으로 해당 고객에게 쿠폰이 발송된 것을 확인하고 고객에게 전후관계를 설명했다고 한다(Hill, 2012).

후에 학생의 부모는 딸이 실제로 임신을 했다는 사실을 알고 담당자에게 사과를 했지만, 타깃은 고객들이 자신들의 구매행위가 추적당하고 삶이 감시당한다는 느낌을 받았다는 사실이 매우 중요한 문제점이라고 인식했다. 타깃은 이러한 고객들의 불편한 마음을 고려하여 육아용품에 집중된 쿠폰을 보내는 대신에 다른 상품의 쿠폰과 적절히 섞어서 배치하는 방법으로 마케팅 전략을 바꾸었다. 사실, 타깃의 광고행위는 불법도 아니며 프라이버시 침해라고 하기도 어렵다. 단지, 그들의 알고리즘이 너무 정확하게 예측을 해 버린 것이 문제라면 문제였다. 또한 새롭게 변경된 쿠폰 전략도 결과적으로 같은 마케팅 전략을 행하되, 단지 고객들의 심리적 불안감을 해소하기 위해 쿠폰의 배열만 변경한 것일 뿐이었다.

이 사례에서 중요하게 여겨야 할 부분은 소비자 입장에서는 법적으로 문제가 있는 경우에만 개인정보침해에 대한 우려를 보이는 것이 아니라는 것이다. 타깃이 자신들이 합법적으로 사용할 수 있는 정보를 가지고 고객의 소비패턴을 예측하는 알고리즘을 고안했지만 그것이 고객들이 예상하지 못한 범위의 예측 결과일 때, 동시에 그 예측 결과가 너무 정확하다면 소비자들은 감시를 당하고 있다는 불안감을 충분히 느낄 수 있다. 이렇듯 알고리즘이 하는 일은 기존에 존재하는 정보들을 조합하여 새로운 정보들을 만들어 내는 일이지만 그 새로운 정보들이 민감한 사항이라면 이 또한 프라이버시 침해나 개인정보침해로 인식될 수 있는 것이다.

4) 해킹 및 데이터 관리 부실로 인한 개인정보 유출

개인정보와 관련된 문제점을 이야기할 때 가장 많이 언급되는 부분이 해킹이나 여타 다른 경로를 통한 **개인정보 유출**일 것이다. 개인정보 유출 사건은 크고 작은 규모로 매해 발생하고 있으며 2017년에는 신고건수가 64건, 2018년에는 233건에 육박했다. 최근 5년간 개인정보 유출 사고의 약 80%가 해킹 등 외부 공격이 원인이라고 하지만 여기에는 기업의 부실한 관리체계 및 미흡한 보안체계도 원인을 제공하고 있다(홍하나, 2019). 〈표 1-2〉의 주요 개인정보 유출 사례를 살펴보면 해커에 의한 공격뿐 아니라 내부 직원의 부도덕성 또한 부실한 관리체계도 주요 유출경로였다.

표 9-1 주요 개인정보 유출 사고

시기	기관	유출 규모	유출경로
2018년	다이소몰	약 100만 명 고객정보	다이소몰 운영회사가 외부에서 해킹당해 고객정보 유출
2017년 9월	하나투어	약 50만 건	외주업체 직원의 PC에 저장된 고객정보가 해킹당함
2017년 9월	이스트소프트	약 2,500만 건	해커에게 개인정보 유출
2017년 6월	빗썸	약 3만 5,000명 고객정보	직원 개인컴퓨터에 담긴 자료가 외부에서 해킹당함
2016년 7월	인터파크	약 1,000만 건	해킹에 의한 유출
2014년 3월	KT LG유플러스 SKT	약 1,000만 건	개인정보 불법 판매
2014년 1월	국민카드 롯데카드 농협카드	3개 사 총 10,000만 건	카드 부정사용 방지 시스템을 관리하는 하청업체 직원이 고객정보를 불법광고업체에 팔아넘김
2009~2014년	롯데홈쇼핑	약 3만 명 고객정보	2009~2014년 사이 손해보험사에 고객 개인정보를 판매(제3자 정보제공동의 고객과 비동의 고객 모두 포함)

출처: 보안뉴스와 중앙일보의 기사내용을 바탕으로 구성함.

우리나라에서 발생한 가장 심각한 개인정보 유출은 지난 2014년 3개의 카드사에서 1억 건이 넘는 개인정보가 유출된 사건이다. 금융회사의 개인정보이다 보니 이름, 주소, 전화번호 등 기본 식별정보뿐 아니라 민감한 금융정보까지 포함되어 있어서 사회적으로 큰 파장을 불러왔다. 이 사건은 보안 관련 시스템을 다루는 하청업체의 직원에 의해 유출된 것으로 밝혀졌지만 데이터를 이동하고 처리하는 과정에서 적절한 보안관리가 이루어지지 않은 점도 발각되어 고객정보관리를 제대로 하지 않은 3개 사에 대해 3개월 영업정지라는 처분이 내려졌다. 이렇듯 유출사고는 계속 발생하지만 개인정보 보호를 위한 여러 가지 조치가 지속적으로 관리되고 있지 않거나 보안의식이 미흡한 경우가 많다. 그 이유로 낮은 처벌수위가 언급되기도 하는데, 인터파크의 정보유출사고의 경우 약 44억의 과징금이 부과되었지만 다른 사건들은 모두 1~2억 선에서 과징금이 부과되었다. 페이스북이 이용자 개인정보 유출 문제로 약 50억 달러(약 5조 9000억 원)의 벌금을 선고 받은 것을 보면 우리나라의 경우 처벌 수위가 매우 낮다는 것을 알 수 있다.

3. 개인정보 보호를 위한 노력과 논쟁들

빅데이터는 그 방대한 정보의 양과 함축된 가치 때문에 예측할 수 없는 상황에서 개인정보침해나 유출 문제가 발생하곤 한다. 빅데이터 기술이 개인정보침해 이슈에서 완전히 자유로울 수 없는 태생적 한계를 가지고 있지만 개인정보침해 가능성을 최대한 낮추고 사고를 예방하기 위해 다방면의 노력이 필요하다. 여기서는 앞으로 논의되어야 할 법제적, 윤리적 그리고 기술적 대안에 대해서 논의해 보고자 한다.

1) 소비자의 개인정보통제권 강화와 제도 개선의 요구

정부는 「**개인정보 보호법**」을 통하여 소비자의 개인정보 통제 권한을 강화시키고 개인정보처리자(서비스제공자)가 개인정보를 수집 및 이용할 때 소비자들에게 개인정보 활용에 대한 세부사항과 소비자 권리에 대해서 설명하도록 하고 있다. 특히 서비스제공자가 사이트 기본 운영 이외의 마케팅 및 제3자 제공 목적으로 개인들의 정보를 이용할 경우에는 별도의 항목으로 선택적 동의를 받도록 지시하고 있다. 2017년 시행된 「정보통신망 이용촉진 및 정보보호 등에 관한 법률」에 근거한 '온라인 맞춤형 광고 개인정보 보호 가이드라인'에서도 소비자들의 방문 이력을 수집한 정보를 활용하여 맞춤형 광고를 제시할 때 소비자들에게 거부할 수 있는 권리를 설명하고 맞춤형 광고를 차단할 수 있는 방법을 제시하도록 하고 있다.

기업들이 관리하는 개인정보에 대한 정부 차원에서의 감시 및 관리를 강화하고 소비자들이 개인정보에 대한 자기통제를 강화할 수 있도록 추진하는 방향은 개인의 개인정보 보호권을 위한 중요한 노력이다. 기업들이 보유한 정보가 암호화되어 있는지, 보유 기간이 지난 정보에 대해서 제대로 파기가 되었는지 등에 대한 정부 기관의 감시는 정보유출사고의 가능성을 줄인다는 점에서 꼭 필요한 일일 것이다. 또한 소비자들에게 개인정보와 관련된 약관을 충분히 설명하고 거부의 선택권을 제시하도록 한 점은 소비자의 개인정보 보호 권리를 높이기 위한 긍정적 변화이다.

하지만 이러한 제도들이 기업과 소비자 모두를 만족하게 하는지에 대해서는 논의해 볼 만하다. 가령, 서비스제공자의 입장에서는 기술적으로 쉽게 확보할 수 있는 소비자의 정보에 대해 개별 항목마다 사전 동의라는 과정을 거치면서 상당수의 정보들을 사용할 수 없게 되기도 하고, 광고 화면마다 맞춤형 광고에 대한 표식을 붙이게 됨으로써 광고효과 저하에 대한 우려도 나타나게 된다(이시훈, 2017).

소비자의 입장에서도 해당 법령으로 인해 정보에 대한 통제권을 제대로 가질 수 있는지에 대한 의구심이 드는 것은 마찬가지이다. 온라인 맞춤형 광고 개인정보 보호 가이드라인에 따르면, 서비스제공자는 맞춤형 광고에 대해 소비자가 거부권을 행사할 수 있게 하도록 하고 쿠키 삭제를 통하여 소비자의 방문 정보가 해당 서비스 사이트에 남지 않게 하는 방법을 설명하도록 하고 있으나 이는 서비스제공자가 소비자들의 방문 이력에 대한 기록을 완전히 보유하지 않게 된다는 의미는 아니다(김윤현, 이태승, 2014). 또한 소비자가 쿠키를 지우거나 특정 개인정보를 제공하기를 거부할 경우 그 정보를 이용한 다른 여타 서비스 이용에까지 영향을 주게 된다. 예를 들어, 개인정보 중의 하나인 위치 정보를 노출시키고 싶지 않을 경우 휴대기기의 GPS 기능을 비활성화시키면 되지만, 동시에 길 안내 서비스나 위치를 기반으로 하는 여타 서비스를 이용할 수 없게 된다. 이는 소비자가 정보공개를 거부하는 것이 단순이 개인정보 보호만을 의미하는 것이 아니라 그 개인정보를 활용한 특정 이익도 함께 포기하는 것이 된다.

기업과 소비자의 요구를 모두 충족시키는 제도는 없겠지만 소비자의 권리를 지키면서 현실적인 문제를 해결해 나가는 방향으로 제도의 개선이 필요할 것이다. 「개인정보 보호법」과 관련하여 많이 언급되는 개선 요구사항 중의 하나는 옵트인(Opt-in) 방식에서 옵트아웃(Opt-out) 방식으로의 변화이다. 옵트인 방식은 기관이 고객의 개인정보를 사용하고자 할 때 사전 동의를 받아야 하는 방식이고 옵트아웃은 사전 동의 없이 각 기관이 고객의 정보를 수집, 활용할 수 있지만 고객이 거부 의사를 밝히면 정보를 활용할 수 없는 방식이다(Bellman, Johnson, & Lohse, 2001). 옵트아웃 방식이 빅데이터의 활용을 좀 더 용이하게 해 주긴 하지만 소비자들이 자신의 정보가 활용되는 행태를 일일이 트래킹하기엔 어려운 점이 있다.

2) 조직 내 보안시스템 개편

개인정보 유출 사건의 원인으로 가장 많이 밝혀진 것 중의 하나가 해킹이다. 그중에는 알 수 없는 외부 세력으로부터 공격당한 경우도 있지만 조직 내부의 허술한 보안관리로 인해 정보유출이 발생한 경우도 많았다. 원칙적으로 각 기업은 전자금융감독규정에 의거해 개인정보의 보관, 이동, 사용 및 접근에 대한 조항들을 따라야 하지만 정보유출이 발생한 기업들 가운데는 규정을 제대로 이행하지 않은 회사들이 많았다. 이는 기술 인력의 부재, 보안업무의 외주화에 의한 관리 부실, 보안기술에 대한 이해 부족 등 보안시스템 전반에 문제가 있음을 보여 주는 것이다. 한국인터넷진흥원의 정보보호실태조사에 따르면, 국내 기업에서 약 36%만이 정보보호 관련 예산을 편성하고 있으며 이마저도 2017년의 48%에서 줄어든 수치이다.

또한 정보기술(IT) 관련 예산 가운데 정보보호 부분에 5% 이상의 예산을 편성한 기업은 1.7%에 그쳐 대부분의 기업이 정보보호와 관련해서는 제대로 된 조직과 체계를 가지고 있지 않음을 알 수 있다. 설문 대상 기업 9,800여 개의 기업 중 90% 정도가 정보보호가 중요한 부분이라고 응답한 결과를 보면 개념적 중요성은 이해하고 있으나 실질적인 투자에는 소극적이라는 것을 알 수 있다.

이는 주요 인터넷 및 금융회사를 제외하고는 정보보호의 중요성에 대한 실질적 필

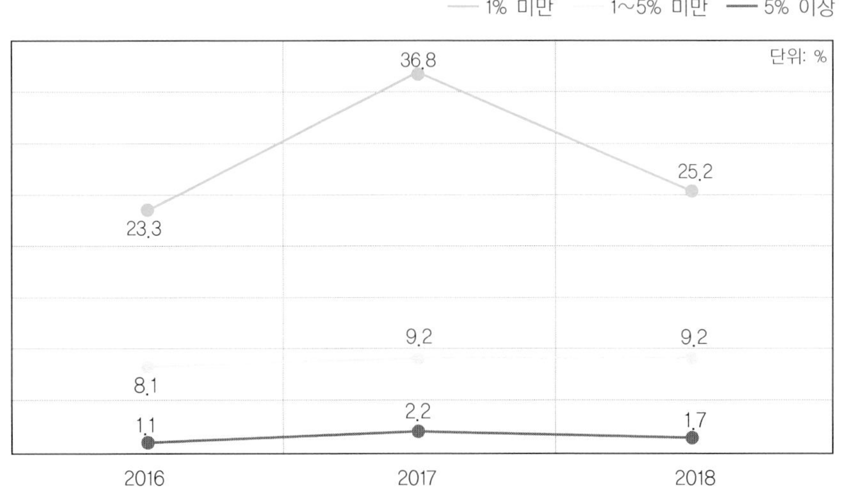

[그림 9-5] IT 예산 중 정보보호 예산의 비중이 1% 미만, 1~5% 미만, 5% 이상인 기업의 비율

요성을 느끼지 못하거나 설사 문제가 발생하다고 하더라도 정보보호 관리 시스템을 유지하기 위한 예산이 정보유출 사고로 인해 지불하는 과징금이 적기 때문일 수도 있다. 따라서 기업이 제대로 된 정보보호 관리 시스템을 가질 수 있도록 지원하고, 유출사고가 발생하기 전이라도 정보보호 시스템을 제대로 이행하지 않았을 때 벌금을 부과하는 등 좀 더 적극적으로 사전예방 시스템을 작동할 필요가 있다.

3) 기술적 대안

빅데이터를 이용한 머신러닝 방식의 기술은 컴퓨터를 학습시키기 위해 필요한 방대한 정보 때문에 필연적으로 정보보호 문제를 내재하고 있다. 설사 철저한 데이터 보안 정책을 실행한다고 하더라도 기술이 운용되는 구조상 정보유출의 위험에서 완전히 자유롭지 못한 것이 사실이다. 하지만 최근 주목받기 시작한 연합학습(federated learning) 기술은 데이터를 중앙 서버로 끌어모으는 과정 없이 머신러닝이

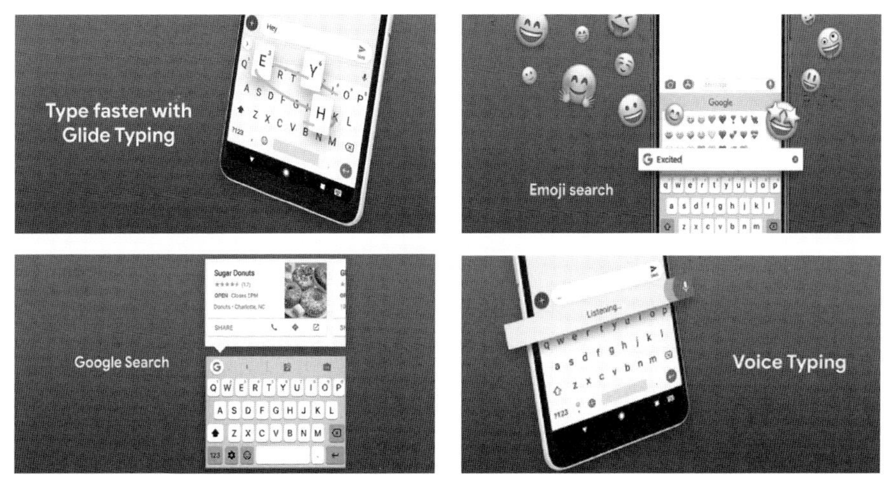

[그림 9-6] 구글에서 출시한 지보드의 기능들

출처: google play.

가능하도록 도와준다.

구글에서도 이 연합학습 기술을 프라이버시 침해 위험에서 자유로울 수 있는 빅데이터 활용의 대안으로 보고 이 기술을 이용한 서비스인 지보드(Gborad)를 공개하였다. 지보드는 키보드 소프트웨어의 일종으로 키보드 안에서의 구글 검색, 번역, 보이스 타이핑 등 다양한 기능을 제공한다. 이때 사용자가 어떤 단어를 입력하면 학습한 연관어를 제시하는데, 지보드는 해당 사용자의 사용기록을 전달받지 못하더라도 많은 사람들이 자신의 기기에서 학습시켜 업데이트한 모델을 바탕으로 신조어를 학습할 수 있다는 것이다.

[그림 9-7]은 기존의 머신러닝 기술이 작동하는 방식인 중앙집중학습 방식과 새롭게 시도되는 연합학습방식을 비교한 것이다. 기존의 중앙집중학습 방식이 서버가 각 사용자들의 정보를 수집하여 집합된 정보를 바탕으로 모델을 학습시키고 그 결과를 내는 것이라면 연합학습 방식은 개발된 알고리즘을 각 사용자들이 서버로부터 다운받아 자신의 기기에 설치하고 자신의 기기 안에 저장된 데이터를 바탕으로 모델을

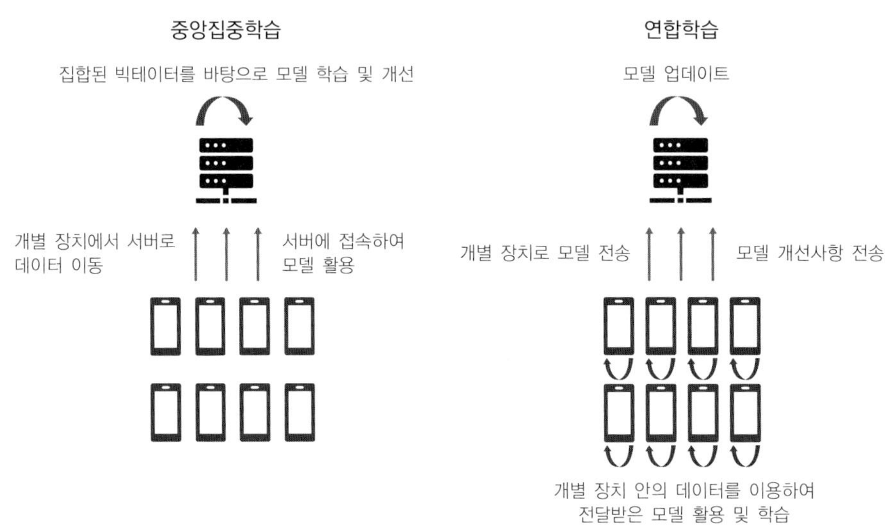

[그림 9-7] 중앙집중학습과 연합학습 비교 개념도

출처: Konečný et al. (2016)에 설명된 개념을 바탕으로 저자가 작성함.

실행시키는 것이다. 개별 기기 안에서 학습된 모델은 업데이트가 필요한 부분만 서버로 전달하여 서버에서는 중앙 모델을 업데이트시킨다. 이는 개별 정보를 외부로 보낼 필요가 없이 개별화된 서비스를 누릴 수 있기 때문에 개인정보 유출 가능성을 사전에 차단하게 된다(Konečný, McMahan, Yu, Richtárik, Suresh, & Bacon, 2016).

빅데이터 기술은 개인정보 유출의 원인이 되는 데이터 처리방식을 근본적으로 변화시키는 머신러닝 기술을 개발함으로써 빅데이터를 더욱 효과적으로 활용할 수 있는 기반을 다지고 있다. 물론 연합학습 기술은 앞으로 보완되어야 할 부분이 많지만 빅데이터 기술이 가지는 프라이버시 문제를 근원적으로 차단할 수 있다는 점에서 의의가 있다.

4) 윤리의식 제고

너무나 당연한 애기이긴 하지만 데이터를 다루는 사람들의 윤리의식은 그 무엇보다 중요하다. 개인정보 유출 사건의 많은 경우가 개인의 잘못된 판단으로 인한 사고였는데 특히 금전적인 대가를 받고 외부에 개인정보를 팔아넘긴 경우가 대부분이었다. 사회적으로 가장 큰 파장을 일으킨 2014년 카드 3사 개인정보 유출사고도 인재(人災)였다. 빅데이터와 관련한 개인의 윤리는 비단 데이터의 유출 여부에만 국한되지는 않는다.

직접적으로 개인정보 유출과 관련된 사건은 아니지만 2018년에는 2년여 동안 네이버의 연관 검색어 순위를 조작한 일당이 검거되었다(이혜미, 2018). 연관 검색어는 방문자들이 검색하는 수많은 단어를 빅데이터 분석을 통해 방문자들에게 관련 있는 단어를 제공하는 서비스이다. 검거된 자들은 허위 검색 데이터를 반복적으로 전송하는 방법을 통하여 연관 검색어와 검색 순위를 조작하였다. 이 사건은 빅데이터를 이용한 알고리즘도 충분히 조작될 수 있다는 충격을 안겨 주었다.

빅데이터는 정형화되지 않는 자료를 수집하고 처리하여 분석 가능한 자료로 만드는 과정에서 필연적으로 인간의 의도와 판단이 들어가게 된다. 과학기술의 가치중립을 이야기하는 것처럼 빅데이터와 관련된 기술 자체는 가치중립적일 수 있지만 그것이 목적을 가지고 사용되는 순간, 빅데이터도 의미나 의도를 지니게 될 수도 있기 때문에 빅데이터를 분석하는 과정에서도 윤리적 판단이 중요하다.

데이터 분석부터 결과 도출까지 컴퓨터에 의해서 진행되는 알고리즘이라 하더라도 인간의 의도에 의해 구성하는 점은 마찬가지이다. 앞서 개인정보침해 사례에서 본 것처럼 법적으로 문제가 없는 데이터라 하더라도 개발자가 마음만 먹으면 개인정보를 조합해 내고 악용할 수 있는 여지는 많이 있다. 이는 여타 다른 범죄행위처럼 개인의 윤리의식, 사회적으로 형성된 도덕적 개념이 중요하다.

인간의 윤리적 판단에 도움을 줄 수 있는 것은 윤리문화의 형성과 제도적 장치이다. 과거 내부 관련자가 개인정보를 유출한 사건 이후 사후 조사에서 기업 내 데이

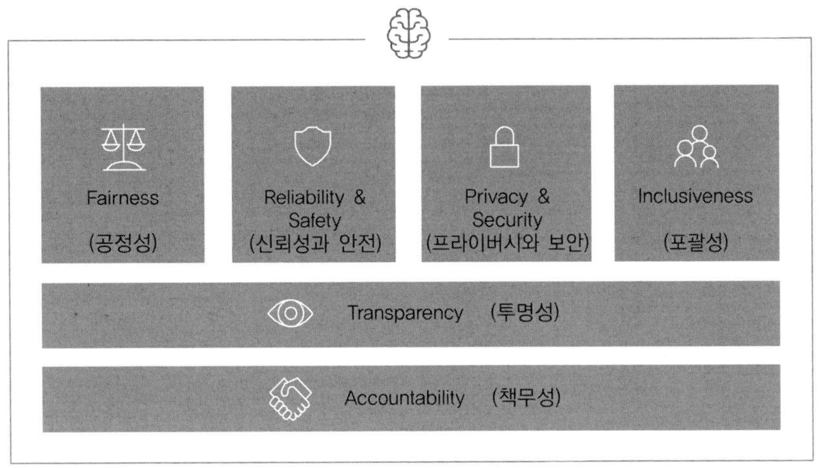

[그림 9-8] 인공지능이 추구해야 할 가치들

출처: Smith & Shum (2018).

터 관리의 허술한 점이 많이 발견되었다. 개인정보가 기록되어 있는 파일을 USB 드라이버로 쉽게 복사할 수 있었고, 개인 컴퓨터에서 쉽게 회사 서버로 접속이 가능하며, 식별정보를 암호화하지도 않은 채 보관한다는 경우가 많았다. 물론 1차적 책임은 범죄자에게 있을지라도 보안시스템이 제대로 작동이 되었다면 쉽게 범죄를 저지르지 않았을지도 모른다. 따라서 인터넷진흥원에서는 정기적으로 각 기업들이 개인정보관리를 제대로 하고 있는지에 대한 점검을 통하여 유출사고를 사전에 방지하고자 노력하고 있다.

이와 함께 **윤리의식 제고**를 위한 교육도 필요하다. 마이크로소프트사가 출간한 『The Future Computed: Artificial Intelligence and its role in society』라는 책은 인공지능 기술이 가져올 미래에 대해 설명하면서 윤리적 측면을 강조하고 있다. 인공지능 기술이 미래사회에 가져올 영향은 매우 크지만 그만큼 악용될 가능성도 있으며, 기술의 특성상 모든 데이터 처리과정이 투명하게 공개되는 것도 힘든 것이 사실이다. 이에 책에서는 앞으로 인공지능 시스템이 추구해야 할 가치들, 따라서 개발자들이 염두에 두어야 할 윤리적 덕목에 대해서 언급하고 있는데, 책임감과 투명성을 기본으로 하여 정보보안은 물론이고 데이터의 공정성, 평등성 추구 등 광범위한 윤리적 과제를 제시하고 있다. 또한 의사들의 히포크라테스 선서처럼 개발자를 위한 윤리적 선서와 인공지능 기술에 특화된 법률 제정도 필요한 날이 올 것이라고 예상하고 있다.

아마존, 마이크로소프트, 페이스북과 같이 빅데이터를 활용한 기술 발전에 선두에 서 있는 기업들이 개인정보침해와 관련된 이슈에 가장 민감하게 대응하고 있다. 그 필요성에 비해서 빅데이터 기술에 대한 윤리적 측면에 대한 논의와 정책의 발전은 부족한 면이 있지만 개발자와 연구자들이 가져야 할 윤리의식에 대해서 인력 양성 과정의 기초과목으로 포함시키고 관련 인력들이 관심을 가지도록 하는 것이 중요할 것이다.

5) 소비자의 심리적 불안감 해소

소비자들이 느끼는 개인정보침해 우려는 해킹이나 범죄에 의한 정보유출에 국한되지 않는다. 앞서 설명한 타깃의 임신 여부 추측 알고리즘을 통해 발송된 쿠폰의 경우처럼 법적으로 문제가 없는 경우라 하더라도 예측 알고리즘이 소비자들이 예상하는 범위를 뛰어넘을 때 소비자들은 감시당하는 것이 아닌가 하는 심리적 불안감을 느끼게 된다. 설사 「개인정보 보호법」이 기업의 입장에서 과한 규제라 하더라도 소비자들이 기업의 개인정보 활용 행태에 신뢰를 가지지 못한다면 제도적 규제를 바꾸는 것도 힘들 것이다. 따라서 우선적으로 소비자들에게 신뢰를 얻는 것이 가장 중요하다.

또한 소비자의 정보를 활용하기 위해 사전 동의를 받는 것이 절차상 까다롭고 동의율이 낮은 것도 사실이지만 이는 소비자들에게 그들의 개인정보가 자신들의 통제 아래 있다는 심리적 안정감을 주는 방법이기도 하다. 다만, 동의율을 높이기 위해서는 개인정보 사용에 대한 적절한 이익과 보상을 주는 방법 등을 고민해 보아야 할 것이다. 기존의 연구 결과들을 살펴보면 개인들은 개인정보 제공에 대해 무조건적인 두려움과 제공하기를 꺼려 하는 의도가 있으나 막상 적절한 이익이 주어진다면 개인정보를 제공하는 경향을 보였기 때문이다(Hann, Hui, Lee, & Png, 2002). 이는 소비자들도 기업이 제공하는 서비스가 자신들에게 도움이 된다고 여기면 개인정보제공을 무조건적으로 거부하지는 않는다는 것이다.

4. 마치며

빅데이터는 어떻게 사용하느냐에 따라 다양한 결과를 가져다준다. 이것은 비단 개인정보 보호와 관련된 문제뿐만은 아니다. 수많은 정보를 얻을 수 있다고 하지만 그 정보를 유용하게 쓰는 것은 다른 문제이다. 종종 기업들이 제도적인 규제 때문에 빅데이터를 제대로 활용하지 못한다는 푸념을 늘어놓곤 하지만 1년에도 수십 건 씩 발생하는 개인정보침해 사례들을 보면 제도적인 규제를 쉽사리 완화하기도 어려운 일이다. 또한 2017년 빅데이터 「시장현황조사보고서」에 따르면 2017년 현재 약 9% 기업만이 빅데이터를 기업경영에 활용하고 있으며 매출액 1,000억 원 이상의 기업만 따져도 단 15%의 기업만이 빅데이터를 활용하고 있다고 응답했는데, 이는 역설적으로 빅데이터가 활용되는 비율에 비해서 개인정보침해 사례는 매우 많다는 것을 보여준다.

하지만 빅데이터 산업의 성장 추이로 볼 때 앞으로 빅데이터는 더 많은 기업에서 활용될 것으로 전망되는데, 이는 곧 빅데이터로 인한 피해가 더 자주 더 넓게 일어날 가능성도 있다는 것을 의미하기도 한다. 앞서 언급한 제도적, 윤리적, 기술적 제안들은 개인정보 보호를 위한 완벽한 대안이 될 수는 없지만 사회 전반적으로 개인정보 보호에 대한 윤리적 인식을 높이고 기업들이 빅데이터를 활용할 때 사고를 예방하기 위해 도움이 될 수 있을 것으로 기대한다. ■

제10장
광고와 데이터 사이언스

박종구(KOBACO 미디어광고연구소 연구위원)

1. 데이터 기반의 광고산업
2. 광고산업과 빅데이터
3. 데이터 경제 시대의 방송광고 가치 재평가

◈◇◈

광고시장은 소비자의 '주목'과 광고주가 지불하는 '광고비'가 맞교환되는 거래시장이다. 소비자의 눈길을 사로잡는 미디어는 성장하는 반면, 이용시간이 줄어드는 미디어의 광고시장은 쇠락의 길을 걷게 된다. 매체별 광고시장의 불균형적인 성장이 구조화되고 있는 상황에서 광고산업은 '데이터가 이끄는' 시대에 직면했다. 4차 산업혁명이라 불리는 지금, 그동안 봉인되었던 데이터들이 광고산업에 펼쳐지고 있다. 스마트 미디어뿐만 아니라 레거시 미디어도 데이터 혁명시대에 광고매체로서 자신의 존재 가치를 보여 주기 위해 다양한 시도를 하고 있다. 이 장에서는 광고산업에서 이루어지고 있는 데이터 활용 전략과 사례들을 살펴본다. 데이터 혁명시대에는 어느 한 분야의 데이터만 분석하는 것보다는 이종 데이터를 결합해서 분석할 때 새로운 가치를 발견할 가능성이 높으며, 다른 데이터와 결합할 수 있는 마이크로 데이터의 활용 가치가 크다(관계부처합동, 2018). 소비자들이 일상생활에서 남기는 행동데이터(빅데이터)가 데이터의 전부가 아니다. 빅데이터를 바라볼 때 주의해야 하는 사실은 빅데이터가 광고산업에서 사용되는 다양한 데이터 중 하나일 뿐 만병통치약과 같은 데이터는 아니라는 것이다. 다양한 유형의 데이터가 갖는 보완적인 성격을 이해하고 활용할 때, 비로소 데이터 혁명시대의 미디어 · 광고 소비자들을 보다 온전하게 파악할 수 있을 것이다.

1. 데이터 기반의 광고산업

1) 소비자 주목과 광고시장의 지형 변화

4차 산업혁명은 **데이터 혁명**이다. 사람과 사물, 온라인과 오프라인이 인터넷을 기반으로 서로 연결되고 대규모 데이터가 실시간으로 생성되고 유통되고 있다. 스마트폰으로 대변되는 스마트 미디어의 확산으로 콘텐츠를 매개로 소비자의 주목과 광고비를 맞교환하는 광고시장의 지형이 변하고 있다. 「2018 방송통신광고비 조사보고서」에 따르면, 모바일 광고시장은 전년대비 25.5% 성장하면서 광고시장의 No.1 매체로 자리 잡고 있다. 반면, 방송광고 시장은 5년째 하락세를 이어 가며 매체별 광고시장의 불균형적인 성장이 고착화되어 가고 있다. 미국의 경우에도 TV 이용시간은 감소하는 반면, 모바일을 포함한 디지털 미디어의 이용시간은 증가하고 있다. 즉, 디지털 미디어가 TV 이용시간의 감소분을 흡수하고 있는 모양새이다(eMarketer, 2019).

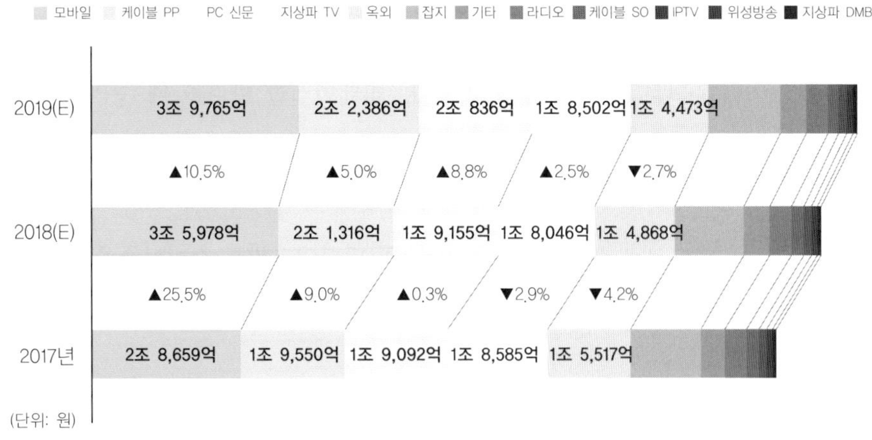

[그림 10-1] 국내 광고산업의 지형 변화(2017~2019년)

출처: 과학기술정보통신부, 한국방송광고진흥공사(2018).

모바일 광고시장의 성장은 데이터 기반 개인 **맞춤형 광고**가 가능하다는 데 있다. 스마트폰으로 대변되는 개인미디어의 보편화로 우리의 일상이 데이터로 기록되고 있다. 동일인이 스마트폰, 태블릿, 웨어러블 기기와 같은 각종 스마트 기기를 여러 개 사용하게 되면서 모든 단말기에서 이용자의 각종 행태 정보를 광범위하게 수집하는 크로스 디바이스(cross-device) 정보 수집 방법도 광고에 적극 활용되고 있다. 데이터 기반 광고는 타기팅의 정확도를 높여, 광고효과와 효율을 동시에 향상시킨다.

콘텐츠를 매개로 소비자의 주목과 광고주가 지불하는 광고비를 맞교환하는 광고시장은 소비자 주목의 흐름에 민감하게 반응할 수밖에 없다. 시공간적인 이용 제약에서 자유로운 스마트폰은 이용자의 다양한 니즈를 충족시켜 주는 복합적인 기능을 제공하며, 미디어 이용자의 주목을 빨아들이고 있다. 스마트폰의 대중화는 매체별 미디어 이용 행태에도 변화를 가져왔다. 스마트폰은 2015년 조사부터 TV를 제치고 일상생활에서 가장 필수적인 매체로 인식되기 시작했다. 40대 이상에서 스마트폰을 필수 매체로 선택한 비율은 매년 지속적으로 증가해 스마트폰의 영향력이 고연령대로 확산되고 있다(박종구, 2018c).

[그림 10-2] 타기팅 광고 확대

출처: 메조미디어(2019).

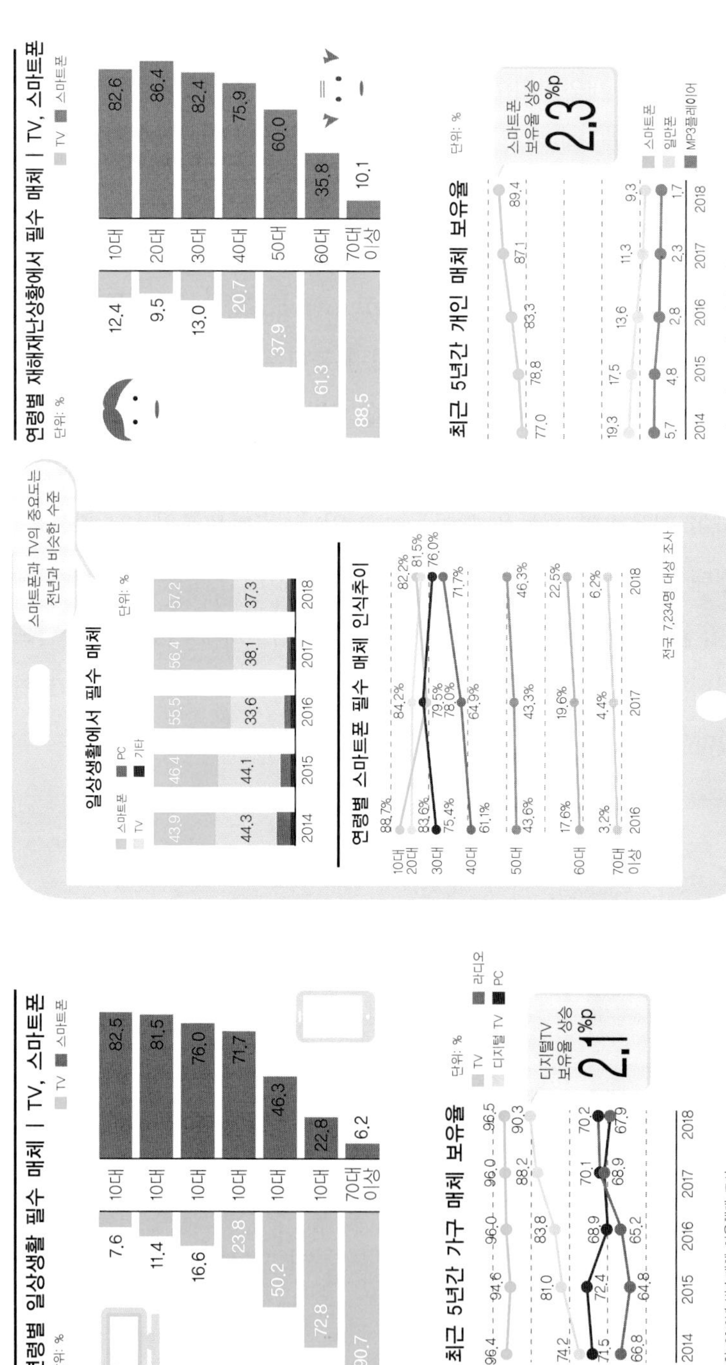

[그림 10-3] 매체 보유율과 필수 매체 인식 변화(2017~2019년)

출처: 방송통신위원회(2018).

2) 데이터 사이언스와 광고

데이터 사이언스에 대한 개념화는 진행형이다. 다양한 잠정적 정의들이 존재하지만, "데이터로부터 일반화할 수 있는 지식을 추출해 내는 학문"(Dhar, 2013, p. 64)이라는 데에는 큰 이견이 없는 것 같다(Taylor, 2016). 데이터 사이언스는 방대한 데이터로부터 인사이트를 추출해 내기 위해 '통계'를 포함하는 과학적 방법론과 분석 알고리즘 개발에 필요한 '컴퓨터 공학' 등 여러 분야의 학문을 융합한 연구 영역이다(Donoho, 2017).[1]

광고를 기획하고 집행하는 과정에 데이터는 모든 부분에 필요하지만, 특히 소비자의 이해와 미디어 집행의 효과 측정에 필요하다. 구체적으로 살펴보면, 첫째, 시장과 소비자를 이해하고 광고의 콘셉트를 잡아내기 위한 데이터가 필요하다. 과거에는

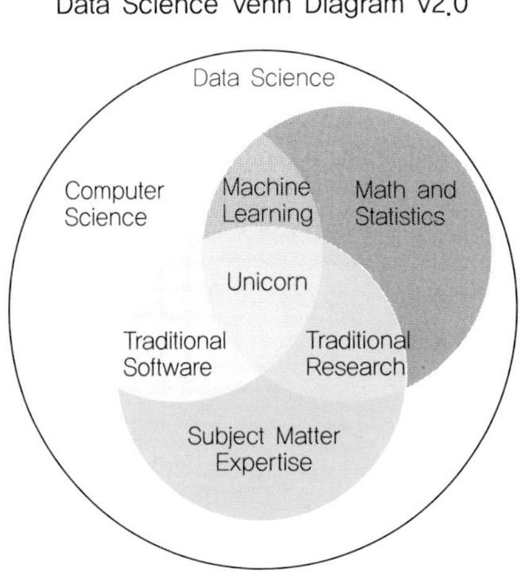

[그림 10-4] 데이터 사이언스

출처: Taylor (2016).

1 데이터 사이언스가 통계학이나 컴퓨터 사이언스와 차별화되는 점에 대한 설명은 Donoho(2017)의 논문을 참고하기 바람.

설문조사와 초점 집단 인터뷰가 주로 사용되었지만, 디지털 미디어가 확산되면서 소셜미디어 데이터를 포함해 다양한 빅데이터를 수집해서 분석하는 것이 가능해졌다. 그 결과, 소비자를 보다 온전히 이해하는 데 도움이 되는 정보를 쌓을 수 있게 되었고, 이를 바탕으로 소비자의 행동을 분석하고 예측해서 보다 적절한 광고 전략을 수립할 수 있게 되었다. 둘째, 미디어 플래닝과 광고효과 측정을 위한 데이터가 필요하다. 디지털 기술의 발전은 소비자가 소셜미디어에 표현한 경험과 의견을 분석하는 단계를 넘어서, 소비자들의 온라인상 행적에 대해 추적하고 데이터베이스화하여 분석하는 것을 가능하게 해 주었다. 온라인 광고가 활성화되면서 부각된 개념이 여러 웹사이트를 클릭하며 네비게이팅하는 흐름을 파악하여 소비자가 최종 구매결정을 하는 패턴을 찾아내는 '**소비자 경로**(consumer journey)'이다(윤도일, 2018a).

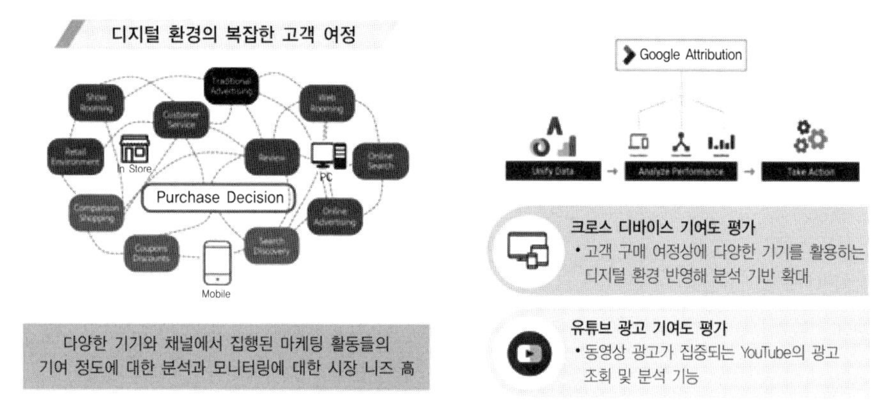

[그림 10-5] 구글 어트리뷰션: 고객 여정이 복잡해진 디지털 환경에서 광고효과 분석

출처: 메조미디어(2019).

2. 광고산업과 빅데이터

1) 소셜 데이터

소셜미디어 분석은 소셜 애널리틱스, 소셜 리스닝, 소셜 모니터링 등 다양한 이름으로 불린다. **소셜 데이터**, 즉 '소비자가 하는 말'은 소비자의 속마음을 모두 담고 있지 않기 때문에 미래 행동에 대한 가능성일 뿐이다. 데이터가 아무리 크더라도 원하는 데이터가 없을 수 있으며, 있더라도 필요 없는 데이터가 많이 섞여 있다(Salganik, 2019). 소셜 데이터에서 해답을 찾는 것은 사람의 몫이지, 시스템이 답을 주는 것은 아니다. 소셜 분석은 미래 예측 도구가 아니다. 소셜 분석으로 트렌드를 예측하는 것은 어느 정도 가능하지만, 이것은 통계적 기법에 의한 것일 뿐 미래의 결과를 담보하는 것은 아니다(서헌주, 2019, pp. 11-12).

소비자 중심 분석이 각광을 받으면서 각종 데이터를 결합해서 분석하는 O(Operation) & X(Experience) **데이터 통합 플랫폼**이 주목받고 있다. 이제는 다들 소셜만 가지고는 안 된다고 이야기한다. 그렇다고 정형 데이터만으로도 안 된다. 하나의 데이터에서 완결된 답을 얻으려고 하는 것은 어리석은 접근이다. 왜냐하면 데이터마다 소비자의 행태들을 읽어 내는 단면이 다르기 때문이다. 서로 다른 유형의 데이터는 그 나름대로 담고 있는 소비자의 모습이 있다.

소셜미디어라는 공간은 타인에게 드러내고 싶은 욕구가 표출되는 공간이다. 누군가 소셜은 사실의 기록이 아니기 때문에 데이터로서 가치가 떨어진다는 이야기를 한다. 소셜 데이터를 통해 원하는 마케팅 인사이트를 얻기 위해서는 다음과 같은 소셜 데이터 분석의 본질(소비자, 맥락, 관찰, 상상)을 이해해야 한다(김유나, 2019, pp. 6-9).

첫째, 설계가 아니라 흔적이다. 흔적이 데이터로 쌓이게 된 배경까지 분석해야 진정한 빅데이터 분석이라 할 수 있다. 소셜미디어에서 실시간 생성되는 무수히 많은

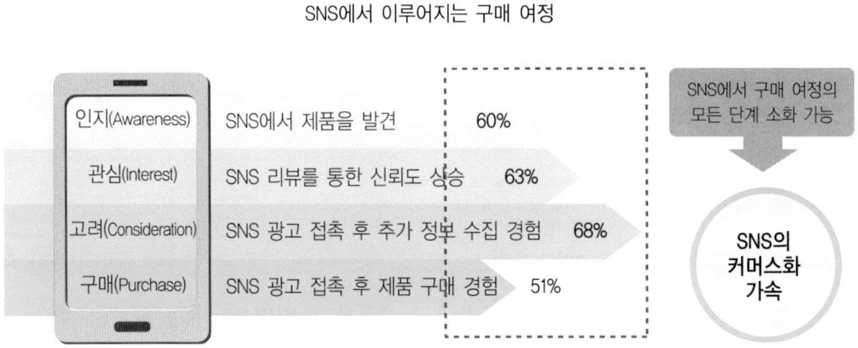

SNS에서 이루어지는 구매 여정

인지(Awareness) SNS에서 제품을 발견 60%
관심(Interest) SNS 리뷰를 통한 신뢰도 상승 63%
고려(Consideration) SNS 광고 접촉 후 추가 정보 수집 경험 68%
구매(Purchase) SNS 광고 접촉 후 제품 구매 경험 51%

SNS에서 구매 여정의 모든 단계 소화 가능

SNS의 커머스화 가속

[그림 10-6] 소셜의 커머스화

출처: 메조미디어(2019).

키워드들이 어떤 상황적 맥락에서 생겨나고 관심의 중심에 놓이게 되는지, 소비자의 맥락 속에서 다뤄져야 한다. 둘째, 질문이 아니라 관찰이다. 소비자들이 남기는 디지털 흔적에서 데이터 인사이트를 얻기 위해서는 접근부터 달라야 한다. 분석 목적에 맞춰 데이터를 수집하는 하향식(Top-down) 방식이 아닌, 다각도에서 무작위로 속출하는 데이터 중에서 의미 있는 패턴을 발굴하는 상향식(Bottom-up) 방식으로 접근해야 한다. 즉, 분석가의 머리에서 출발하는 것이 아니라 소비자의 행동에서 출발하는 것이다. 소셜 빅데이터를 다룰 때는 구조적인 사고보다 탐구적인 자세가 더 필요하다. 질문과 관찰은 다르며, 이것이 소셜 데이터 분석이 소비자 조사와 다른 지점이다. 셋째, 분석 이전에 상상이다. 연구자가 수립한 가설을 나침반 삼아 더 들어 보는 과정은 빅데이터 분석에서도 반드시 필요하다. 우리는 경험과 지식에 근거해서 원인과 결과에 대한 인과관계를 자연스럽게 학습한다. 빅데이터 분석의 핵심 역량은 관찰과 상상을 통해 소비자를 둘러싼 가설을 설정해 내는 **데이터 창의력**(data creativity)이다.

2) 프로그래매틱 바잉: '미디어' 바잉에서 '오디언스' 바잉으로

광고대행사에게 가장 중요한 분석 대상은 고객 데이터이며, 고객의 마음을 가장 잘 해석할 수 있는 데이터가 고객의 행동 데이터이다. 소비자를 이해하기 위해 사용했던 전통적인 방법은 패널조사, 설문조사, 초점 집단 인터뷰 등으로 이미 존재해 왔다. 그러나 이와 같은 조사방법에는 데이터 수집에 오랜 기간이 소요된다는 단점이 있었다. 디지털 시대로 넘어오면서 소비자의 자연스러운 행동을 초 단위로 관찰하면서 고객의 다음 행동을 예측하게 되었다(김찬웅, 2019, p. 13).

과거에는 광고가 노출되는 시간대, 채널 또는 프로그램에 상관없이 TV 광고를 하나 만들어서 TV에 내보내고, 프린트 광고를 제작해서 여러 매거진이나 신문에 보내는 등, 일종의 광고 대량 생산과 대량 소비가 이루어졌다. 하지만 현재는 대량 생산된 광고가 대량 소비되는 시장이 아니다. 광고도 기술의 발전에 따라 다품종 소량 '생산'이 가능해져, 소비자들은 이제 본인에게 최적화된 광고만을 받아들이고 소비하는 경향이 뚜렷하다. 과거에는 채널 중심(channel-focused)이었던 광고가 소비자의 메시지 수용 중심(receptivity-focused)으로 메시지 중심(message-focused)이었던 광고가 소비자와 연관성 중심(relevance-focused)으로, 그리고 브랜드 중심(brand-focused)이었던 광고가 고객 중심(customer-focused)으로 지향점이 소비자를 향해 이동하고 있다(김주영, 2018, 2019).

광고 메시지를 전달하는 방법은 소비자의 주목을 지배하는 미디어의 속성에 의해 결정된다. 광고매체로서 모바일의 특징은 이용자의 모든 행동이 데이터로 저장, 분석되어 '데이터 기반(data-driven) 광고'가 작동된다는 데 있다. 데이터 기반 광고는 광고 집행 방식을 **'미디어' 바잉**(media buying)에서 **'오디언스' 바잉**(audience buying)으로 변화시켰다. 미디어 바잉이란 레거시 미디어의 광고매체 구매 방식으로 신문 지면이나 TV 프로그램 스팟을 구매해서 광고를 집행하는 것이다. 이 방식은 '모든 사람이 같은 매체에 같은 시간에 노출'되는 매스미디어의 콘텐츠 송출 방식에 적합하다. 이와 달리 오디언스 바잉은 타깃 소비자의 광고 노출만 구매하는 것이다. 즉,

수많은 미디어 이용자가 동일한 광고에 노출되는 것이 아니라 방문자의 나이, 성별, 구매이력, 관심사 등 특정 성향을 가진 미디어 이용자의 노출을 구매하는 방식이다(조창환, 2019, pp. 7-9).

데이터 기반 광고는 개별 소비자의 디지털 행동들을 추적 분석하여 효과적인 마케팅 활동을 할 수 있게 하는 툴이지만, 이러한 툴이 잘 작동되려면 양질의 대용량 소비자 데이터 확보가 필요하다. 마케팅에서 사용되는 데이터는 세 가지로 구분해 볼 수 있다(함창대, 2019). **1차**(1st party) **데이터**는 주로 광고주 웹사이트나 내부 CRM 시스템에서 발생한다. 예를 들면, 소비자가 자사 브랜드 사이트에 방문하여 쇼핑한 기록 등이 1차 데이터이다. 데이터 품질이 좋지만 그 양이 한정적이고, 구하기도 쉽지 않다. **2차**(2nd party) **데이터**는 자사 시스템에서 발생한 데이터는 아니지만 매우 연관도가 높은 소스에서 발생한 데이터이다. 예를 들어, 월마트에서 발생한 자사 제품 관련 데이터나 자사 광고 트래픽 데이터 등이다. **3차**(3rd party) **데이터**는 그 외 다양한 외부 데이터 소스에서 발생하는 소비자 관련 데이터이다. 3차 데이터는 1차 데이터보다 정확도나 연관성 같은 차원에서 데이터 품질은 떨어지지만 양적으로는 대용량이다. 이러한 데이터 구분은 빅데이터 시대에 어떠한 데이터를 얼마나 확보할 수 있느냐가 결국 데이터 기반 마케팅의 핵심임을 알려 주는 것이다.

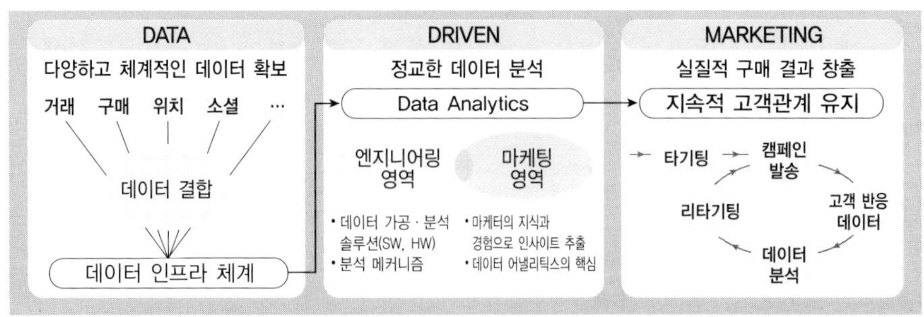

[그림 10-7] 소셜의 커머스화

출처: 메조미디어(2019).

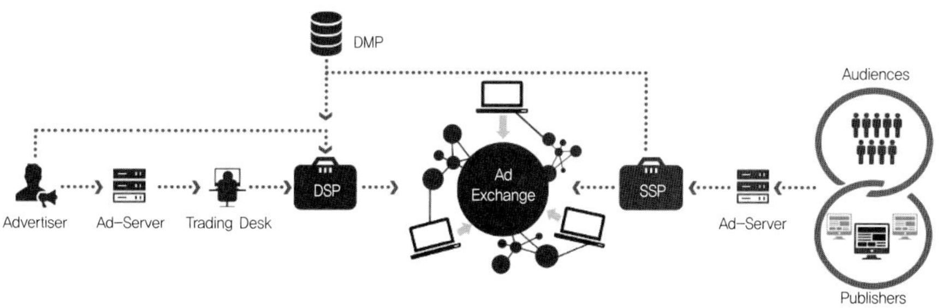

Challenges that Are Preventing Further Investment In Data Science/Analytics According to UK and US Advertisers and Agencies, April 2018
% of respondents

	US	UK
Lack of accurate measures of business impacts	51%	29%
Cost prohibitive	45%	38%
Lack resources/talent to interpret/analyze data	40%	33%
Hard to interpret data	37%	42%
Complicated dashboard/tools	31%	21%
Lack necessary technology/infrastructure	28%	40%
Lack of relevant organizational expertise	22%	21%
Convincing stakeholders of value	21%	33%
No evaluation, insights or recommendations	12%	38%

Note: n=152; top 3 box scores
Source: Advertiser Perceptions, "Advertiser Perceptions Study Results & Analysis" commissioned by MIQ, June 22, 2018

[그림 10-8] 데이터 광고 생태계

출처: 함창대(2019), eMarketer (2019).

3) 소비자 데이터의 통합

데이터 기반 마케팅은 말 그대로 '데이터가 주도'하는 마케팅이다. 전통적인 광고 대행사가 데이터에 강한 디지털 대행사나 컨설팅사에 흡수되어 새로운 활로를 모색하고 있는 추세이다. 세계 최대 광고회사인 WPP는 그룹 내 마케팅 커뮤니케이션 회사인 제이월터톰슨(J. Walter Thomson: JWT)과 디지털 에이전시인 분더만(Wunderman)을 합병해 분더만 톰슨(Wunderman Thomson)을 설립하고 비전으로 'Creative+Data & Technology Company'를 제시했다(오성수, 2019, pp. 16-17).

아마존은 유통 채널로 인식되고 있지만, 온라인 쇼핑몰에 머무르지 않고 광고 마케팅 플랫폼으로 다시 자리매김하고 있다. 『애드 위크(Ad Week)』는 "아마존은, 이 회사가 지금까지 상품 마케팅에서 성공을 거두었듯이, 새로운 수익원을 창출하는 생태계를 만들어 가고 있으며 그 중심에 광고가 있다"고 보도했다. 심지어 향후 몇 년 안에 아마존이 구글과 페이스북을 제치고 가장 중요한 마케팅 플랫폼이 될 것이란 전망도 나오고 있다. 그런 전망이 나오는 가장 큰 이유는 아마존이 구글이나 페이스북보다 소비자 구매에 대한 훨씬 더 정확한 정보를 가지고 있기 때문이다. 구글은 소비자가 '무엇을 찾는지'에 대한 정보를 가지고 있다는 것이 강점이라면, 페이스북의 장점은 소비자들이(혹은 그들의 친구가) '무엇을 좋아하는지'에 대한 정보를 가지고 있다는 점이다. 반면, 아마존은 소비자가 실제로 '무엇을 구매하는지'에 대한 정보를 가장 많이 가지고 있다.

디지털 시대의 새로운 마케팅 전략 모델로 대두되고 있는 **소비자 구매 여정 모델**(Consumer Decision Journey Model)[2] 등을 생각해 보면 쉽게 이해할 수 있다. 모든

2 전통적인 구매의사 결정 모델은 선택지를 점차 좁혀 나가는 '깔때기(funnel)' 모양이다. 제품의 다양화, 유통 채널의 폭발적 확장, 그리고 소비자의 정보력 증대에 따라 변화된 구매 결정 과정을 보다 잘 설명할 수 있는 대안적인 모델이 요구되었다. 디지털 기술의 발전은 소비자가 소셜미디어에 표현한 경험과 의견을 분석하는 단계를 넘어서, 소비자들의 온라인상 행적에 대해 추적하고 데이터베이스화하여 분석하는 것을 가능하게 해 주었다. 온라인 광고가 활성화되면서 부각된 개념이 여러 웹사이트를 클릭하며 내비게이팅하는 흐름을 파악하여 소비자가 최종 구매 결정을 하는 패턴을 찾아내는 '소비자 구매 여정(consumer decision journey: CDJ)' 모델이다(Court, Elzinga, Mulder, & Vetvik, 2009). [그림 10-10]의 아마존 충성도 루프는 소매자 구매 여정 모델을 바탕으로 작성된 것이다.

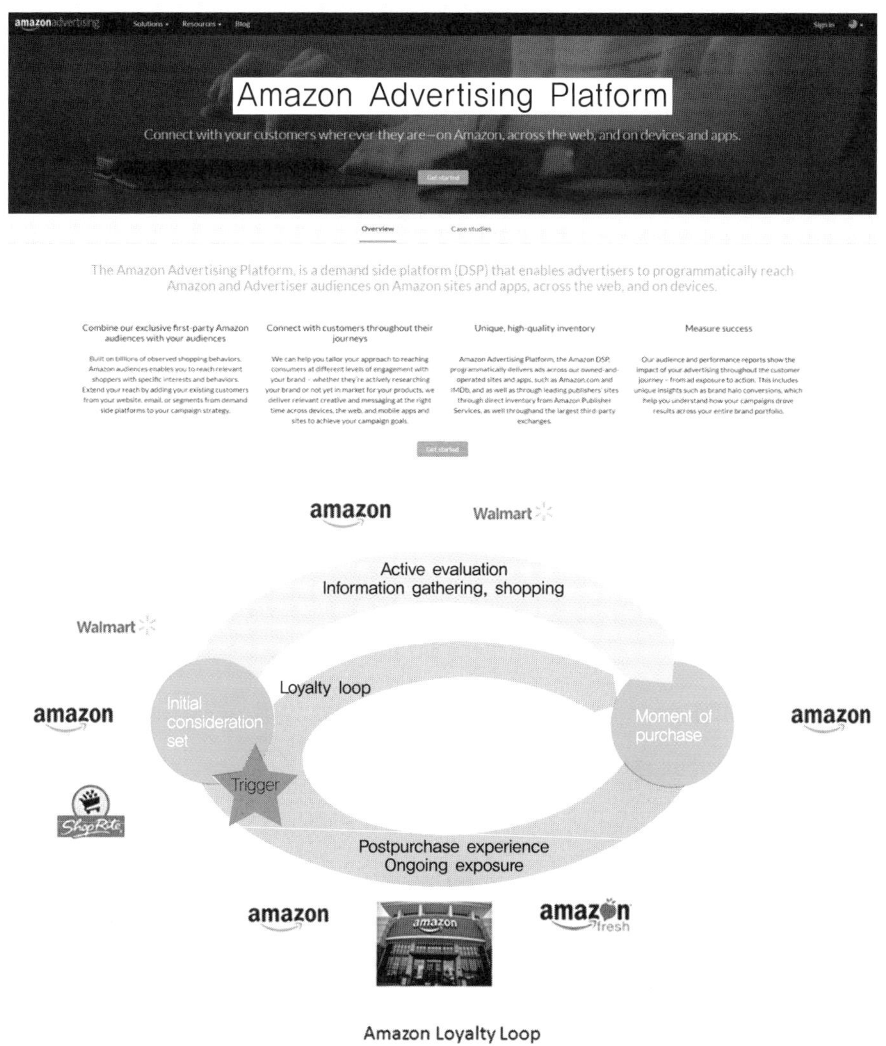

[그림 10-9] 아마존: 소비자 정보의 수직적 통합이 가능한 유일한 광고 플랫폼

출처: 함창대(2018).

단계에 아마존의 역할이 있고, 각 단계에서 소비자 데이터가 축적되고 있다. 소비자들의 인식(구글의 정보)과 태도(페이스북의 좋아요)는 중요하다. 그렇지만 마케팅에서 가장 중요한 것은 '판매'이다. 소비자와 브랜드가 접촉하는 채널이 다양해진 현재

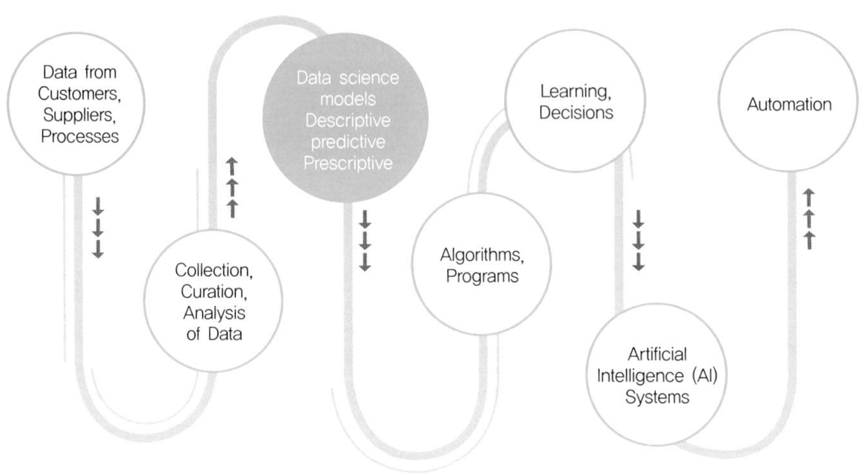

[그림 10-10] 데이터 기반 마케팅

출처: Shankar (2019).

의 옴니채널 소비환경에서 주목해야 하는 것은 소비자 구매 여정을 관통하는 고객에게 맞춤화된 일관된 마케팅 커뮤니케이션이다.

3. 데이터 경제 시대의 방송광고 가치 재평가

1) 도량형 지표로서 'TV 시청률'의 위기

올드 미디어로 불린 지 오래된 방송산업은 **데이터 경제**(data economy)[3] 시대를

3 데이터 경제는 '① 데이터 생산 → ② 데이터 정제 · 가공을 통한 데이터 정보유통 → ③ 기업 · 정부 · 공공기관 활용 → ④ 소비자 · 시민의 데이터 기반 혁신서비스 이용'으로 이어지는 생태계 가치사슬(데이터의 수집 · 저장 · 유통 · 활용)을 기반으로 공급-중개-수요 시장을 통해 신제품 서비스나 일자리 등과 같은 경제적 가치를 창출한다(관계부처합동, 2018. 6.). 유럽연합은 데이터 경제를 '데이터에 접근하고 활용할 수 있도록 협업하는 과정에서 데이터 생산, 인프라 제공, 연구조사 등 서로 다른 역할을 담당하는 구성원으로 이루어진 생태계'로

맞이했다. TV 수상기를 벗어난 방송콘텐츠 시청의 보편화, 넷플릭스와 같은 해외 OTT 플랫폼의 진입 등으로 '방송의 위기'라는 화두는 해결의 실마리가 보이지 않는다(박종구, 2019a). 수용자-미디어-광고주로 구성된 **이중상품시장**(dual-product marketplace)에서 TV 시청률은 시청자를 구매하거나 판매하는 통화(audience currency)로 사용되어 왔다(Napoli, 2016, p. 261). 그러나 방송콘텐츠 소비환경 변화로 방송시장에서 지배적인 화폐 역할을 해 왔던 TV 시청률의 타당성에 대한 의문이 제기되었고, 이 과정에서 '후기 노출 시청자 시장(post-exposure audience marketplace)' 지표인 인터넷반응의 활용방안에 대한 관심이 높아졌다(Napoli, 2011, p. 11).

데이터 기반 의사결정(evidence-based decision making)이란 "체계적인 조사연구로부터 산출된 이용 가능한 최선의 증거를 투입함으로써 충분한 정보를 갖고 의사결정을 내리는 것"을 의미한다(Davies, 2004, p. 5). TV 시청률만으로는 이제 더 이상 방송콘텐츠의 가치를 보여 주지 못한다. 보이지 않으면 마음에서 사라지는 것처럼, 데이터가 없으면 존재하지만 측정되지 않는 시청자를 파악할 수 없다. TV 시청률 체제에서 방송콘텐츠를 비실시간(VOD)으로 시청하거나 스마트폰과 PC를 통해 시청하는 사람들은 '존재하나 파악하지 못하고 있는' 시청자이다.

방송콘텐츠의 가치는 시청자 규모를 말해 주는 콘텐츠 노출지표인 시청률을 넘어 보다 다차원적으로 측정될 필요가 있다. 방송산업 내 경쟁도 무시할 수 없겠지만, 방송산업 차원의 시급한 당면과제는 '숨겨진' 시청자를 측정 영역에 들여와 방송콘텐츠의 가치평가가 합당하게 이루어지도록 정상화시키는 일이다(박종구, 2018b). 빅데이터 기술 발전은 측정의 영역을 확장시키고 있다. '데이터에서 일반화할 수 있는 지식을 발견'하는 데이터 사이언스 시대(Dhar, 2013), 지속 가능한 방송산업을 위해서는 방송콘텐츠의 가치를 타당하게 보여 줄 수 있는 '최선의 데이터'를 마련하는 정책이 필요하다.

정의하고 있다(European Commission, 2017).

2) 국내 · 외 데이터 정책

4차 산업혁명은 '데이터 혁명'이다. 데이터는 4차 산업혁명 시대의 핵심 자원으로, 국가와 기업의 경쟁 원천으로 부상했다. 데이터는 전통적인 생산요소인 자본이나 노동에 버금가는 경쟁력이 되었고, 경제 패러다임은 대규모 데이터를 보유하고 활용해서 새로운 가치를 창출하는 기업이 시장혁신을 주도하는 '데이터 경제'로 전환되었다. 주요 선진국들은 미래 경쟁력을 좌우하는 데이터 활용의 중요성을 인식하고, 데이터 산업 활성화를 위한 국가 차원의 프로젝트를 우리보다 앞서 시작했다(김영훈, 2018; 우지영, 2017).

해외 주요 국가들은 4차 산업혁명 선도를 위해 데이터 기반의 주력산업 재도약과 혁신성장을 도모하는 데이터 경제 활성화에 힘쓰고 있다. 우리나라도 2018년 8월 경제부총리 주재 혁신성장 경제관계 장관회의에서 '데이터 경제'를 혁신성장 전략투자 분야로 선정하였다(관계부처합동, 2018. 8.). 국내 데이터 생태계를 되돌아보고 관계부처와 함께 개인정보의 안전한 활용, 데이터의 산업적 가치창출 등을 위한 **'데이터 산업 활성화 전략'**은 4차 산업혁명의 핵심 기반인 초연결 지능화 인프라 구현을 위한 DNA(Data-Network-AI) 전략의 데이터(D)에 관한 계획이다(4차산업혁명위원회, 2018. 6.; 한국정보화진흥원, 2019).

4차 산업혁명 시대에 데이터에 대한 인식은 다음과 같이 변하고 있다. 첫째, 다른 데이터와 결합이 가능한 데이터가 중요하다. 어느 한 분야의 데이터만 분석하는 것보다는 이종 데이터를 결합해서 분석할 때 새로운 가치를 발견할 가능성이 높으며, 다른 데이터와 결합할 수 있는 마이크로 데이터의 활용 가치가 크다. 둘째, 데이터가 없는 것이 아니라, 데이터 확보에 필요한 시간과 비용을 투자할 여력이 부족하다. 데이터가 어디에 있는지 모르거나, 데이터 확보에 많은 시간과 비용이 소요되는 상황이다. '데이터 산업 활성화 전략'은 이를 해결하기 위한 추진전략으로 '데이터 가치사슬 전주기 혁신'을 제시하였는데, 세부 추진과제는 다음과 같다(관계부처합동, 2018. 6.).

첫째, 양질의 데이터를 구축해서 개방한다. 4차 산업혁명의 핵심 기반인 산업별 데이터를 조기에 구축하고, 공공 및 민간 데이터의 획기적인 개방을 추진한다. 구체적으로 산업별 마이크로 데이터의 풍부한 수집과 생성을 위해 활용가치가 높은 빅데이터를 수집 · 가공 · 개방하고, 빅데이터 분석 및 활용을 전문적으로 지원하는 빅데이터 전문센터를 육성하며, 각종 빅데이터 센터 간 협력 네트워크를 확대한다. 또한 국가안보 등을 제외한 공공데이터는 원칙적 개방을 추진하며, 네이버 검색 데이터와 같이 공공성이 높은 민간데이터에 대해서는 연구와 창업 목적 시 부담 없이 활용할 수 있도록 데이터 개방을 지원한다.

둘째, 데이터의 저장과 유통을 활성화한다. 구체적으로 데이터의 효율적인 저장과 관리를 위해 클라우드를 확산시키고, 데이터 유통 촉진을 위해 민간과 공공을 연계한 개방형 데이터 기반을 구축한다. 또한 개방형 데이터 거래체계 구축 등을 통해 양질의 데이터 유통을 촉진한다. 구체적으로 데이터 거래 활성화를 위해 누구나 데이터를 한곳에서 쉽고 빠르게 등록 · 검색 · 거래할 수 있도록 민간과 공공을 연계한 데이터 거래 기반을 구축한다.

3) 공공데이터 생태계 모델

공공데이터 개방정책(Open Government Data: OGD)은 개방 데이터 수라는 양적 성과에서 공공데이터가 사용되어 성과로 연결되는 질적 효과로 전환되고 있다. 현재 우리나라 공공데이터 정책 또한 “수요에 맞는” 고품질 공공데이터 제공에 초점을 맞추고 있으며(한국데이터진흥원, 2018, p. 237), 이 과정에서 데이터 이용자에게 주목하는 ‘**공공데이터 생태계**(open data ecosystem)’ 접근의 중요성이 커지고 있다(황주성, 2016). 공공데이터 생태계는 “공공데이터가 생산 및 개방되고, 기업이 이를 활용해 가치를 창출하며, 정부는 데이터 이용자의 의견을 수렴하여 더 나은 데이터를 재생산하게 하는 일련의 선순환적인 환경”으로 정의된다(송석현, 이재용, 2018). 주이더윅 등(Zuiderwijk, Janssen, & Davis, 2014, pp. 28-29)은 공공데이터 생태계(open data ecosystems)가 가지고 있어야 하는 4가지 핵심적인 요소를 다음과 같이 제시했다. 첫째, 인터넷상에서 데이터를 개방해야 한다. 둘째, 데이터를 검색해서 보고 평가할 수 있어야 한다. 셋째, 데이터를 정제, 분석, 결합하고 시각화할 수 있다. 넷째, 데이터 제공자와 기타 이해관계자에게 데이터에 대한 피드백을 제공할 수 있어야 한다. 도즈 등(Dawes, Vidiasova, & Parkhimovich, 2016)은 공공데이터 개방정책을 추진하거나 평가할 때, 생태계 관점의 중요성을 강조하고 공공데이터 개방에 대한 동기, 공공데이터 개방정책과 전략, 피드백과 소통 등을 포함하는 단계별 구성요소를 포함하는 '**공공데이터 생태계 모델**(ecosystem model of open government data)'을 〈표 10-1〉과 같이 제시하였다.

표 10-1 공공데이터 생태계 모델

주요 구성요소	내용
공공데이터 개방에 대한 국내 · 외적인 영향	• 공공데이터 개방정책 추진에 영향을 미치는 국내 · 외적인 추세 - 공공데이터 개방에 대한 국내의 요구나 경제 정책 등
공공데이터 개방정책	• 제공 대상 데이터 선정과 제공 방식 결정 - 법적 프레임워크, 우선순위정책
공공데이터 개방	• 공공데이터 포털과 관련된 요구사항 정리와 필요한 자원 - 데이터 표준, 업데이트 메커니즘, 디자인과 기능
데이터 활용	• 정부 · 기업 · 일반인을 포함한 다양한 이용자의 데이터 사용 - 데이터 품질, 이용편의성
피드백	• 공공데이터 개선을 위한 데이터 제공자와 이용자 의사소통 - 기존 포털 데이터 · 기능 평가, 신규 수요 파악
성과	• 데이터 이용의 결과 - 다양한 이해관계자의 편익

출처: Dawes et al. (2016)을 재구성함.

공공데이터 생태계 모델의 구성요소인 피드백은 "공공데이터 개선을 위한 데이터 제공자와 이용자 간의 의사소통으로 기존 데이터를 평가하고, 신규 데이터 수요 등을 파악하는 것"을 의미한다(Dawes et al., 2016). 얀센 등(Janssen, Charalabidis, & Zuiderwijk, 2012, p. 260)은 공급자 관점(supply-driven)에서 추진된 기존 공공데이터 정책의 문제점을 지적하고, "공공데이터의 가치는 개방 그 자체에 있는 것이 아니라, 그것이 사용되었을 때 비로소 실현된다"는 점을 강조했다. 생태계 개념을 공공데이터 영역에 도입한 폴락(Pollock, 2011)은 공급자 중심의 공공데이터 개방을 피드백이 부재한 '일방통행로(one-way street)'로 표현하고, 건강한 데이터 생태계가 조성되기 위해서는 데이터를 실제로 사용하는 이용자들의 의견을 수렴해야 한다고 강조했다. 공공데이터 개방이 사회적 가치를 창출하기 위해서는 수요 기반(demand-driven)의 공공데이터 개방정책이 요구되며, 수요는 데이터 이용자의 의견을 수렴함으로써 파악된다.

4) 방송콘텐츠 가치정보 분석시스템

방송통신위원회(주관기관)와 한국방송광고진흥공사(수행기관)는 데이터 경제 시대에 방송콘텐츠에 대한 TV 시청률 중심의 평가를 보완하고 수출 활성화를 지원하는 공공데이터 인프라로 2018년 1월 '방송콘텐츠 가치정보 분석시스템'(www.racoi.or.kr)을 구축 완료하고, 현재 공공데이터의 사회적 공유 차원에서 무료로 제공하고 있다. 서로 다른 데이터를 결합해서 분석할 때, 새로운 통찰을 얻을 수 있다. 방송콘텐츠 가치정보 분석시스템에서 제공되는 방송콘텐츠 통합시청지표(TV · PC · 스마트폰, 실시간 · 비실시간 시청)와 인터넷반응지표 데이터는 '체계적인 조사 · 연구로부터 산출된 이용 가능한 최선의 증거'를 통해 과소평가된 방송콘텐츠의 가치를 재평가할 수 있는 기회를 제공해 준다.

2018년 11월 개편된 '방송콘텐츠 가치정보 분석시스템'에서 제공되는 주요 데이터는 다음과 같다. 첫째, 방송 예정 및 방송 중인 프로그램에 대한 주간 단위의 인터넷반응지표와 TV시청지표(시청률 · 시청자수)이다. 둘째, 월간 단위의 인터넷반응지표와 통합(실시간 · 비실시간, TV · PC · 스마트폰) 시청지표이다. 셋째, 연 2회 주기로

[그림 10-11] 방송콘텐츠 가치정보 분석시스템 데이터 산출 절차

출처: 방송통신위원회, 한국방송광고진흥공사(2019).

RACOI 방송통신위원회 방송콘텐츠 가치정보 분석시스템 | 인터넷반응 | 종합반응 | 해외반응 | RACOI

	인터넷반응	종합반응	해외반응	RACOI
	인터넷반응DB	종합반응DB	해외반응DB	RACOI소개
	출연자 반응	반응&시청률분포		조사방법
	주간핫이슈			공지사항
	연관어조회			분석리포트

월간 종합반응 › 종합반응DB(인터넷반응지표 + N스크린 시청지표)

TV시청률이 측정하지 못하는 '숨겨진 시청자(VOD, PC·모바일)' 파악

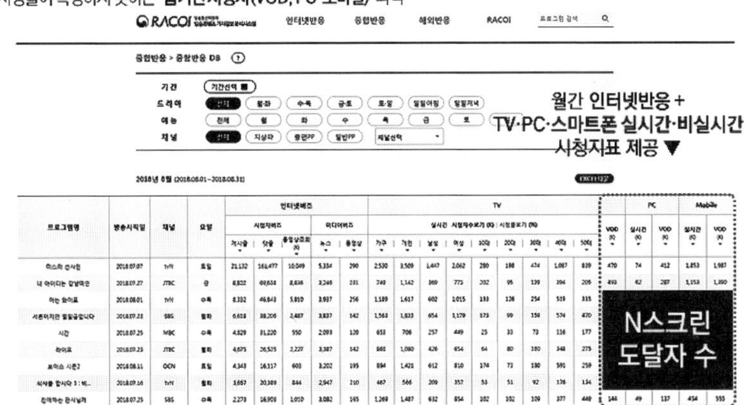

월간 종합반응 › 반응&시청률 분포(시각화서비스)

방송콘텐츠에 대한 '다차원적인 분석' 제공

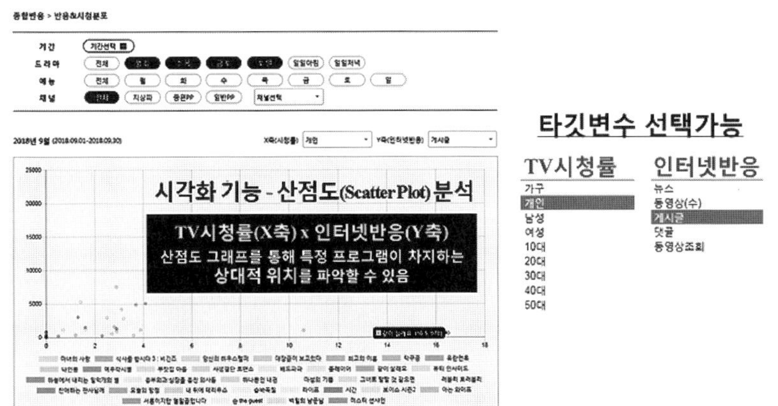

[그림 10-12] 방송콘텐츠 가치정보 분석시스템의 이종 데이터 결합 예시

진행되는 한국 방송드라마에 대한 해외 인터넷반응지표이다. 데이터 산출 절차는 홈페이지에 제시되어 있다.

방송산업 차원의 표준지표를 지향하는 '방송콘텐츠 가치정보 분석시스템'이 산출하는 인터넷반응지표는 기존의 TV 화제성 조사들과 몇 가지 점에서 차이가 있다. 첫째, 이 지표는 서로 다른 이해관계를 가진 산 · 학 · 연 전문가들이 참여하는 연구반을 구성해서 지표를 개발하고 산출함으로써, 과학적 연구가 가지고 있어야 하는 '공개적'이라는 특성을 가지고 있다. 둘째, 인터넷반응지표를 '세분화'하여 제시하고 있다는 점으로, 인터넷반응 생성주체에 따라 미디어반응과 시청자반응으로 분리하고 있다. 미디어반응에는 언론사가 생성하는 뉴스기사와 방송사가 포털사이트에 등록

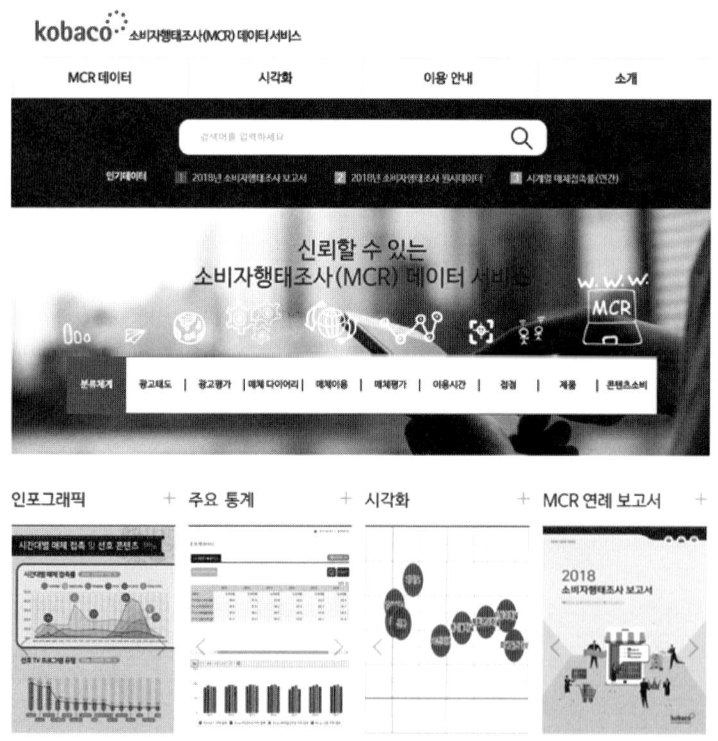

[그림 10-13] '소비자행태조사 데이터 서비스' 마이크로데이터 제공

출처: 한국방송광고진흥공사(2019).

하는 동영상이 포함된다. 시청자반응은 게시글, 댓글, 동영상 조회와 같이 시청자가 일으키는 인터넷반응이다. 셋째, 정량적 수치인 인터넷반응 '양(量)'뿐만 아니라 세부 지표별로 원문을 볼 수 있는 링크를 제공함으로써, 방송콘텐츠에 대한 인터넷반응을 정성적으로 파악할 수 있는 수단을 제공해 주고 있다. 넷째, 인터넷반응지표와 통합시청지표를 함께 제공함으로써 특정 방송콘텐츠가 '인터넷반응지표와 시청지표에서 차지하는 상대적 위치'를 파악할 수 있도록 해 준다. 끝으로 기존 지표들은 국내 시청자의 인터넷반응만을 조사하는 데 그치고 있으나, '방송콘텐츠 가치정보 분석시스템'은 프로그램 수출을 지원하기 위해 한국 방송드라마에 대한 해외 인터넷반응도 조사하여 정량적인 데이터를 제공해 주고 있다(박종구, 2018a, pp. 69-70).

데이터 혁명시대에는 보완적인 데이터를 결합해서 분석할 때, 단편적으로만 이해하고 있던 소비자들에 대한 새로운 인사이트를 얻을 가능성이 더 크다. 소비자의 행동은 **행동데이터**를 통해 그들의 인식과 태도는 **서베이데이터**를 통해 파악할 수 있다. 소비자의 서로 다른 측면을 보여 주는 데이터 간의 보완적인 성격을 알고 사용할 때 소비자들에게 한 걸음 더 다가갈 수 있을 것이다(박종구, 2019b). ■

참고문헌

제1장 광고 PR 분야에서 빅데이터의 의의와 활용방안

고현실(2017. 7. 15.). 데이터가 곧 자산…1초에 56만GB 생성. 연합뉴스. Retrieved from https://www.yna.co.kr/view/AKR20170714114500017

곽채현, 홍지숙(2018). 빅데이터를 활용한 욜로(YOLO) 현상 분석: 여행소비를 중심으로. 관광연구저널, 32(2), 21-34.

김대욱(2019). 한국 기업들은 어떻게 사과하는가? 기업 사과문 의미연결망 분석을 통한 수사적 접근. 광고학연구, 30(3), 7-35.

김은이, 송민호(2017). 소셜빅데이터를 이용한 경구피임제 TV 광고의 여론 및 감정 분석: 머시론 TV 광고를 중심으로. 광고PR실학회, 10(2), 39-63.

명왕성, 원영신, 이민규(2016). 데이터마이닝을 활용한 K리그 중계시청 결정요인 분석: A 포털 사이트 중계를 중심으로. 한국사회체육학회지, 64, 195-209.

배기웅, 김혜진(2019). 초기 시청자 반응과 평균 시청률 사이의 관계: 토픽모델링 측면에서. 방송문화연구, 31(1), 103-138.

성민정, 조정식(2017). 마케팅커뮤니케이션에서 빅데이터의 역할과 활용방안. 광고연구, 115, 7-48.

이태준(2016). 언론매체와 디지털 공론장에서 나타난 공공이슈의 사회적 관심도에 대한 비교연구. 한국행정학보, 50(2), 215-241.

차영란(2018). 광고 및 미디어 산업 분야의 인공지능(AI) 활용 전략: 심층 인터뷰를 중심으로. 한국콘텐츠학회논문지, 18(9), 102-115.

표주연(2018. 10. 11.). GS리테일, 하루 700만 판매 빅데이터 활용. 뉴시스. Retrieved from http://www.newsis.com/view?id=NISX20181011_0000440065

Belk, R. W. (2017). Qualitative research in advertising. *Journal of Advertising*, *6*(1), 36-47.

Dahlen, M., & Rosengren, S. (2016). If advertising won't die, what will it be? Toward a working definition of advertising. *Journal of Advertising*, *45*(3), 334-345.

Felix, R., Rauschnabel, P. A., & Hinsch, C. (2017). Elements of strategic social media marketing: A holistic framework. *Journal of Business Research*, *70*, 118-126.

Gandomi, A., & Haider, M. (2015). Beyond the hype: Big data concepts, methods, and analytics. *International Journal of Information Management*, *35*(2), 137-144.

Johar, G. V. (2016). Mistaken inferences from advertising conversations: A modest research agenda. *Journal of Advertising*, *45*(3), 318-325.

Kemming, J. D., & Humborg, C. (2010). Democracy and nation brand(ing): Friends or fores? *Branding and Public Diplomacy*, *6*(3), 183-197.

Kwon, O., Lee, N., & Shin, B. (2014). Data quality management, data usage experience, and acquisition intention of big data analytics. *International Journal of Information Management*, *34*(3), 387-394.

Laney, D. (2001, February 6). 3D data management: Controlling data volume, velocity, and variety. META Group. Retrieved from http://blogs.gartner.com/doug-laney/files/2012/01/ad949-3D-Data-Management-Controlling-Data-Volume-Velocity-and-Variety.pdf

Lee, I. (2017). Big data: Dimensions, evolution, impacts, and challenges. *Business Horizons*, *60*(3), 293-303.

Wedel, M., & Kannan, P. K. (2016). Marketing analytics for data-rich environments. *Journal of Marketing*, *80*, 97-121.

Wiencierz, C., & Röttger, U. (2019). Big data in public relations: A conceptual framework, *Public Relations Journal*, *12*(3), 1-15.

제2장 비정형 텍스트 데이터 분석

Blei, D. M. (2012). Probabilistic Topic Models: Surveying a suite of algorithms that offer a solution to managing large document archives. *Communications of the ACM*, *55*(4), 77-84.

Blei, D. M. (2013). Probablistic Topic Models. *2013 Topic Modeling Workshop at NIPS*. http://www.cs.columbia.edu/~blei/talks/Blei_MLSS_2012.pdf

Blei, D. M., Ng, A. Y., & Jordan, M. I. (2003). Latent dirichlet allocation. *Journal of Machine Learning Research*, *3*(Jan), 993-1022.

Chang, J., Gerrish, S., Wang, C., Boyd-Graber, J. L., & Blei, D. M. (2009). Reading tea leaves: How humans interpret topic models. In *Advances in Neural Information Processing Systems* (pp. 288-296).

Deerwester, S., Dumais, S. T., Furnas, G. W., Landauer, T. K., & Harshman, R. (1990). Indexing by latent semantic analysis. *Journal of the American society for information science, 41*(6), 391-407.

DiMaggio, P. (2015). Adapting computational text analysis to social science (and vice versa). *Big Data & Society, 2*(2), 1-5.

DiMaggio, P., Nag, M., & Blei, D. (2013). Exploiting affinities between topic modeling and the sociological perspective on culture: Application to newspaper coverage of US government arts funding. *Poetics, 41*(6), 570-606.

Grimer, J., & Stewart, B. M. (2013). Text as data: The promise and pitfalls of automatic content analysis methods for political texts. *Political Analysis, 21*(3), 267-297.

Harris, Z. S. (1954). Distributional structure. *Word, 10*(2-3), 146-162.

Hofmann, T. (1999, July). Probabilistic latent semantic analysis. In *Proceedings of the Fifteenth Conference on Uncertainty in Artificial Intelligence* (pp. 289-296). Morgan Kaufmann Publishers Inc.

Kakao.(2019). Simpson http://youtu.be/fzXuGQeVNI4

Krippendorff, K. (2003). *Content Analysis: An Introduction to Methodology.* Washington, D.C.: Sage Publications.

Kroeger, P. (2018). *Analyzing Meaning: An Introduction to Semantics and Pragmatics.* Dallas, TX: Indepedent.

Kwartler, T. (2017). *Text Mining in Practice with R.* Hoboken, NJ: John Wiley & Sons.

Landauer, T. K., Foltz, P. W., & Laham, D. (1998). An introduction to latent semantic analysis. *Discourse Processes, 25*(2-3), 259-284.

Mcauliffe, J. D., & Blei, D. M. (2008). Supervised topic models. In *Advances in Neural Information Processing Systems* (pp. 121-128).

Manning, C., Raghavan, P., & Schütze, H. (2010). Introduction to information retrieval. *Natural Language Engineering, 16*(1), 100-103.

Mohr, J. W., & Bogdanov, P. (2013). Introduction-Topic models: What they are and why they matter. *Poetics, 41*(6), 545-569.

Nikita, M. (2014). Selected number of topics for LDA model. https://cran.r-project.org/web/packages/ldatuning/vignettes/topics.html

Sievert, C., & Shirley, K. (2014, June). LDAvis: A method for visualizing and interpreting topics. In *Proceedings of the Workshop on Interactive Language Learning, Visualization, and Interfaces* (pp. 63-70).

Ramage, D., Hall, D., Nallapati, R., & Manning, C. D. (2009, August). Labeled LDA: A supervised topic model for credit attribution in multi-labeled corpora. In *Proceedings of the 2009 Conference on Empirical Methods in Natural Language Processing: Volume 1-Volume 1* (pp. 248-256). Association for Computational Linguistics.

Roberts, M. E., Stewart, B. M., Tingley, D., Lucas, C., Leder-Luis, J., Gadarian, S. K., Albertson, B., & Rand, D. G. (2014). Structural topic models for open-ended survey responses. *American Journal of Political Science, 58*(4), 1064-1082.

Sievert, C., & Shirley, K. (2014, June). LDAvis: A method for visualizing and interpreting topics. In *Proceedings of the Workshop on Interactive Language Learning, Visualization, and Interfaces* (pp. 63-70).

Turney, P. D., & Pantel, P. (2010). From frequency to meaning: Vector space models of semantics. *Journal of Artificial Intelligence Research, 37*, 141-188.

제3장 의미연결망 분석

박진우, 이형민(2018, 5.). 참여형 소통 환경 구축을 위한 도전과 과제: 신고리 5 · 6호기 공론화위원회 사례를 중심으로. **한국PR학회 봄철 정기학술대회 발표문.**

박치성, 정지원(2013). 텍스트 네트워크 분석: 사회적 인지 네트워크 분석을 통한 정책 이해 관계자 간 공유된 의미 파악 사례. **정보학연구**, 19(2), 73-108.

이수상(2013). **네트워크 분석방법론.** 서울: 논형.

이수상(2014). 언어 네트워크 분석방법을 활용한 학술논문의 내용분석. **정보관리학회지**, 31(4), 49-68.

이수상(2018). **네트워크 분석방법의 활용과 한계.** 서울: 청람.

이은선, 임연수(2012). 페이스북을 활용한 국내 기업의 마케팅 커뮤니케이션에 대한 탐색적 연구: 의미연결망을 통한 메시지 구조 분석. **한국광고홍보학보**, 14(3), 124-155.

이재윤(2006). 국내 최신 동향 파악을 위한 새로운 지적 구조 분석법. **한국문헌정보학회지**, 40(3), 191-214.

차민경, 권상희(2015). 언론의 '창조경제'에 대한 의제설정 의미연결망 분석. **한국언론학보**, 59(2), 88-120.

Carley, K. M., & Palmquist, M. E. (1992). Extracting, representing and analyzing mental model. *Social Forces*, *70*(3), 601-636.

Drieger, P. (2013). Semantic network analysis as a method for visual text analytics. *Procedia-Social and Behavioral Sciences*, *79*, 4-17.

Gamson, W. A., & Lasch, K. E. (1983). The political culture of social welfare policy. In S. Shimon (Ed.), *Evaluating the Welfare State: Social and Political Perspectives* (pp. 398-415). New York: Academin Press,

Martin, A., & Wellman, B. (2011). Social network analysis: An introduction. In J. Scott & P. J. Carrington (Eds.), *The SAGE Handbook of Social Network Analysis*. Thousand Oaks, California: SAGE Publications Inc.

Paranyushkin, D. (2011). Identifying the pathways for meaning circulations using text network analysis. Published in 11 December 2011, Nodus Labs, Germany, Berlin.

Paranyushkin, D. (2012). Visualization of Text's polysingularity using network analysis. Published in 15 January 2012, Nodus Labs, Germany, Berlin.

Scott, J. (2012). *Social Network Analysis: A Handbook*. Thousand Oaks, California: SAGE Publications Inc.

Wasserman, S., & Faust, K. (1994). *Social Network Analysis: Methods and Applications*. New York: Cambridge University Press.

Wigand, R. T. (1988). Communication network analysis: History and overview. In G. Goldhaber & G. A. Barnett (Eds.), *Handbook of Organizational Communication* (pp. 319-360). Norwood: Ablex.

제4장 소셜 네트워크 분석

김동성(2014). 소셜 공중 세분화 요인에 관한 탐색적 연구: 페이스북 페이지의 소셜 네트워크 요인을 중심으로. 한양대학교 대학원 박사학위논문.

김동성, 이현우(2014). 소셜 공중에 적합한 새로운 공중 세분화 이론: 페이스북 페이지의 소셜 네트워크 요인을 중심으로. **홍보학연구**, 18(3), 394-429.

김미경(2012). 사회적 연결망과 소셜 네트워크 서비스. 한국방송학회 방송과수용자연구회. **소셜미디어연구** (pp. 31-61). 서울: 커뮤니케이션북스.

김성희, 장로사(2010). 사회 연결망 분석 연구 동향 및 정보학 분야에서의 활용가능성에 관한 연구. **정보관리학회지**, 27(4), 71-87.

김용학(2011). 사회 연결망 분석. 서울: 박영사.

노드엑셀코리아(2015). 노드엑셀 따라잡기. 서울: 패러다임북.

손동원(2002). 사회 네트워크 분석. 서울: 경문사.

허명회(2012). R을 활용한 사회네트워크분석 입문. 서울: 자유아카데미.

Barabási, A. L., Albert, R. Z., & Jeong, H. (1999). Mean-field theory for scale-free random networks. *Physica A: Statistical Mechanics and its Applications*, *272*(1), 173-187.

Borgatti, S. P. (1995). Centrality and AIDS. *Connections*, *18*(1), 112-114.

Borgatti, S. P., Everett, M. G., & Johnson, J. C. (2018). *Analyzing Social Networks* (2nd ed). UK: Sage Publications.

Brandes, U. (2001). A faster algorithm for betweenness centrality. *Journal of Mathematical Sociology*, *25*(2), 163-177.

Brin, S., & Page, L. (1998). The Anatomy of a Large-Scale Hypertextual Web Search Engine. In: Seventh International World-Wide Web Conference (WWW 1998), April 14-18, 1998, Brisbane, Australia.

Broido, A. D., & Clauset, A. (2019). Scale-free networks are rare. *Nature Communications*, *10*(1), 1017.

Burt, R. (1992). *Structural holes: The Social Structure of Competition*. MA: Harvard University Press.

Butler, P. (2010). Visualizing friendships. Facebook. Available at: https://www.facebook.com/notes/facebook-engineering/visualizing-friendships/469716398919.

Freeman, L. C. (1979). Centrality in social networks conceptual clarification. *Social Networks*, *1*, 215-239.

Granovetter, M. (1973). The strength of weak ties. *Amercian Journal of Sociology*, *78*(6), 1360-1380.

Holme, P. (2019). Rare and everywhere: Perspective on scale-free networks. *Nature Communications*, *10*(1), 1016.

Milgrams, S. (1967). The small world problem. *Psychology today*, *1*(1), 61-67.

Moreno, J. L. (1934). *Who Shall Survive? A New Approach to the Problem of Human Interreltions*. Nervous and Mental Disease Publishing Co.

Newman, M. E. J. (2006). Finding Community Structure in Networks Using the Eigenvectors of Matrices. *Physical Review E*, *74*(3), 1-22.

Sabidussi, G. (1966). The centrality index of a graph. *Psychometrika*, *31*, 581-603.

Watts, D. J., & Strogatz, S. H. (1998). Collective Dynamics of Small-World Networks. *Nature*, *393*, 440-442.

Wellman, B. (2001). Little boxes, glocalization, and networked individualism, In T. Ishida (Ed.), *Digital Cities 2* (pp. 3-15). Berlin: Springer-Verlag.

https://en.wikipedia.org/wiki/Centrality#Degree_centrality

https://en.wikipedia.org/wiki/Seven_Bridges_of_Königsberg

https://en.wikipedia.org/wiki/Small-world_experiment

https://en.wikipedia.org/wiki/Sociogram

https://www.quantamagazine.org/scant-evidence-of-power-laws-found-in-real-world-networks-20180215

제5장 소셜미디어 분석

강만호, 김상락, 박상무(2012). 빅데이터의 분석과 활용. 정보과학회지, 30(6), 1-26.

곽기영(2014). 소셜 네트워크 분석. 서울: 도서출판 청람.

김상훈, 안대천(2011). SNS를 활용한 효과적인 감성광고 전략: 현대자동차 그룹 'gift-car' 기업 PR캠페인 사례연구. 광고학연구, 22(5), 273-290.

김한주(2013). SNS 광고 태도에 영향을 미치는 요인에 관한 연구: 광고의 지각된 적합성과 동일시를 중심으로. 광고PR실학연구, 6(1), 7-28.

남민지, 이은지, 신주현(2015). 인스타그램 해시태그를 이용한 사용자 감정 분류 방법. 멀티미디어학회논문지, 18(11), 1391-1399.

박신의(2012). 공감의 바이러스-예술에서의 바이럴 마케팅(Viral Marketing). 문화예술경영학연구집, 5(1), 8-32.

안대천, 김상훈(2012). SNS유형별 광고속성 평가 및 태도에 관한 연구: 블로그, 트위터, 페이스북, 유튜브의 비교. 광고학연구, 23(3), 53-84.

윤홍근(2013). 문화산업에서 빅데이터의 활용방안에 관한 연구. 글로벌문화콘텐츠, 3(2), 157-179.

이은선, 김미경(2012). 마케팅 커뮤니케이션수단으로서의 기업 페이스북 팬 페이지 이용행태 분석. 광고학연구, 23(2), 31-55.

이의훈(2010). SNS를 마케팅에서 활용하는 데 중요한 점들. 마케팅, 44(7), 20-24.

임혁백, 송경재, 장우영(2017). 빅데이터 기반 헤테라키(융합) 민주주의: 현황과 전망. 대구: 한국정보화진흥원.

장우영, 송경재(2017). SNS 사용자집단의 네트워크 특성과 정치참여인식에 관한 연구: 네트워크 사용강도, 규모, 활동을 중심으로. 세계지역연구논총, 35(3), 353-376.

정새봄, 조광민, 정유미(2011). 스포츠 구단의 Social Network Service(SNS) 활동 관여도와 구단이미지 및 태도, 구단 충성도와 구전의도에 대한 관계: 구단 SNS활동(Twitter/Facebook)을 중심으로. 한국스포츠산업경영학회, 16(4), 61-75.

정유진, 배국진(2007). 소셜네트워킹서비스(SNS)의 동향과 전망. 서울: 삼성경제연구소.

정원준(2018). 사드(THAAD) 이슈를 둘러싼 한국과 중국 간 갈등 쟁점의 변화 추이 연구: 빅데이터를 이용한 시계열 토픽모델링과 언어 네트워크 분석 기법으로. 한국광고홍보학보, 20(3), 143-196.

황장선, 임지은(2013). 기업의 전략적 커뮤니케이션 수단으로서의 SNS: 한-미간 주요 기업 페이스북 팬페이지의 내용분석. 광고학연구, 24(4), 143-178.

Boyd, D. M., & Ellison., N. B. (2007). Social Network Sites: Definition, History, and Scholarship. *Journal of Computer-Mediated Communication*, *13*(1), 210-230.

Chatterjee, P. (2001). Online review: Do consumers use them? *Advances in Consumer Research*, *28*, 129-133.

Elliott, K. M. (2002). *Understanding Consumer-to-Consumer Influence on the Web.* Doctoral Dissertation, Duke University

Taylor, D. G., Lewin, J. E., & Strutton, D. (2011). Friends, fans, and followers: Do ads work on social networks? *Journal of Advertising Research*, *51*(1), 258-275.

https://www.facebook.com/NationalMuseumofKorea/

제6장 메타분석의 이해와 활용

김성태(2005). 국내 내용분석 연구의 방법론에 대한 고찰 및 제언. 커뮤니케이션이론, 1(2), 39-67.

김용겸(2009). 우리나라의 경영학 주요 학회지에 게재된 메타분석 연구현황. 대한경영학회지, 23(4), 1833-1858.

서미옥(2011). 메타분석 연구의 고찰과 연구방법론적인 제안. 교육학연구, 49(2), 1-23.

오성삼(2002). 메타분석의 이론과 실제. 서울: 건국대학교 출판부.

이병관, 손영곤(2016). 메타분석 결과에서 통계적 오류의 영향: 헤지스 · 올킨 방법과 헌터 · 슈미트 방법의 비교 분석. 헬스커뮤니케이션연구, 15, 49-99.

이병관, 손영곤, 강경희(2018). 유명인 모델의 공신력 척도는 얼마나 신뢰할 수 있는가?: 신뢰도 일반화 메타분석의 적용. 한국광고홍보학보, 20(3), 35-77.

이종호 (2013). 온라인 학습에서 실재감의 효과에 대한 메타분석. 한양대학교 대학원 석사학위 논문.

이준영(2008). 메타분석. 대한내분비학회지, 23(6), 361-378.

장덕호, 신인수(2011). 교육학 연구방법으로서의 메타분석(Meta-analysis)의 발전과정 고찰. 교육과정평가연구, 14(3), 309-332.

황성동(2014). 알기 쉬운 메타분석의 이해. 서울: 학지사.

황정규(1988). Meta-analysis의 이론과 방법론: 경험과학적 연구결과의 종합을 위하여. 성곡논총, 19, 1-55.

Allen, M., Preiss, R. W., Gayle, B. M., & Burell, N. A. (2002). *Interpersonal Communication Research*. New Jersey: Lawrence Erlbaum Associates, Inc.

Borenstein, M. (2005). Software for Publication Bias. In H. R. Rothstein (Eds.), *Publication Bias in Meta-analysis: Prevention, Assessment and Adjustment* (pp. 194-220). West Sussex, UK: John Wiley & Sons.

Borenstein, M., Hedges, L. V., Higgins, J. P. T., & Rothstein, H. R. (2009). *Introduction to Meta-Analysis*. West Sussex, UK: John Wiley & Sons, Ltd.

Card, N. A. (2012). *Applied Meta-Analysis for Social Science Research*. NY: The Guilford Press.

Cheung, M. W. L. (2015). *Meta-Analysis: A Structural Equation Modeling Approach*. West Sussex, UK: John Wiley & Sons, Ltd.

Cohen, J. (1988). *Statistical Power Analysis for the Behavioral Sciences* (2nd ed.). Hillsdale, New Jersey: Lawrence Erlbaum Associates.

Cooper, H. (2010). *Research Synthesis and Meta-Analysis: A Step-by-Step Approach* (4th ed.). Thousand Oaks, CA: Sage.

Cumming, G. (2012). *Understanding the New Statistics: Effect Sizes, Confidence Intervals, and Meta-Analysis*. NY: Routeledge.

Duval, S. (2005). The trim and fill method. In H. R. Rothstein, A. J. Sutton, & M. Borenstein (Eds.), *Publication Bias in Meta-Analysis* (pp. 127-144). West Sussex: John Wiley & Sons Ltd.

Duval, S., & Tweedie, R. (2000). Trim and fill: A simple funnel plot based method of testing and adjusting for publication bias in meta-analysis. *Biometrics, 56*, 276-284.

Egger, M., Smith, D., Schneider, M., & Minder, C. (1997). Bias in meta-analysis detected by a simple, graphical test. *BMJ, 315*, 629-634.

Egger, M., Smith, D. W., & Altman, D. G. (2003). *Systematic Reviews in Health Care: Meta-Analysis in Context* (2nd ed.). London, UK: BMJ Books.

Ellis, P. D. (2010). *The Essential Guide to Effect Sizes: Statistical Power, Meta-Analysis, and the Interpretation of Research Results*. NY: Cambridge University Press.

Ferguson, C. J., & Brannick, M. T. (2012). Publication bias in psychological science: Prevalence, methods for identifying and controlling, and implications for the use of meta-analyses. *Psychological Methods, 17*(1), 120-128.

Gayle, B. M., Preiss, R. W., Burell, N., & Allen, M. (2006). *Classroom Communication and Instructional Processes: Advances Through Meta-Analysis*. New Jersey: Lawrence Erlbaum Associates.

Glass, G. V. (1976). Primary, secondary, and meta-analysis of research. *Educational Researcher, 5*, 3-8.

Hedges, L. V., & Olkin, I. (1985). *Statistical Methods for Meta Analysis*. New York: Academic Press.

Higgins, J. P. T., Thompson, S. G., Deeks, J. J., & Altman, D. G. (2003). Measuring inconsistency in meta-analysis. *BMJ, 327*(6), 557-560.

Hopewell, S., Clarke, M., & Mallett, S. (2005). Grey literature and systematic reviews. In H. R. Rothstein, A. J. Sutton, & M. Borenstein (Eds.), *Publication Bias in Meta-Analysis* (pp. 49-72). West Sussex: John Wiley & Sons Ltd.

Kelley, K., & Preacher, K. J. (2012). On effect size. *Psychological Methods, 17*(2), 137-152.

Kelman, H. (1958). Compliance, identification, and internalization: Three processes of attitude change. *Journal of Conflict Resolution, 2*, 51-60.

Lipsey, M. W., & Wilson, D. B. (2001). *Practical Meta-Analysis*. Thousand Oaks, CA: Sage.

Littell, J. H., Corcoran, J., & Pillai, V. (2008). *Systematic Reviews and Meta-Analysis*. NY: Oxford University Press.

Marshall, R., Loi, L. S., & Na, W. B. (2004). A study of effect size in marketing experiments. *Advances in Consumer Research, 31*, 514-520.

Moher, D., Liberati, A., Tetzlaff. J., & Altman, D.G. (2009) Preferred Reporting Items for Systematic Reviews and Meta-Analyses: The PRISMA Statement. *BMJ, 339*. Retrieved from https://doi.org/10.1371/journal.pmed.1000097

Nakagawa, S., & Cuthill, I. C. (2007). Effect size, confidence interval and statistical significance: A practical guide for biologists. *Biological Reviews, 82*, 591-605.

Orwin, R. G. (1983). A fail-safe *N* for effect size in meta-analysis. *Journal of Educational Statistics, 6*, 157-159.

Peterson, R. A., Albaum, G., & Beltramini, R. F. (1985). A meta-analysis of effect size in consumer behavior experiments. *Journal of Consumer Research, 12*, 97-103.

Preiss, R. W., Gayle, B. M., Burell, N., Allen, M., & Bryant, J. (2007). *Mass Media Effects Research: Advances Through Meta-Analysis*. New Jersey: Lawrence Erlbaum Associates.

Rosenthal, R., & DiMatteo, M. R. (2001). Meta-Analysis: Recent development in quantitative methods for literature reviews. *Annual Review of Psychology, 52*, 59-82.

Rothstein, H. R., & Hopewell, S. (2009). Grey literature. In H. Cooper, H. V. Hedges, & J. C. Valentine (Eds), *The Handbook of Research Synthesis and Meta-Analysis* (2nd) (pp. 103-125). NY: Russell Sage Foundation.

Rothstein, H. R., Sutton, A. J., & Borenstein, M. (2005). Publication bias in meta-analysis. In H. R. Rothstein, A. J. Sutton, & M. Borenstein (Eds.), *Publication Bias in Meta-Analysis* (pp. 1-7). West Sussex: John Wiley & Sons Ltd.

Turner, H. M., & Bernard, R. M. (2006). Calculating and synthesizing effect size. *Contemporary Issues in Communication Science and Disorders, 33*, 42-55.

제7장 컨조인트 분석

강하나, 진현정(2015). 창작뮤지컬의 콘텐츠 제공 및 홍보에 대한 소비자 선호 분석. **소비문화연구**, 18, 169-185.

곽승준, 유승훈, 한상용, 이주석, 강대희(2005). 잠재적 공공 의료서비스에 대한 소비자 선호분석. **재정논집**, 19, 69-98.

권호영, 이종원(2002). 효율적 채널 상품 구성을 위한 수용자 분석. **한국방송학보**, 16(3), 7-44.

김민석, 김원준, 김민기, 강재원(2017). 사용자 선호기반 웨어러블 디바이스의 수용성 연구: 스마트워치를 중심으로. **한국콘텐츠학회논문지**, 17(9), 523-535.

김성섭, 김보균, 박제온(2006). 컨조인트 분석을 이용한 커피전문점의 선택속성분석 및 브랜드 자산가치 측정. **외식경영연구**, 9(4), 49-69.

김수원, 김성철(2017). 새 정부의 ICT · 미디어 관련 정부 조직 개편 방향에 대한 연구: 국민들의 인식을 중심으로. 언론정보연구, 54(4), 5-34.

김영욱, 이혜진(2015). 담뱃갑 경고 그림의 효과적인 속성 조합에 관한 연구: 컨조인트 분석을 통한 국내환경 중심 분석. 광고연구, 106, 5-41.

뉴스 1(2018). 달라진 광고업계... 빅데이터, 주인공이 되다. http://news1.kr/articles/?3420522

박선영, 유승훈(2012). 스마트 TV에 대한 소비자 선호 분석. 산업경제연구, 25(2), 1401-1417.

배정섭, 조광민, 곽민석(2013). 컨조인트 분석을 활용한 프로야구 팬들의 실망요인 분석. 한국체육학회지-인문사회과학, 52(3), 225-237.

백승익, 최덕선(2015). 개인정보 노출에 대한 인터넷 사용자의 태도에 관한 연구. 한국전자거래학회지, 20(1), 45-59.

변상규(2009). 디지털 케이블방송 기술정책에 대한 수용자 후생효과 연구. 정보통신정책연구, 16(3), 51-83.

변상규, 김재철(2010). 방송을 통한 간접광고 도입의 경제적 타당성 분석: 시청자 후생을 중심으로. 미디어 경제와 문화, 8(2), 62-98.

신동명, 김보영(2014). 컨조인트 분석을 통한 디지털 음악콘텐츠 서비스의 소비 속성별 가치 추정. 한국콘텐츠학회논문지, 14(12), 924-934.

신윤정, 김부용, 현용진(2007). 컨조인트 분석방법론에 의한 담배 포장의 금연 인식 유발 효과 분석. 보건사회연구, 27(1), 27-51.

안성식, 박기용, 양주환(2005). 컨조인트분석을 이용한 패밀리 레스토랑의 성공요인에 관한 연구. 외식경영연구, 8(1), 87-104.

이광균, 이주형(2013). 수요자 선호도 분석을 통한 미분양 아파트 마케팅 전략. 한국콘텐츠학회논문지, 13(10), 556-564.

이동한, 우종필, 윤남수(2012). 컨조인트 분석을 이용한 프랜차이즈 커피전문점 소비자 선택 속성 및 시장 세분화. 상품학연구, 30, 31-42.

이정우, 이문규, 최홍준(2007). 온라인 콘텐츠의 컨조인트 분석: Video on Demand 서비스 사례를 중심으로. 한국전자거래학회지, 12(4), 85-98.

임정수(2013a). 텔레비전 콘텐츠 VOD에 대한 이용자 선호도와 속성변인의 컨조인트 분석. 한국방송학보, 27(5), 204-243.

임정수(2013b). 최신 영화 VOD 이용자의 선호도에 대한 컨조인트 분석. 한국콘텐츠학회논문지, 13(5), 191-198.

장승익(2009). 컨조인트 분석을 활용한 금연광고 크리에이티브 전략 연구. 광고학연구, 20(1), 177-194.

장승익, 천현숙, 마정미(2015). 컨조인트 분석을 활용한 방송광고 제도 개선 방안 연구. 광고PR 실학연구, 8(3), 144-170.

장택원(2009). AHP 법과 컨조인트를 활용한 중요도 결정법에 대한 방법적 고찰. 광고 PR 실학연구, 2, 7-20.

장택원(2012). 인터넷 상거래 사이트 선택 요인에 관한 연구: 제품 관여도의 조절 효과를 중심으로. 한국소통학보, 17, 39-68.

장택원(2018). 고급통계방법론. 대구카톨릭대학교 출판부.

진현정, 금석헌(2011). 소비자의 친환경농산물 구매에 있어서 가격변수의 중요도 및 영향인자에 관한 분석. 유통연구, 16(3), 105-133.

채인숙, 차진아, 양일선, 신서영, 이민아(2002). 컨조인트 분석을 통한 피자 브랜드 선택 속성의 중요도 분석. 대힌지역사회영앙학회지, 7(3), 354-360.

최미영, 이상용(2008). 온라인 프라이버시 침해 우려에 관한 컨조인트 분석: 한국에서의 사례. 경영정보학 연구, 18(3), 45-65.

허영지, 고재윤(2012). 컨조인트 분석을 이용한 프리미엄 마켓에서의 생수 선택속성에 관한 연구. 관광레저연구, 24(6), 389-404.

Decrop, A. (2007). The influence of message format on the effectiveness of print advertisements for tourism destinations. *International Journal of Advertising*, *26*(4), 505-525.

Green, P. E., & Srinivasan, V. (1990). Conjoint analysis in marketing: New developments with implications for research and practice. *Journal of Marketing*, *54*(4), 3-19.

Green, P. E., Tull, D. S., & Albaum, G. (1988). Research for marketing decisions. Prentice-Hall, *Englewood cliffs, N. J.*

Liefeld, J. P. (1999). The relative importance of the size, content & pictures on cigarette package warning messages. Office of Tobacco Control.

Stanton, W. W., & Reese, R. M. (1983). Three conjoint segmentation approaches to the evaluation of advertising theme creation. *Journal of Business Research*, *11*(2), 201-216.

Tscheulin, D. K., & Helmig, B. (1998). The optimal design of hospital advertising by means of conjoint measurement. Available at SSRN 993386.

제8장 옥외광고 효과 측정 기법

권규승, 한상필(2010). 옥외광고 효과측정을 위한 대안 모델 개발과 실증연구: 서울지역 옥상광고를 중심으로. OOH광고학연구, 7(1), 77-104.

권중록(2010). 인구학적 요인과 디자인 요소가 옥외광고 효과에 미치는 영향—대구시내 현수막을 중심으로. 옥외광고학연구, 7(3), 5-28.

김경태, 이인묵, 곽호찬, 민재홍(2015). 유동인구 추정 시 통신 자료의 활용에 관한 연구. 서울도시연구, 16(3), 177-187.

김관호, 오규협, 이영규, 정재윤(2013). 스마트카드 빅데이터를 이용한 서울시 지하철 이동패턴 분석. 한국전자거래학회지, 18(3), 211-222.

김근형(2016). 제주 관광객 유동인구 데이터 분석. 산경논집, 36, 1-15.

김기용, 윤경로(2016). 디지털 사이니지의 광고효과 측정을 위한 평균 필터 추적 기반 유동인구 수 측정 시스템. 방송공학회논문지, 21(4), 493-505.

김신엽(2016). 아이트래커 실험을 통한 디지털 옥외광고 효과 측정 연구. 한국OOH광고학회 학술대회, 57-71.

김신엽, 백지희, 심성욱(2017). [눈동자]로 OOH를 보다. 한국OOH광고학회 학술대회, 87-103.

김지호(2010). 이동형 아이트래커를 활용한 편의점 내 POP 광고효과에 대한 현장 실험 연구. 한국자료분석학회 논문집, 12(3), 1703-1716.

김효규, 서범석, 천용석(2017). 빅데이터를 활용한 광고노출량 측정 방안 연구. 한국OOH광고학회 하반기 학술대회, 119-131.

류성일(2017). 빅데이터 라이프로그 구축의 시작: 이동 및 체류 패턴의 분석과 활용. KT 디지에코 보고서.

박현수, 서범석(2008). 옥외 전광판 설치를 위한 최적 지역 선정 사례연구: 평가 척도의 개발과 후보지 평가 결과. 옥외광고학연구, 5(3), 27-48.

신현신, 이항(2010). 옥외간판 디자인(Sign Board Design)에서의 픽토그램 활용의 인지효과에 관한 연구. *Journal of the Korean Society of Design Culture*, *16*(1), 180-187.

심성욱, 양병화(2007). 옥외광고 효과측정 개선방안 연구. 행정자치부 연구보고서.

윤준수, 강희수, 문일영(2014). BigData 분석 기법을 활용한 이동 패턴 분석 연구. 한국정보통신학회논문지, 18(5), 1073-1079.

이수연(2012). 간판유형에 따른 광고효과 연구. OOH광고학연구, 9(1), 93-117.

이형민, 김신엽, 천용석(2019). OOH(Out-of-Home) 광고 매체 유효접촉인구의 과학적 측정: WiFi 감지 기술과 수용자 시선 행태 측정(Eye-tracking) 기술의 복합 적용 사례 연구.

언론과학연구, 19(2), 70-111.
이형진, 이정현, 김민성, 남현규, 문현수, 이영석(2017). 라즈베리파이를 이용한 학내 유동인구 측정. 한국정보과학회 학술발표논문집, 2092-2094.
천용석(2014). 옥외광고 효과측정 정교화 연구. 한국옥외광고센터 연구보고서.
천용석, 정우수(2018). 옥외광고산업의 구조와 산업연관분석 연구: 옥외광고산업의 경제적 파급효과 산출. 옥외광고산업분석 보고서.
한국옥외광고센터(2016). 2015 옥외광고 산업통계.
한국옥외광고센터(2017). 2017 옥외광고통계.
한국옥외광고센터(2018). 2018 옥외광고통계.

Glenstrup, A. J., & Engell-Nielson, T. (1995). *Eye Controlled Media: Present and Future States*. B. S. Dissertation, Copenhagen University.

Brain & Research. www.bnr.co.kr

제9장 빅데이터 활용에서 개인정보 침해와 보안 및 윤리

김재휘, 부수현(2010). 온라인 맞춤형 광고에 대한 이용자의 인식과 반응. *Internet and Information Security*, *1*(2), 42-63.
김윤현, 이태승(2014). 인터넷사이트 쿠키(Cookie)의 주요 이슈 및 취약점 분석. *Internet & Security Focus*, 79-98.
김윤화(2016). 온라인상의 개인정보침해 우려 정도와 미디어 활용. *KISDI STAT Report*, 16-9. 정보통신정책연구원.
박성용(2017). 온라인맞춤형광고 개인정보보호 가이드라인에 대한 비판적 검토. 소비자문제연구, 48(3), 205-231.
방송통신위원회(2017). 온라인 맞춤형 광고 개인정보보호 가이드라인.
한국데이터산업진흥원(2018). 2018 데이터산업 현황조사. 과학기술정보통신부.
서헌주(2016. 11. 25.). 빅데이터로 세상 읽기[Web log post]. Available: https://m.blog.naver.com/raed_blog/220870558142
송민선(2017). 정보통신망법상 개인정보 보호 제도의 현황 및 시사점. 정보통신방송정책, 29(13), 1-17
이시훈(2017). 온라인 맞춤형 광고 가이드라인의 내용과 쟁점. *KISO*, *26*.

이혜미(2018. 11. 23.). 매크로 돌려 네이버 연관검색어 조작 수억원 챙겨. 한국일보. Available: http://www.hankookilbo.com/News/Read/201811221288723764

한국법제연구원(2017). 빅데이터 관련 개인정보보호법제 개선방안 연구. 세종시: 법제처.

홍하나(2019. 1. 27.). KISA 2018년 개인정보 유출 신고, 전년대비 4배 증가. 디지털데일리. Available : http://www.ddaily.co.kr/news/article/?no=177320

Acquisti, A., Gross, R., & Stutzman, F. D. (2014). Face recognition and privacy in the age of augmented reality. *Journal of Privacy and Confidentiality*, *6*(2), 1.

Bellman, S., Johnson, E. J., & Lohse, G. (2001). To opt-in or opt-out? It depends on the question. *Communications of the ACM*, *44*(2), 25-27.

Hann, I.-H., Hui, K.-L., Lee, T., & Png, I. (2002). Online information privacy: Measuring the cost-benefit trade-off. *ICIS 2002Proceedings*, *1*.

Hill, K. (2012, Feb 16). How Target Figured Out A Teen Girl Was Pregnant Before Her Father Did. *Forbes*.

Konečný, J., McMahan, H. B., Yu, F. X., Richtárik, P., Suresh, A. T., & Bacon, D. (2016). Federated learning: Strategies for improving communication efficiency. *arXiv preprint arXiv:1610.05492*.

Lee, M. K. (2018). Understanding perception of algorithmic decisions: Fairness, trust, and emotion in response to algorithmic management. *Big Data & Society*, *5*(1), 2053951718756684.

Narayanan, A., & Shmatikov, V. (2008). Robust de-anonymization of large datasets (how to break anonymity of the Netflix prize dataset).

Smith, B., & Shum, H. (2018). *The future Computed: Artificial Intelligence and Its Role in Society*. Microsoft Corporation.

Tao, Z., Cheung, M., She, J., & Lam, R. (2014, December). Item Recommendation Using Collaborative Filtering in Mobile Social Games: A Case Study. In *2014 IEEE Fourth International Conference on Big Data and Cloud Computing* (pp. 293-297). IEEE.

Xu, H., Teo, H. H., Tan, B. C., & Agarwal, R. (2009). The role of push-pull technology in privacy calculus: the case of location-basedservices. *Journal of Management Information Systems*, *26*(3), 135-174.

매일경제 http://www.mk.co.kr
보안뉴스 www.boannews.com
중앙일보 https://joongang.joins.com/

제10장 광고와 데이터 사이언스

4차산업혁명위원회(2018. 6.). 데이터 전략 발표로 4차 산업혁명 D · N · A 완성.
과학기술정보통신부, 한국방송광고진흥공사(2018). 2018 방송통신광고비 조사보고서.
관계부처합동(2018. 6.). 데이터 산업 활성화 전략: I-Korea 4.0 데이터 분야 계획, I-DATA.
관계부처합동(2018. 8.). Innovative Platform: 혁신성장 전략투자 방향.
김유나(2019). 소셜 빅데이터로 시대의 욕망 읽기. DAEHONG communications, 261, 6-9.
김영훈(2018). 4차 산업혁명의 선도국 전략과 후발국 대응 방안. 국제개발협력, 2, 3-19.
김주영(2018). 테크놀로지 발전과 콘텐트 마케팅 #1: 미디어와 광고전략의 트렌드 변화. HS Adzine, 2018년 11월호.
김주영(2019). 테크놀로지 발전과 콘텐트 마케팅 #2: 콘텐트 마케팅 성공의 세 가지 요소. HS Adzine, 2019년 1월호.
김찬웅(2019). 데이터 드리븐 마케팅: 데이터 헤게모니에 대한 고민. *DAEHONG communications*, *262*, 10-13.
나스미디어(2019. 5.). nasreport, 293.
매일경제(2016. 7. 1.). "데이터기반 똑똑 마케팅에 깐깐한 소비자도 지갑 여네."
메조미디어(2019). 2019 메조미디어 트렌드 리포트.
박종구(2018a). TV방송콘텐츠에 대한 인터넷반응은 TV시청률의 보완지표인가, 대체지표인가? 인터넷반응지표의 자리매김을 위한 탐색적 연구. 커뮤니케이션이론, 14(3), 58-102.
박종구(2018b). '잃어버린' 시청자를 찾아서: 방송콘텐츠 가치정보 분석시스템 활용 및 발전방안. 방송문화, 2018년 가을호, 10-30.
박종구(2018c). 데이터경제 시대 스마트폰 리터러시. 한국언론학회 편. 4차 산업혁명 시대의 미디어 리터러시(pp. 357-405). 서울: 지금.
박종구(2019a). 방송산업 수요기반 공공데이터 조성에 관한 시론: '방송콘텐츠 가치정보 분석시스템(www.racoi.or.kr)' 사례를 중심으로. 방송통신연구, 107, 91-127.
박종구(2019b). DT와 마케팅 커뮤니케이션. 한국언론학회 편. 데이터 테크놀로지와 커뮤니케이션 연구(pp. 377-400). 서울: 커뮤니케이션북스.
방송통신위원회(2018). 2018 방송매체 이용행태 조사.

방송통신위원회, 한국방송광고진흥공사(2019). 방송콘텐츠 가치정보 분석시스템(www.racoi.co.kr)

서헌주(2019). Data-Driven Marketing으로 가는 첫 걸음: 소비자의 마음 읽기, 소셜 리스닝. DAEHONG communications, 261, 10-13.

송석현, 이재용(2018). 공공데이터 생태계 조성을 위한 주요 국가별 정책에 관한 비교 분석. 산업경영시스템학회, 41(1), 128-139.

오성수(2019). 데이터 드리븐과 광고회사의 변화. DAEHONG communications, 262, 15-17.

우지영(2017). 제4차 산업혁명: 데이터 경제를 준비하며. 한국콘텐츠학회지, 15(1), 14-20.

윤도일(2018a). 데이터 사이언스 in 광고 마케팅 1편: 광고에서의 데이터 애널리틱스. HS Adzine, 2018년 8월호.

윤도일(2018b). 데이터 사이언스 in 광고 마케팅 2편: 머신러닝과 인공지능. HS Adzine, 2018년 9월호.

윤도일(2018c). 데이터 사이언스 in 광고 마케팅 3편: 데이터 사이언스와 브랜드 경험. HS Adzine, 2018년 10월호.

조창환(2019). 데이터 기반 마케팅 시대의 개막 두려워만 하지 말고 작게라도 지금 바로 도전하라! *DAEHONG communications, 262*, 6-9.

한국데이터진흥원(2018). 2018 데이터산업 백서.

한국방송광고진흥공사(2019). 방송통신광고통계시스템: MCR(https://adstat kobaco.co.kr/mcr)

한국정보화진흥원(2019). 데이터 경제를 위한 우리의 준비.

함창대(2018). 마케팅 플랫폼으로서의 아마존. HS Adzine, 2018년 3월호.

함창대(2019). CDJ를 위한 데이터 통합, 어디까지 왔나? 데이터 기반 광고 마케팅의 가능성과 광고대행사의 역할. HS Adzine, 2019년 7월호.

황주성(2016). 공공데이터 개방정책의 효과에 대한 분석, 선형 모델인가 생태계 모델인가? 한국지역정보화학회지, 19(2), 1-28.

Court, D., Elzinga, D., Mulder, S., & Vetvik, O. J. (2009). The consumer decision journey. *McKinsey Quarterly, 3*(3), 96-107.

Davies, P. (2004). *Is Evidence-Based Government Possible?* Retrieved from https://webarchive.nationalarchives.gov.uk/20091013084422/http:/www.nationalschool.gov.uk/policyhub/downloads/JerryLeeLecture1202041.pdf

Dawes, S., Vidiasova, L., & Parkhimovich, O. (2016). Planning and designing open government data programs: An ecosystem approach. *Government Information*

Quarterly, *33*(1), 15-27.

Dhar, V. (2013). Data science and prediction. *Communications of the ACM*, *56*(12), 64-73.

Donoho, D. (2017). 50 Years of data science. *Journal of Computational and Graphical Statistics*, *26*(4), 745-766.

eMarketer (2019. 3. 5.). Data Science Is in Demand at Ad Agencies.

eMarketer (2019. 5. 31.). Average Time Spent with Media in 2019 Has Plateaued.

European Commission (2017). *Communication on Building a European Data Economy*. Digital Single Market.

Janssen, M., Charalabidis, Y., & Zuiderwijk, A. (2012). Benefits, adoption barriers and myths of open data and open government. *Information Systems Management*, *29*(4), 258-268.

Kosterich, A., & Napoli, P. M. (2016). Reconfiguring the audience commodity: The institutionalization of social TV analytics as market information regime. *Television & New Media*, *17*(3), 254-271.

Napoli, P. M. (2011). *Audience Evolution: New Technologies and the Transformation of Media Audience*. New York: Columbia university press.

Napoli, P. M. (2016). The audience as product, consumer, and producer in the contemporary media marketplace. In G. F. Lowe & C. Brown (Eds.), *Managing Media Firms and Industries. What's so Special about Media Management* (pp. 261-275). Springer, Cham.

Pollock, R. (2011). Building the (open) data ecosystem. *Open Knowledge Foundation Blog*, 31. Retrieved from https://blog.okfn.org/2011/03/31/building-the-open-data-ecosystem/

Salganik, M. (2019). *Bit by Bit: Social Research in the Digital Age*. New Jersey: Princeton University Press.

Shankar, V. (2019). Big data and analytics in retailing. *NIM Marketing Intelligence Review*, *11*(1), 36-40.

Taylor, D. (2016). Battle of the Data Science Venn Diagrams. *KDnuggets*.

Zuiderwijk, A., Janssen, M., & Davis, C. (2014). Innovation with open data: Essential elements of open data ecosystems. *Information Polity*, *19*(1, 2), 17-33.

찾아보기

인명

내용

저자 소개

정원준(Chung, Won Jun)
현재 수원대학교 미디어커뮤니케이션학과 교수이다. 미국 Purdue University에서 PR학 박사 학위를 받았고(2005년), University of Louisiana에서 커뮤니케이션학과 부교수를 역임하였다. 세부 전공은 정부정책 및 공공PR, 이슈/갈등/위기 관리 커뮤니케이션, 지역관계, 빅데이터 등이다.

김대욱(Kim, Dae Wook)
현재 인천가톨릭대학교 문화예술콘텐츠학과 교수이다. 미국에서 PR을 전공으로 석사 및 박사 학위를 받았고, 빅데이터 분석을 중심으로 이슈 관리와 위기 관리를 연구하고 있다. 저서로는 『한국의 PR 연구 20년』(공저, 커뮤니케이션북스, 2016)이 있으며, 논문으로는 「한국 기업들은 어떻게 사과하는가? 기업 사과문 의미연결망 분석을 통한 수사적 접근」(2019) 등이 있다.

윤호영(Yoon, Ho Young)
현재 서울시립대학교 융합전공학부 빅데이터전공 객원교수이다. SPSS/Amos, STATA, SAS, Mplus, UCINET, Pajek, NetLogo, R, Python 등으로 데이터 분석을 해 왔다. 데이터 분석 전문가(DAP), SQL 개발자(SQLD), 데이터아키텍처 준전문가(DAsP), 정보처리기사 등의 자격증을 가진 영문학 학사 및 컴퓨터과학 학사, 사회학 석사이며, 미국 University of Wisconsin-Madison에서 언론학 박사학위를 받았다. 학교, 학회, 연구소 등에서 연결망 분석과 텍스트 분석 특강을 진행하였다.

이형민(Lee, Hyung Min)
현재 성신여자대학교 미디어커뮤니케이션학과 교수이다. University of Minnesota에서 박사학위를 취득하였으며, 주로 공공PR 상황에서의 미디어 효과와 사회연결망 분석에 대한 연구에 관심이 있다. 『Journal of Public Relations Research』『Public Relations Review』『New Media & Society』『Journal of Sport Management』『Korea Observer』『광고학연구』『홍보학연구』『한국광고홍보학보』 등 국내외 학술지에 다수의 논문을 게재하였다.

박진우(Park, Jin Woo)

현재 성신여자대학교 미디어커뮤니케이션학과 강사이다. 커뮤니케이션저널리즘 전공 박사 학위를 취득하였으며, 소셜미디어 이용자의 소셜 네트워크 구조 인식에 따른 다양한 심리적 효과와 행동의도를 검증하는 데 관심이 있다. 「페이스북상에서의 방사능 오염 관련 정보 노출이 위험 현실인식에 미치는 영향에 대한 연구: 본인의 페이스북 네트워크 속성 인식의 상호작용효과 검증을 중심으로」(2018), 「소셜미디어와 뉴스 인식: 인지된 네트워크 구조가 뉴스 신뢰도와 공유의도에 미치는 영향」(2017)을 비롯한 다수의 논문을 발표하였다.

김동성(Kim, Dong Sung)

현재 PR회사 프렌즈(PRIENDS)의 대표이자 국민대학교와 차의과학대학교의 겸임교수이다. PR(홍보)학 박사이며, 한양대 · 청운대 · 한라대 · 한남대 · 순천향대 · 고려대 · 성신여대 · 중앙대 등 다수의 대학교에서 PR, 광고, 마케팅 커뮤니케이션, 설득, 뉴미디어, 조사방법론 등 다양한 과목을 강의해 왔고, 한국광고PR실학회의 총무이사, 한국광고학회와 한국소통학회의 홍보이사로 활동 중이다. 저서로는 『디지털 융합시대 광고와 PR의 이론과 실제』(공저, 학지사, 2018)가 있으며, PR, 뉴미디어, 헬스컴 관련 다수의 논문과 연구보고서를 발표하였다.

손영곤(Sohn, Young Kon)

현재 ㈜베인스 데이터마케팅연구소 소장이며, 가천대학교 미디어커뮤니케이션학과 겸임교수이다. 광고홍보학 박사학위를 취득하였으며, 한국갤럽과 LG생활건강 등에서 마케팅 및 기획 업무를 담당하였다. 한국광고홍보학회 신진학자상, 우수 논문상, 한국PR학회 최우수 논문상, 한국헬스커뮤니케이션학회 최우수 논문상을 수상하였으며, 「메타분석에 의한 국내 유명인 모델의 광고효과 연구 현황 및 개관」(2014)을 비롯하여 다수의 논문을 발표하였다.

전홍식(Cheon, Hong Sik)

현재 숭실대학교 경영학부 교수이다. 마케팅, 소비자 행동론, 행동 경제학 등을 학부와 대학원에서 가르치고 있다. 아동의 비만 및 윤리적 소비 등에 관련된 소비자의 행동적 의사결정에 연구 관심이 있으며, 논문 및 북 챕터 등 40여 편을 발표하였다.

천용석(Cheon, Yong Seok)

현재 행정안전부 산하 한국옥외광고센터의 선임연구원이다. 광고홍보학 박사과정을 수료하였으며, 옥외광고 산업분석 및 빅데이터 분야를 연구하고 있다. 국가승인통계인「옥외광고통계」를 작성하고 있으며, 논문 및 기고문으로는「해외 빌보드 광고가 국내 소비자의 브랜드 글로벌성 인식과 브랜드 판단에 미치는 영향」(2013),「디지털사이니지 산업진흥 정책의 현황과 시사점」(2016),「디지털사이니지 산업 육성을 위한 지방정부 역할론 제시」(2017) 등이 있다.

정유미(Jung, Yu Mi)

현재 한양대학교 창의성과 인터랙션 연구소의 연구원이다. Media and Information Studies 박사이며,「The Imagined Audience and Privacy Concern on Facebook: Differences Between Producers and Consumers」(2016) 등 프라이버시와 관련한 다수의 논문을 발표하였다.

박종구(Park, Jong Gu)

현재 한국방송광고진흥공사(KOBACO) 미디어광고연구소 연구위원으로 미디어광고 공공데이터에 대해 연구하고 있다. 서강대학교 영어영문학 학사, 동 대학원 신문방송학과에서 석사 및 박사 학위를 받았으며, 정보전략(ISP)컨설턴트와 한국연구재단-서강대학교 학술연구교수를 거쳤다. 주요 저서로는『뉴미디어 채택이론』(커뮤니케이션북스, 2013)이 있으며, 주요 논문으로는「뉴미디어 채택에 관한 통합모델 IAM-NM」(2011, 한국언론학회 우당신진학자 논문상, SPSS 논문우수상),「TV방송콘텐츠에 대한 인터넷반응은 TV시청률의 보완지표인가, 대체지표인가?」(2018),「'잃어버린' 시청자를 찾아서」(2018),「방송산업 수요기반 공공데이터 조성에 관한 시론」(2019) 등이 있다.

광고지성총서 09

빅데이터의 분석방법과 활용

Big Data Research Methods and Applications

2020년 1월 10일 1판 1쇄 인쇄
2020년 1월 20일 1판 1쇄 발행

지은이 • 정원준 · 김대욱 · 윤호영 · 이형민 · 박진우 · 김동성
손영곤 · 전홍식 · 천용석 · 정유미 · 박종구

펴낸이 • 김진환
펴낸곳 • (주) 학지사
04031 서울특별시 마포구 양화로 15길 20 마인드월드빌딩
대표전화 • 02)330-5114 팩스 • 02)324-2345
등록번호 • 제313-2006-000265호

홈페이지 • http://www.hakjisa.co.kr
페이스북 • https://www.facebook.com/hakjisa

ISBN 978-89-997-2009-3 93320

정가 18,000원

이 도서의 국립중앙도서관 출판시도서목록(CIP)은 서지정보유통지원시스템 홈페이지(http://seoji.nl.go.kr)와 국가자료공동목록시스템(http://www.nl.go.kr/kolisnet)에서 이용하실 수 있습니다.
(CIP 제어번호: CIP2019045480)